基层中小学图书室建设与阅读推广理论实践

JICENG ZHONGXIAOXUE TUSHUSHI JIANSHE
YU YUEDU TUIGUANG LILUN SHIJIAN

余程淑 著

重庆出版集团 重庆出版社

图书在版编目(CIP)数据

基层中小学图书室建设与阅读推广理论实践/余程淑著. —重庆:重庆出版社, 2024.4

ISBN 978-7-229-18555-8

Ⅰ.①基… Ⅱ.①余… Ⅲ.①中小学—学校图书馆—图书馆管理—研究 ②中小学—学校图书馆—读书活动—研究 Ⅳ.①G258.69

中国国家版本馆CIP数据核字(2024)第071588号

基层中小学图书室建设与阅读推广理论实践
JICENG ZHONGXIAOXUE TUSHUSHI JIANSHE YU YUEDU TUIGUANG LILUN SHIJIAN

余程淑 著

责任编辑:李 孟
责任校对:刘 艳
装帧设计:胡耀尹

重庆出版集团
重庆出版社 出版

重庆市南岸区南滨路162号1幢 邮编:400061 http://www.cqph.com
重庆出版社艺术设计有限公司制版
重庆天旭印务有限责任公司印刷
重庆出版集团图书发行有限公司发行
E-MAIL:fxchu@cqph.com 邮购电话:023-61520678
全国新华书店经销

开本:710mm×1000mm 1/16 印张:15.25 字数:252千
2024年5月第1版 2024年5月第1次印刷
ISBN 978-7-229-18555-8
定价:62.00元

如有印装质量问题,请向本集团图书发行有限公司调换:023-61520678

版权所有 侵权必究

前　言

基层中小学图书（馆）室事业既是教育事业的重要组成部分，也是我国图书馆事业的有机组成部分，在我国的教育事业和图书馆事业中占据着重要地位。

基层中小学校图书（馆）室承担着为学生和教师服务的双重任务，是联系家长和教师的桥梁。近年来，随着国家一系列政策文件出台，我国中小学教育事业保持了更好的发展势头，在当前"双减"政策背景下，学校图书室既为义务教育服务，更为立德树人服务。

基层中小学校大多虽没有功能完备、设施齐全的图书馆，但几乎所有中小学校都设有图书室，都在践行让图书室成为思政育人平台。随着现代社会与教育事业的发展，人们对中小学图书室的工作提出了更高的要求，在这种情况之下，我们有必要高度关注基层中小学图书室的建设与阅读推广，充分发挥学校图书室春风化雨的作用，让图书室成为先进文化殿堂，在滋养青少年心灵、培育青少年文化自信中发挥引领作用。

全书共分九章，按照总分的结构递进展开，理论指导实践，并在实践中不断提炼。以基层中小学图书室建设理论为基础，结合中小学图书室阅读服务实践，针对中小学图书室建设与阅读推广的各个方面展开论述与探讨。并且充分利用现代信息技术与阅读服务实践成果，为广大师生读者特别是农村青少年提供优质高效的信息服务。基层中小学图书室的服务质量与水平，很大程度上取决于图书室馆员队伍的整体素质，为此编著了本书，希望通过本书为教育行政管理部门建设、发展基层中小学图书室提供规划与决策的参考。

第一章中小学图书室基本概述。从理论角度阐述中小学图书室的定义与性质、任务与作用，以及我国中小学图书室发展演变及影响因素。并结合镇乡中小学图书室现状进行调研，概述基层中小学图书室存在的问题，从政府、学校、社会三个层面提出宏观建议。第二章中小学图书室管理与建设。从微观层面指出加强图书室自身的业务与建设。具体从夯实图书室基本业务与优化日常工作流程出发，重点对文献资源建设、图书室自动化建设、校际联盟建设等方面进行分析。第三章中小学图书室阅读推广基本概述。主要阐释新时代阅读推广的内涵与特点、任务与使命以及基层中小学阅读推广现状。第四章阅读推广服务对策研究。从理论层面提出中小学阅读推广体系建设、加大阅读推广员培育以及中小学阅读推广纵横合作。第五章阅读推广实践案例探析。围绕镇乡中小学图书室阅读推广实践，对分级、分类、分校阅读推广实践，以及弱势群体阅读推广实践典型案例进行分析与总结。实践总结出分类、分校、分级开展各类阅读活动更有利于基层中小学校阅读推广。第六章阅读拓展创新服务研究。创新服务推行校园阅读一卡通服务和课后阅读时光，农家书屋托管服务，家庭教育服务，乡村阅读推广志愿服务，学校与书店阅读拓展，文化扶贫实践等拓展案例。每个典型案例和创新服务案例从具体做法、解决的主要问题、有何示范作用以及推广价值等各方面进行挖掘剖析。第七章国际借鉴与比较研究。对美国、日本、英国的中小学图书馆建设与阅读推广进行了文献研究，研究发达国家图书馆如何运用现代信息技术，加速建立高品质知识资源发布、管理、服务等。对比我国中小学图书馆和公共图书馆，同时在借鉴中对比我国农村中小学图书事业的优势与缺陷，并在比较中进行再思考。从中寻求一些启示和经验。第八章社会合作路径探索研究。从借鉴中寻求社会合作。从合作的意义和策略出发，提出基层中小学图书室与公共图书馆合作，与其他机构合作，皆在努力为基层中小学图书室创新创造和青少年阅读学习提供更加优质、高效、便捷的知识信息服务。第九章数字化智能融合发展研究。为适应时代需求，基层中小学图书室在推进数字图书室建设同时，在知识内容传播、阅读推广服务与应用、数字阅读、智慧阅读等环节可以走数字化、智慧化、无障碍服务融合发展之路。展望未来基层中小学图书室在资源建设、数字化、智能化阅读等方面融合智能元素，技术元素，从"学习""服务""活力"三个角度打造具有图书馆辨识度的基层中小学图书室，以此推动基层中小学图书事业社会化转型和高质量发展。

本书的内容有以下特点：

第一，基层学校的可操作性。在图书室建设部分，既考虑农村学校财力不足、资源有限等现状，提出校际联盟、共享图书等切实可行的办法，又努力将调研分析和各类具有借鉴意义的实践案例融入各章节中。因为图书室建设与阅读活动相互促进，阅读推广离不开实际的操作，只有将各种理念与方法用于实践，才能开花结果。

第二，希望镇乡中小学图书室能加强与社会各方面的合作。近几年，国家出台了一系列政策文件，推动和扶持基层中小学阅读事业的发展，外部环境的改善，有利于中小学图书事业的发展。在社会文化繁荣的今天，基层中小学图书室可以借助更多的资源和力量。当然一个行业要有所发展，更需要自身的奋发图强。

第三，尽可能加入具有国际视野的内容。美国、日本等国家的中小学图书馆事业操作和实践，有很多经验可以成为我国基层中小学图书事业发展的借鉴。因此，编著时也在不少章节加入了一些国外的案例，希望能起到举一反三、抛砖引玉的功效。

本书是在研究和探索我国基层中小学图书室建设理论与实践基础上编著而成的。由于作者水平有限，本书存在许多不足之处，诚恳希望图书馆同行、中小学图书室工作者和所有本书读者批评指正。

目 录

第一章　中小学图书室基本概述　001

第一节　中小学图书室概念与构成要素　001
第二节　中小学图书室的性质与作用　005
第三节　我国中小学图书馆发展历程及影响因素　013
第四节　基层中小学图书室发展现状分析　017

第二章　中小学图书室管理与建设研究　032

第一节　优化基本业务及工作流程　032
第二节　文献资源建设　038
第三节　自动化建设　047
第四节　校际图书联盟建设　051

第三章　中小学图书室阅读推广基本概述　055

第一节　中小学阅读推广的内涵与特点　055
第二节　中小学阅读推广的任务与使命　058
第三节　基层中小学阅读推广现状分析　062

第四章　阅读推广服务对策研究　071

第一节　基层中小学阅读推广服务体系建设　071
第二节　中小学阅读推广员素养培养与提升　076
第三节　中小学阅读推广纵横合作　082

第五章 阅读推广实践案例探析 089

第一节 分级阅读推广实践探析 089

第二节 分类阅读推广实践探析 098

第三节 分校阅读推广实践探析 109

第四节 弱势群体阅读推广实践研究 119

第六章 阅读拓展创新服务研究 129

第一节 "校园阅读一卡通"和"课后·图书室时光"案例研究 129

第二节 农家书屋托管服务实践剖析 136

第三节 家庭教育延伸服务实践剖析 140

第四节 "阅动乡村"志愿服务走农村实践剖析 143

第五节 学校与书店合作实践剖析 148

第六节 学校图书室开展"1+4"帮扶实践 153

第七章 国际借鉴与比较研究 158

第一节 美、日、英等国中小学图书馆建设研究 158

第二节 优势与缺陷 169

第三节 比较与思考 174

第八章 社会合作路径探索研究 183

第一节 合作的意义与策略 183

第二节 与公共图书馆的合作 188

第三节 与其他机构合作 195

第九章　数字化智能融合发展研究　201

第一节　数字图书室与数字阅读　201

第二节　智慧图书室与智慧阅读　208

第三节　无障碍阅读　217

第四节　展望　226

主要参考文献　229

后　记　231

 # 第一章　中小学图书室基本概述

第一节　中小学图书室概念与构成要素

一、中小学图书室定义

"图书室"指的是保管或管理藏图书或文献的一间房子或几间房子。大多数农村中小学不能达到图书馆的要求，只能被称之为"图书室"。本文所用的"基层中小学图书室"概念，重点是指"镇乡中小学图书室"，也包括城区重点高中或进修校图书馆。基于此，本文在论述的过程中无论是图书室还是图书馆，都统称为"图书室"。

而基层中小学图书室不仅是一个收纳图书或文献的地方，还是师生学习的第二课堂，是学校教育体系中不可或缺的一部分，是培养学生阅读兴趣和信息素养，提升阅读能力的重要场所。它通过为师生提供如期刊、报纸、杂志、学科辅导资料、电子资源等方式开展书刊借阅文献服务、阅读指导服务，配合课程辅导教学，帮助师生扩大知识，开阔视野、增广见闻，提高师生思维能力和创新能力。它更是为满足少年儿童学习文化知识和促进智力发育的需求，以中小学生为读者对象，向中小学生提供思想、文化科学知识教育的一个校内机构。它不仅为学生提供了丰盛的精神文化食粮，塑造了一个良好的校园文化环境，而且用一种潜移默化的方式给予学生文化的熏陶、品德的培养，发挥对学生的教育功能。

二、中小学图书室构成要素

任何事物都是由元素或要素构成的有机整体，关于中小学图书室的构成要素，在社会发展的不同阶段，人们有不同认识。

1912年，陶述先生提出，"学校图书室，即书和人：书籍、图书室管理人员、读者"。1932年，杜定友认为，除了书和人外，还需要"法"，这个"法"包括设备、管理方法和管理人才。1934年，刘国钧干脆提出四要素，即图书、人员、方法和设备。1957年又发展为五要素，即读者、图书、领导（干部）、工作方法、建筑和设备，目前一般认为，学校图书室由藏书、馆员、读者、技术方法、建筑和设备五个要素构成。这些要素相互联系、相互作用，构成了学校图书室这个发展着的有机体。

（一）藏书

1.藏书的概念

藏书是一个集合的概念，主要指学校图书室所收藏的各种类型文献的总和，既包括传统的印刷型文献，也包括新型载体的视听资料、电子出版物等。藏书是图书室存在和开展工作的物质基础，是根据图书室的性质、任务、读者对象的实际需求，有目的地、系统地收集所有资料的总和，并经过科学的加工整理、合理的排列组织，成为有重点、有层次的图书室藏书体系。这个藏书体系主要面向学校开发，适应广大中小学师生读者的需求。图书室藏书必须经过加工和整理以供读者利用，它是文献的集合，也是筛选出文献的总和。

2.藏书的目的

"藏"与"用"是图书室的本质属性，也是图书室的根本职能。它区别于书店、档案馆，书店以"用"为主，档案馆则以"藏"为主。而学校图书室藏书的"藏"与"用"从职业使命的价值出发，既要满足用的职能，还要履行文化遗产有效保存的职能，它辩证统一地组成了图书室运行中的特殊矛盾和主要矛盾，这对主要矛盾决定了图书室的其他矛盾，并通过不断斗争和运动推动了图书室建设向前发展。但学校图书室藏书的目的是"用"，侧重"用"，这是由学校图书室的性质决定的，即教育性、服务性、学术性。三者中教育性是最主要的，因此得遵循"读者第一"原则，满足不同师生读者，甚至社会大众的各种需求。

（二）读者

所谓读者，即从事阅读活动并具备一定的阅读能力的社会成员。广大中小学师生读者是中小学图书室服务的对象，图书室根据师生多样性，分年级、分学科、分教师；依据不同的职业特点和阅读需求，分专业、分类别，但不管怎样划分，发展、研究、服务是图书室服务师生读者工作的基本内容，读者是图书室生存之本，师生的存在和需求决定着图书室服务工作的价值，广大师生利用图书室的情况反映了图书室服务工作的发展水平。

（三）馆员

图书室馆员即图书室工作人员，包括学校领导干部、行政管理人员以及业务工作人员等所有在学校图书室工作的人员。他们是联系图书室文献和广大师生读者的媒介，也是图书室各项工作的组织者、管理者和实施者。工作人员的业务水平和政治素质，在某种程度上决定了图书室发挥教育职能、社会作用的大小和工作成绩的优劣。

前面藏书的"藏"与"用"于辩证统一矛盾中，提出"读者第一"口号，遵循"读者第一"原则，体现图书室存在的根基为读者，缺失了读者也就失去了图书室存在的意义。

而以"馆员第一"则说明完成图书室一切工作的主要力量是馆员，缺失了高水平高素质的馆员也就缺失了图书室应有的社会地位，更不用说图书室的发展空间。

无论是"读者第一"还是"馆员第一"，都体现读者和馆员在图书室建设与发展中发挥着无可替代的作用。伴随着信息社会、知识经济的快速发展，图书室馆员必须具备过硬的政治素质、扎实的专业基础知识、合理的知识结构以及优秀的实践能力，才能在图书室这个平凡的平台兢兢业业地履行好本职业务。

（四）技术方法

技术方法是做好图书室工作的主要手段，优良的技术方法是完成图书室工作的基本前提。图书室工作方法系统中主要包括收集、整理、管理、组织、疏通等各个部门自身的工作技术方法等。既有传统手工操作的技术方法，也有以计算机为代表的现代信息技术。但为提升图书室的管理效益，可对图书室工作程序进行适当优化，以满足现代化技术方法合理运用的需要。

（五）建筑和设备

包括馆舍和技术设备、阅读设备、办公设备、水电设备等。建筑和设备是图书室开展工作的物质条件，馆舍建筑如果不能适应工作需要，馆内设备不齐或不符合标准，都会妨碍图书室工作的开展。

在这五个要素中，藏书和读者是最基本、最主要的要素。图书室的其他要素都是围绕着这两个要素产生和开展的，没有藏书和读者就构不成图书室，有了这两个要素，还需要房子和设备、技术方法以及工作人员，而工作人员、技术方法则是藏书与读者联系的桥梁。

可见，图书室不但是收藏图书资料的地方，而且还要对收藏图书资料进行整理和保存，是通过向读者宣传推荐、阅读辅导、开展阅读活动等形式为读者服务，促进人类社会文明和科学、文化、社会的文化教育机构。因此，图书室现代化设备的应用，使图书室的服务工作从单一向深度和广度发展，服务手段从单一向多元化发展，服务能力和效益在推动人类文明进程中得到极大提高。

本书所研究的基层中小学图书室建设是在研究图书室性质与作用、任务与使命等理论知识基础上，并以镇级乡级中小学图书室现状为样本，来具体阐述图书室如何利用科学技术手段，收集、加工、整理、存储并传递与中小学生有关的知识和信息资源服务。

在当前"双减"政策背景下，由于农村地域的特殊性以及现在城乡基础教育的差距，本书注重对镇乡中小学图书室建设的理论研究，希望能引起各级政府和社会对基层中小学图书室发展更加关注和重视。

在理论研究基础上，并对镇乡中小学校开展的读书实践活动，从解决的主要问题、有何示范作用以及推广价值进行分析，有助于提高基层中小学阅读推广创新发展，一定程度上能够缩小城乡之间基础教育差距，以此推动基层中小学图书室建设和书香校园的高质量发展。

第二节　中小学图书室的性质与作用

一、中小学图书室的性质

教育在综合国力的形成中有着重要的地位，而作为基础教育的中小学，在提高国民素质和培养一代高素质的新世纪人才的历史使命中又起着根基作用。在教育教学改革逐渐深入之时，在素质教育全面推进之际，在减轻中小学生课业负担的呼声越来越强烈的背景下，有必要对基层中小学图书室的性质、地位、作用进行重新认识和评价。

讨论基层中小学图书室的性质和作用，必须充分考虑以下三个因素。其一是高速发展的新兴技术环境。各类新兴技术迅速改变着人类的世界，给许多领域都带来了革命性变化。人们的学习、工作和生活方式也在迅速地进行着调整，在这样的背景下，及时简捷地获取信息和有效地利用信息的能力就成为影响人的总体发展的重要因素。那么，到哪里去培养和锻炼这种能力呢？对于基层中小学生来说，学校图书室是一个重要场所。其二，国家已倡导素质教育若干年，素质教育成为全社会的共识。21世纪之初，中央又明确提出要减轻中小学生的课业负担，那么素质教育应该通过哪些手段来实现呢？减负以后又该如何引导青少年真正全面、健康地成长呢？无疑，中小学图书室应发挥较大的作用。其三，中小学图书事业在改革开放的几十年里，发生了翻天覆地的变化，许多地区中小学图书室迅速地实现了从原始无序向标准化、由标准化向自动化、由自动化向网络化的转变，管理条件和水平不断提高，学校师生对图书室的期待和要求也随之调整。正是基于这三个方面的因素影响，有必要对基层中小学图书室的性质进行再认识。

在联合国教科文组织与国际图联发布修订后的《中小学图书馆宣言》中指出，中小学图书馆是保证学校对青少年儿童进行卓有成效的教育的一项必不可少的事业；其任务是为学校的全体成员提供学习服务、图书和信息资源，使他们成为有批判精神的思想者和各种形式、媒介的信息的有效用户。一个出色的图书馆是保证学校取得教育成就的基本条件。也就是说，中小学图书馆通过提供服务、图书、信息资源，培养师生的信息素养和独立思考的能力。

教育部在2003年颁布的《中小学图书馆（室）规程（修订）》第三条规定，图书馆（室）是中小学校的书刊资料等文献信息中心，是为学校教育、教学和教育科学研究服务的机构。在这种精神的指导下，基层中小学图书室的性质可被概括为"三性"，即教育性、服务性和学术性。"三性"之中应以教育性为核心。

（一）教育性

中小学图书室具有传播知识，对中小学生进行教育的性质。尤其是小学图书室，它的主要服务对象是正在成长，正需要进行阅读兴趣培养、阅读习惯养成、阅读能力引导的少年儿童。

对于基层中小学图书室的教育性，可以从下面几个方面来理解。一是中小学图书室担负着对青少年读者进行教育引导的任务和责任。学校图书室读者群是稳定的，大部分是学校学生，对于小学生的求知欲、可塑性是最需要教育和引导，他们一般还未形成成熟而固定的阅读倾向，容易受外界的影响。因此很容易培养他们的阅读兴趣和阅读习惯，以及基本的阅读能力和学识修养，启发他们通过阅读来掌握知识，认识社会。对于中学生来说，他们的人生观、世界观正在逐步形成，其心理、性格、情绪和思想不太稳定，很容易受外界影响，一本好书可能会使他们奋发有为，树立远大志向；一本坏书也可能使他们误入歧途、遗憾终生。因而，对于中学生而言教育他们立鸿志、展宏图，为祖国繁荣昌盛奋发有为十分必要和关键。在引导阅读内容上注重传承和弘扬中华优秀传统文化，为其提供课外阅读交流空间和传统文化实践平台。古今中外的无数事例都证明，在儿童少年时期养成良好阅读习惯的人，而且接触的是优秀精神食粮的人，往往能较早地认识社会与人生，能较早地确立人生理想与目标。中小学素质教育的改革要求改变传统传授知识的教育观，重视智能培养（即从小培养自学的能力、独立思考的能力以及口头和文字的表达能力），确立综合教育的观念，恰好中小学图书室可满足此项要求。

二是现代中小学图书室基本智能化了，通过多种途径、采用多种生动活泼的方式，帮助改变单一的口耳相传的课堂教育模式，对青少年进行教育，尤其是爱和美的教育。因为人类对于爱和美的认识，是和文明社会同步的。如小学图书室办朗诵会、故事会、出黑板报、墙报、背诵角等，中学学科组织读书座谈会、讨论会、沙龙等活动，这些不同于固定的课堂教育模式，有助于调动学生积极性，使学生被动接受知识变为主动地吸取知识。而图书室在不断总结经验基础上，利用藏书是学生吸取知识的重要源泉，通过自主地选择和阅读书刊，变"灌输式"的教育方式为"引导式"的教育方式，有效促进学生学习的主动性，提高学习的效率。

综上所述，大力宣传中小学图书室的教育职能，让全社会都能意识到，学校图书室绝不是一个借阅书籍的场所，也绝不是一个休闲娱乐的场所。图书室工作也绝不是借借还还那么简单，它还是一个学习基地，一个收集和传播信息的中心。它具有浓郁阅读氛围和阅读文化的环境，这个环境由图书室的空间、设施、藏书、馆员、装饰、各类服务与活动，以及来此阅读与学习的人群共同组成。因此对每一所基层中小学而言，图书室也绝不是有则锦上添花，缺则无关大局的摆设，它是文化资源的守护者和传播者，它是重要的教育资源，是办好学校的重要支柱，更是开展教育、传播文化、提倡包容和提供信息的有生力量，在"滋养青少年心灵、培育青少年文化自信"方面扮演着重要的角色。

（二）服务性

基层中小学图书室是利用书刊资料为读者服务，通过对书刊资料的推荐、宣传、提供来服务中小学师生，实际上是为传递科学情报和传播文化知识服务的，其特点在于：它是为传播科学文化知识，向读者进行教育而服务的，是一种知识性的服务。因为中小学图书室服务的实质是"为人找书"和"为书找人"。也就是说，一方面，努力开发文献资源，使"书尽其用"，将图书室收藏的不同内容、不同水平的书刊推荐给最需要利用他们的读者，尽量发挥所收藏书刊资料的作用，达到"藏"以致用的目的。另一方面，文献服务要针对不同学生推荐适合他们需要且感兴趣的书籍，因此，图书室的文献服务是一种水平很高的服务工作。第一，要树立全心全意为读者服务的思想。第二，要掌握服务技能与方法。第三，要熟悉藏书，尽量引进新技术，改进工作方法流程，为师生节省宝贵时间。第四，依托学校藏书资源，以丰富多元的文化体验服务培育读者特别是青少年读者的文化自信。

(三) 学术性

基层中小学图书室的工作是教学研究工作的重要组成部分。图书室先要对有关教育、教学方面学术性知识进行筛选、组织、提炼，做好开展教学研究的前期准备。其次图书室工作本身就是一项学术性工作，包括图书室资料的收集、整理、保管、流通等都需要精心地研究，比如对不同学生的服务特点、阅读心理和读者工作规律的研究，书刊资料的分析研究和系统收藏、科学管理的研究、图书室活动的研究以及运用现代化手段进行工作的研究等等。总之，中小学图书室是为教育、教学研究提供文献资料及其研究的阵地。所以图书室管理人员要掌握图书室工作的技能和科学管理方法，除具备一定的外语水平外，还要学会管理现代化图书室的业务知识和技能，才能适应图书室学术性工作。

前面说到三种属性中，教育性是主要属性。对于中小学图书室来说，离开了教育性，中小学图书室就会失去其存在的价值。

中小学图书室的学术性和服务性又是统一的。没有学术性的服务，图书室服务工作将会失去灵魂，服务工作将会陷于琐碎的事务性的借书、还书工作。没有服务性的学术研究，则会使研究脱离图书室的实际，从而流于空谈。

学术性与服务性相辅相成，相互促进，源于图书室自身的社会角色有了较大转变，由传递书刊文献资料这种单一功能发展为社会教育、信息查询、网络信息、学科服务、传递科技情报等多种功能。图书室社会角色的变化，给图书室工作人员的综合素质、思想素质和业务素质均提出了更高要求。

二、中小学图书室的作用

基层中小学图书室可以在许多方面发挥作用。它既要向学生广泛宣传图书、指导阅读各种书刊，又要为教师的教学提供各种参考材料。具体来讲，有下列作用：

(一) 培养品德，陶冶情操

首先，中小学图书室在青少年的思想行为、道德情操的教育方面起着重要作用。图书室通过各种优秀读物,对学生发挥潜移默化的教育作用。少年儿童正处在求知欲旺盛、世界观人生观逐渐形成的关键时期,一本好书将深刻地影响他们的一生,甚至成为他们人生信仰的第一块基石。借助于经过精心挑选的图书室藏书,通过学生的自由借阅,以及有组织的读书报告会、知识竞赛等活动可以灵活而深入地引导学生分辨真、善、美与假、恶、丑,帮助他们树立正确的人生观和世界观,确立远大的人生理想和信念,从而使他们的思想信仰、道德情操、人格修养从小就能得到比较健全的培养与引导。

其次,中小学图书室要配合学校的思想政治工作,利用图书室所特有的方式方法,如各种图书宣传方式或读书活动,向学生进行正确的人生观教育、爱国主义教育、道德品质教育以及远大革命理想教育等,把学生培养成为德、智、体、美、劳全面发展的,有理想、有道德、有文化、守纪律的合格人才。

(二)配合课程,辅助教学

中小学图书室还担负着配合课程、辅助教学的重要职责。课堂学习是学生获取知识的主要途径,但不是唯一途径,教师在课堂上讲授的通常是面对所有学生的最基本、最核心的知识,往往系统性、规范性有余,灵活性、生动性不足,满足共同需要的较多,满足个体需要的较少。因而,课堂学习与自学阅读的有机结合,不仅可以使课堂学习的内容与成果得到巩固、深化和丰富,还可以使学生感受到学习的乐趣与幸福,进而提高学习的整体效果。

首先,中小学图书室要根据学校教学工作的需要,有目的、有计划地收集各科课程的有关教学参考材料和课外读物,分别提供给教师和学生参考使用。中小学图书室不同于一般的公共图书馆,它的藏书除一部分供教师使用外,大部分藏书要符合中小学生的阅读水平和兴趣爱好,所选书刊要通俗易懂,富有趣味性,同时还要能够配合各科课程,这样才能吸引学生,同时提高教学质量。

中小学图书室在配合课程、辅助教学方面,既要做好面向学生的服务工作,又要做好面向教师的服务工作。

配合课程向学生推荐书刊时,最好与各科教师密切配合。图书室要经常从新到书刊中挑选能够配合有关课程或有关章节的书刊资料,推荐给有关的任课教师，然后请教师精选后，向学生宣传，供学生借阅。与教师密切配合，一方面可以紧密结合课程内容和课程进度，巩固并扩大学生所学知识，另一方面，也可得到教师的支持和帮助，使图书室的服务工作更加有的放矢，从而提高图书室的服务质量。

其次教学质量的提高，关键在于教师。知识的不断发展、更新，要求教师讲课要经常补充新的知识。为此，教师需要查阅很多参考资料以扩展自己的知识面，充实教学内容，丰富教学经验。中小学图书室在这个方面可发挥重要职能。中小学图书室还可按照各科教学的需要，从各种报纸、杂志上收集有关文章或资料，并按课程进度编成书目索引，为教师备课提供较全面的参考资料。

（三）扩大知识，开阔视野，增广见闻，开发智力

扩大学生的知识面，对学生进行综合教育，是中小学图书室的又一重要职责。

图书文献是人类智慧的结晶与经验的总结。它既是以往研究与发明的物化，又是探求未来未知的基础。通过阅读和学习馆藏文献可以开阔视野，扩大知识面，而且可以全面提高师生的文化素养、科学素养和艺术素养，增强融会贯通的自我学习能力，有利于提高学生的综合素质，并为今后的发展奠定坚实的基础。

由于科学技术的迅速发展，各门学科出现高度分化和高度综合的趋势，各学科之间的联系和渗透日益加强，许多边缘学科、交叉学科和综合学科得以出现。这些新学科的出现，打破了各学科彼此孤立的状态，进一步促进了学科间的彼此联系和渗透，使自然科学与社会科学的联系日趋密切。这种形势深刻地影响着学校对人才的培养。那种孤立地按学科传递知识的教学方法，已不能适应未来对人才的需要，必须不断扩大学生的知识面，对学生进行综合教育。而学校图书室正是学生扩大知识面、开发智力的重要阵地，对青少年阅读的潜在促进，是家庭、校外培训机构都无法替代的。图书室收藏的书刊中，蕴藏着古今中外人类所创造的各种知识，是知识的大宝库。图书室的职责是将知识宝库变成知识喷泉，把书刊中所含的各种知识尽量开发出来，提供给学生学习，把学生的文化素养、科学素养、艺术素养等多方面的培养贯通起来，使学生通过阅读各种书刊，扩大自己

的知识范围，给学生打下深厚的知识基础。中小学图书室对学生进行综合教育的内容是多方面的，主要包括以下方面：

1.社科知识、科普知识的教育

在深入了解学生学习中的所思所想所盼基础上，当好青少年的知心人、热心人、引路人，以青少年喜闻乐见的方式，引导学生在学好课程的前提下，博览群书，开阔视野。特别是科普知识的教育，图书室要增强科普读物的吸引力和感染力，打造"科普特色菜""招牌菜"，吸引学生从小崇尚科学，热爱科学，不仅能扩大学生知识面，还能帮助学生了解国内外科学进展的新情况、新趋势，使学生从小树立追踪新情况的习惯和对新鲜事物的敏感，让学生接触到更宽更广的知识，从而认识到人类知识的博大精深，提高探索未知知识的主动性、积极性。

2.美育德育教育

美育教育对青少年学生的心理发展有着深远的影响。美育教育不仅能陶冶情操，培养良好的道德品质，而且能培养认识问题、观察和分析问题的能力，并有助于树立正确的世界观。学校图书室优雅整洁的环境、良好的阅读气氛和读书风气，能使学生在潜移默化中受到美的熏陶。通过阅读优秀的文学、经典书籍，学生从中得到美的感受。图书室常态化组织的各类读书活动，引导青少年把社会主义核心价值观作为自己的基本遵循，变成日常的行为准则，进而形成自觉奉行的信念理念；用书中高尚的道德情操和价值追求陶冶自身情操，树立正确的世界观、人生观和价值观，努力在实现中国梦的伟大实践中创造自己的精彩人生。

3.图书室知识和文献知识教育

教会学生利用图书室和利用各种文献，这将使他们终身受益。首先要向学生介绍图书室的藏书情况、图书室目录的使用方法以及借阅书刊的手续等，使他们掌握独立选择图书和借阅图书的方法。其次，要进行文献知识的教育，特别是培养学生应用工具书的能力。图书室进行工具书知识的教育应超过课堂查字典教育的范围。图书室可向少年儿童介绍各种百科全书、手册、指南等的使用方法，使学生从小学会利用工具书解决自己学习或生活中碰到的各种问题。

4.独立思考，培养能力

未来社会不仅要求学生具备各种知识，而且要求善于运用所学到的知识去创造更多的新知识、新的科学技术，这就需要从小培养各种能力，包括自学能力、观察能力、分析能力、想象能力、思维能力、表达能力、组织能力等，中小学图书室恰好能帮助他们培养这些能力。

学校图书室通过图书宣传和对学生进行教育及读书方法的指导，使他们能够根据自己学习的需要和个人的兴趣爱好，有目的地找出自己所需要的书刊，学会在同类书刊中进行分析、比较，从中选择出优秀的书刊，从而培养独立探求知识的能力。

自学是提高思维能力的有效途径。阅读书刊，可使学生养成独立思考、独立钻研、独立分析问题的能力，这些能力仅凭灌输式的课堂教育是不容易培养起来的。而通过在图书室能自由地选择、浏览、阅读书刊，可以启发学生探索问题的兴趣，促进思维意识的觉醒。可见，图书室是培养学生自学能力的一个好场所，学生在课外阅读中遇到疑难问题，首先是自己思索、分析，想办法解决问题，其次是查找工具书，最后请教同学或者老师，直至解决问题。

表达能力包括文字表达能力和口头表达能力。图书室利用墙报、板报等形式，组织学生写读书笔记或读书心得，这对学生的文字表达能力是一种极好的锻炼。图书室还可通过活动向青少年读者介绍图书室的资源、服务和活动，并向他们介绍学校图书室开放、平等、多元、合作、融合的服务理念。或组织故事会、演讲会或举办读书座谈会、图书讨论会、辩论会可促使学生深入领会所读书籍，分析书中思想内容的是非、优劣，作出自己的判断，并用口头表达出来，这对锻炼学生的思维能力、口头表达能力、鉴别和欣赏能力等都是很有益的。所以，中小学图书室在培养学生独立思考及应变能力方面，有着独特的、重要的作用。

第三节 我国中小学图书馆发展历程及影响因素

一、我国中小学图书馆事业的发展演变

我国中小学图书馆事业随着中小学教育的发展而发展。我国正规的学校教育始于19世纪末，从时间跨度上看，我国中小学图书馆的发展历史可以划分为六个时期。

（一）萌芽时期（19世纪末）

为封建社会人才培养发挥重要作用的书院和家塾，可视为现代中小学校的前身，书院、家塾往往备有一定数量的藏书供师生查阅使用，藏书楼可视为今日学校图书馆之萌芽。在发展过程中，书院、家塾的藏书规模逐渐扩大，其作用地位也日渐明确，而且还出现了导读书目，如元代的《程氏家塾读书分年日程》，后逐渐受西方办学思想的影响，书院、家塾的藏书楼地位作用日益凸显，书院、家塾被改造成中学，藏书楼逐渐演变成新式学校的图书馆，如上海的格致书院于1874年改名为格致中学，格致书院藏书楼随之改为格致中学图书馆。

另外外国人在他们所建立和管理的教会中学内普遍设立了图书馆，受其影响，1884年初清政府在北京创办的汇文学堂，除传统的四书五经，师资力量和一些课本资源从西方引进，相应设有藏书室，还配备了西式教育的阅览室等附属设施，其藏书室后成为学校图书馆。从这些可推测，初期的中小学图书馆，其管理方法等均来源于西方，但这一时期图书馆数量较少，且多设立于教会中学内，故而影响并不大。

（二）倡导时期（20世纪初）

戊戌变法期间，维新改良派力图通过推行新政挽救中国，受西方教育影响，他们认为要从"开通民智，作育人才"着手，维新改良派不断介绍西学，学习西方先进教育思想，通过立学校、办报纸、建图书馆等提高国民素质。甚至不断介绍西方城市图书馆乃至西方儿童图书馆、学校图书馆，大力倡导开办公共性图书馆。在维新派的倡导下，我国近代公共性的图书馆开始诞生，如在1902年颁发

的《钦定学堂章程》的《钦定小学堂章程》和《钦定中学堂章程》两部分中有关于中小学堂应配置图书室的规定。蔡文森1909年撰写的专文《设立儿童图书馆办法》（见《教育杂志》一卷八期），是一篇专门论述儿童图书馆的文章，该文为小学图书馆的建立和发展做了一定的思想、舆论和认识上的准备，对这一时期建立学校图书馆和儿童图书馆起了一定的倡导和促进作用。如上海启明女中藏书楼第一年儿童阅读书籍不过31419册，而至第二年，借出书籍增至252171册。在不断倡导下，公立藏书楼，且与学堂互相联络矣；书院、家塾等旧的藏书楼逐渐向近代图书馆演变。1910年建立的上海工部局立华童公学图书馆、1911年建立的上海市立万竹小学图书馆（藏书8000册）都是倡导时期的标志性成果。

（三）试办时期（1912—1919年）

辛亥革命胜利后，国民政府成立了教育部，1915年，教育部颁发《通俗图书馆规程》规定"……公私学校，得设立通俗图书馆，所需经费，列入主管学校预算之内"，这让各级各类图书馆的设立有法可依，这对当时中小学校图书馆的发展起到了奠基作用。因学校设立图书馆有可靠经费保障，公立学校纷纷设立了图书馆。如1912年建立的北平公立第一中学图书馆，1912年建立的广东省立一中图书馆，1913年建立的北京市立女一中图书馆，1915年建立的上海启秀女子图书馆，1918年建立的录北中学图书馆。这一时期，北京、天津、上海、广州成立的中学图书馆数量多于这一时期成立的小学图书馆。

（四）民国初步发展时期（1920—1948年）

1920年至1936年，因有财政经费保障，中国图书馆事业迎来了第一个发展期。首先是图书馆的建设十分兴盛。据1936年的统计，全国已有图书馆（中小学图书馆）、民众教育馆2520所，与1916年的293所相比，增加8.6倍，数量增加，且藏书规模也有明显扩大。其次出现了一些专门从事图书馆学研究的专家，学术研究空前活跃，学术成果硕果累累。如洪友丰、程伯群等就图书馆业务工作和管理方法进行研究，刘国钧、余嘉锡等钻研出大批重要的图书馆学论著，初步建立起了学科体系。再次，成立了相应的图书馆学会以及学术组织，开展了一系列有意义的活动。

1937年，抗日战争爆发，由于战争的破坏，中小学图书馆遭受巨大的损失。1945年抗日战争胜利后，国民政府政治腐败，物价飞涨，经济萧条，中小学教育事业受挫，停滞不前，中小学图书馆当然也无从恢复和发展。直到1949年新中国成立以后，我国的中小学图书馆事业才得到迅速发展。

（五）新中国飞速发展时期（1949年以来）

新中国成立，标志着我国的中小学图书馆事业进入了一个新的历史时期，随着我国基础教育事业的蓬勃发展，中小学图书馆的面貌也发生了翻天覆地的巨大变化。其发展历程可分为基础奠定、停滞混乱、恢复发展三个阶段。

1.基础奠定阶段（1949—1966）

新中国成立以后，由于党和国家对中小学教育事业的重视，中小学教育发展较快，中小学图书馆的建设也得到重视。这一时期又可分为两个阶段：第一阶段是1949年至1957年，为恢复发展阶段。在发展教育、创办大批中小学校的同时，加强了学校图书馆（室）的建设，1956年教育部《关于指导小学生阅读少年儿童读物的指示》明确提出，正确地指导学生阅读少年儿童读物，是学校贯彻全面发展教育方针的重要组成部分。要求为中小学生提供更多的阅读场所，引导他们在"多读书、读好书"的活动中开阔视野、增长知识、陶冶情操、健康成长。这一阶段，前三年对中小学图书馆进行了恢复调整，主要是对旧中国留下的中小学进行改造、整顿和调整，中小学数量没有增加，还略有减少。第二阶段是1958年至1966年，为较快发展阶段。1963年，教育部发出通知，"各级教育、财政部门协商，中小学多安排一些图书经费，尽可能按用款计划及时拨款，使学校有计划地订购各种必需的图书"。这使得中小学图书馆经费保障得到进一步加强，但缺乏统一的规划和要求，对中小学图书馆在教育教学中的作用与地位缺乏明确的规定。

2.停滞混乱阶段（1966—1976）

十年"文革"影响，使我国初步发展起来的中小学图书事业受到极大挫伤，处于混乱停滞瘫痪状态，图书室无法正常运转，藏书损失严重。"文革"结束后，中小学工作逐步转移到以教学为中心上来，在这种形势下，我国中小学图书事业得到了较快恢复和发展。

3.恢复发展阶段（改革开放后）

到80年代，随着改革开放和国家战略调整，中小学工作重点逐步转移到以教学为中心。1981年5月，文化部、教育部、共青团中央在北京联合召开全国少年儿童图书馆专门会议，会后国务院办公厅转发了《关于全国少年儿童图书馆工作座谈会的情况报告》（国办〔1981〕62号文件），要求各地加强领导，从当地情况出发做出规划，分期分批进行中小学图书馆（室）的恢复和建设。增辟图书阅览室，按学生（或班级）数目从教育经费中安排一定数量的图书馆经费。

1989年1月国家教育委员会在北京召开全国中小学图书馆工作会议，成立了全国中小学图书馆协会筹备组，并拟由国家教委颁发《中小学图书馆工作条例》，促使学校图书馆工作科学化、规范化。1990年，原国家教委又成立条件装备司，下设图情处，负责大中小学的图书部门的日常管理。不久，条件装备司又成立了中小学图书室工作委员会常设机构。1991年8月29日，国家教委又颁布《中小学图书室（馆）规程》，共分六章二十六条，对中小学图书室的性质、地位、作用、规模、标准等都作了明确规定，《规程》对中小学图书馆发展产生了深远的影响，开创了中小学图书馆建设的新局面。这些文件或规定对促进区域性中小学生图书事业建设起到了很大的推动和指导作用，标志着我国中小学图书事业建设逐步走上正轨。

（六）新世纪以来发展时期（2012年以来）

随着我国中小学图书室有章可循，有法可依，进入新世纪以来，我国的中小学图书事业在法治轨道上得到了进一步发展。根据《2013年度全国中小学图书馆基础数据》一文，近年来，中小学图书馆在馆舍和藏书等领域出现了持续发展的势头。2013年，全国小学图书馆馆舍总面积1512.57万平方米，中学图书馆馆舍总面积2434.97万平方米。在馆藏图书方面，2013年，全国小学图书馆馆藏图书总量177087.66万册，全国中学图书馆馆藏图书总量199250.04万册，其中城区中学馆藏图书总量74623.87万册。2013年，全国小学图书馆平均生均册数为18.92册，2013年平均生均册数比2012年略有下降，降幅为0.42%。全国中学图书馆平均生均册数为28.97册，不符合《中小学图书馆规程》（当时）规定的二类标准。

二、影响中小学图书事业发展的因素

纵观我国中小学图书馆的起源和发展，即使是经济发达地区，中小学图书事业也基本是从"文革"之后逐步发展起来的，尤其是第一次全国中小学图书馆（室）工作会议召开，此后，全国中小学图书室事业蓬勃发展，形成全国范围内的网络体系，成为全国学校教育事业的重要组成部分。

从中我们不难看出，中小学图书事业的发展受到社会经济文化事业大环境的影响。具体而言，图书行业的发展、教育事业的发展以及政府政策的支持是三大重要因素。

行业的发展为中小学图书事业提供了理论支撑、行业支持和人才保障。除了整个行业发展之外，中小学图书联盟或者组织的作用也非常重要。

教育事业的发展是关系中小学图书事业功能定位、发展方向的决定因素。因为学校图书室直接为学校教育服务，因此教育事业的发展变化，对于学校图书室的影响是非常显著的。

政府政策的支持为中小学图书事业的发展提供了扎实的法律法规基础。1999年公布的《中小学图书室宣言》明确指出"应力促政府—通过其负责教育的官员—发展战略、政策和计划"来推动中小学图书室建设和发展。

而中小学图书室的基础理论、中小学阅读、阅读指导和阅读服务理论，图书室中小学生服务的组织管理与绩效评估研究、需求与供给的调查研究以及中小学图书室老师的职业素养与核心能力研究，同样也制约着基层学校图书室的建设与发展。

第四节　基层中小学图书室发展现状分析

国家已倡导素质教育若干年，学校教育教学改革逐渐深入之时，教育部又明确提出要减轻中小学生的课业负担,那么素质教育应该通过哪些手段来实现?减负以后又该如何引导青少年真正全面、健康地成长?无疑,中小学图书室应发挥较大的作用,成为培育和锻炼中小学生更多能力的一个重要场所,成为促进学生全面发展和推动教师专业成长的重要平台,成为学校教育教学和学科教育研究服务的重要场所。

从中不难看出,基层中小学图书室绝不是有则锦上添花,缺则无关大局。在当前"双减"政策下,它是实施素质教育的第二课堂,是办好学校的重要支柱,更是基础教育教学改革课堂教育的延伸。

虽基层中小学校大多没有功能完备、设施齐全的图书馆,但几乎所有中小学校都设有图书室,都承担着为学生和教师服务的双重任务;都在通过学校书刊资料的流通来宣传党和政府的方针政策、传播科学文化知识,努力为提高教学质量服务;都在为把青少年培养成德、智、体、美、劳全面发展的,有理想、有道德、有文化、守纪律的一代新人作出贡献。

可见基层中小学都在践行着让图书室成为思政育人的平台,既为义务教育服务,更为立德树人服务。在这种情况之下,我们有必要高度关注基层中小学图书室建设现状。

一、镇乡中小学图书室现状

中小学图书室是学校重要组成部分,作为学校教育教学服务的一种辅助设施,它依托学校教育需要,收集、整理和提供各种书刊资料,为教学服务,为学校广大师生服务。

(一)发现与总结

本次调研以重庆市镇乡中小学校图书室为调研样本,通过实地走访或向学校图书室管理员发放调查问卷,对学校图书室基本条件、馆藏、馆员、图书室的利用、经费、规章制度等方面进行现状调查。从馆舍规模上看,大多数都是几间屋子作为图书室(条件好的学校专门一栋楼或几层楼命名为图书馆),基本都做到了"适用、经济、美观",且都体现了中小学图书室主要任务,即贯彻党的教育方针，弘扬中华优秀传统文化，培育社会主义核心价值观，促进学生德智体美劳全面发展；都建立了学校信息和服务体系，并协助教师开展教学活动，指导学生掌握检索和利用文献信息的知识与技能，组织学生创建读书社，开展阅读辅导和阅读活动。

我们把调查得到的数据，经过分析、整理，概括出镇乡中小学图书室建设取得的主要成效。

1. 基本建成了基层中小学藏书体系

《义务教育学校办学基本标准达标评估指标体系》中要求学校每年新增图书比例不少于藏书量标准的1%，中小学生均藏书30册（不含电子图书）。根据中小学的性质和任务、各科教学大纲的要求，各中小学积极采购各种书刊资料，为提高学校教育和教学质量提供物质保障。如潼南实验中学千方百计，尽可能扩大图书室的资源和服务，在馆藏资源建设上除注意传统介质的书、报、刊的入藏外，也在逐渐加大电子版文献的入藏。另外，基本能从中小学图书室的实际出发，将传统基本业务内容本着学科、实用、简便原则，适当从简运作，因地制宜地对书刊资料进行科学的分类、编目、加工与管理。

2. 开展书刊借阅服务，提高了文献利用率

各镇乡中小学图书室都采用了个人外借、集体外借、室内阅览等多种方式，将书刊提供给教师、学生使用，充分发挥了书刊藏以致用的作用。但图书宣传方式不够灵活，服务方式上开放性、针对性不够，服务质量有待提升。各中小学图书室围绕教学中心，紧密配合各科教学需要，积极开展图书流通工作，科学合理配备了各学科需要的教学参考书，但为教师教育理论提升期刊不多；主动为教育、教学提供必要的参考资料，如潼南中学历史、地理、数学、物理、化学、生物、体育、音乐、美术等各学科的专著、教科书、工具书及有关教学参考材料深受学生喜欢；双江小学不但有儿童文学与学科辅导类书籍，还提供了小学生阅读的各种课外读物，包括科普读物、各种知识性书籍、童话、故事、小说、诗歌等各种文艺读物及中学生适用的工具书、期刊供师生们借阅，尤其是故事书、童话书、科幻小说借阅量大。

3. 对学生进行课外阅读指导

各中小学图书室结合学校教育和中小学生心理特点，开展学校教育教学所需的课外阅读指导，形式多样地服务于学校教育教学。如潼南实验小学组织了征文比赛、经典诵读等读者活动，向学生推荐经典书籍；介绍图书室的查询系统使用方法和如何利用图书室的工具书，以及进行读书方法和读书卫生知识等方面的指导，通过阅读指导，培养学生读书兴趣和读书能力，教会学生高效检索文献信息等基本技能，向学生传授文献知识，培养他们识读、检索、利用文献的能力，引导学生养成终生利用图书室的习惯，在进行学科知识、科普知识辅导的同时，也进行图书室知识和文献知识的教育以及美育教育。

4. 开展读书活动配合学校进行政治思想教育

在中小学读书活动中，各校图书室做了大量的组织、宣传、引导工作，进行革命理想与革命传统教育，发挥了不可替代的作用。其地位和价值得到了社会各界越来越充分的肯定。如潼南中学为了引导学生树立立志、修身、成才、报国的志向，对学生进行爱国主义教育，开阔学生视野，培养"四有新人"，学校图书室不仅认真参照有关的推荐书目选购入藏图书，举办图片、图书及板报、读书小报等展览，还开设阅读课，掀起了"100部经典任你读"的读书热潮。定期还召开鉴院书院教师读书分享会，浸润书香、师者先行，真正把读书活动引向深处，落到实处。

5. 积极参加协作活动和评估达标工作

镇乡中小学图书室都能主动与公共图书馆建立互通有无关系，并积极组织参加各类活动，通过交流各种经验，促进管理水平和服务水平提高。

在评定内容、标准及比分权重的设置上，要做到结合小学、中学实际，出台评估标准各有区别和侧重。对图书室面积、藏书册数等基本条件因学校自身条件能够区别对待。对于条件稍差的学校，注重读书活动的开展；基础较好的中小学（如潼南中学、实验小学）则更侧重于科学管理、自动化水平、读者工作以及自身的业务学习和理论研究等方面的评估。

总之，镇乡中小学图书室都在贯彻党和国家的教育方针，采集各类文献信息，为师生提供书刊资料、信息；利用书刊资料对学生进行政治思想品德、文化科学知识等方面的教育；指导学生课外阅读，开展文献检索与利用知识的教育活动；培养学生收集、整理资料、利用信息的能力和终身学习的能力，促进学生德、智、体、美、劳等全面发展。

（二）存在不足

从调研中可见中小学图书室取得的主要成效是显著的，尤其是在教育部强化绝大部分中小学要按照国家规定标准建有图书室（馆）的大背景下，乡镇中小学图书室均在基础设施建设中逐年增加财政投入，将图书室纳入中小学建设规划，基本建成与实施素质教育、深化课程改革相适应的现代中小学图书室，建立、健全了中小学图书室藏书、管理、服务体系。无论是馆舍面貌、图书（室）数量、规模、图书种类的改善等方面，还是配合学校教学，开展书刊借阅任务，对学生进行课外阅读辅导，以及文献利用率和对学生进行思政教育均作出了巨大贡献。

总的说来，镇乡中小学图书室建设总体迈上了新的台阶。但同时，对中小学图书室的功能定位、图书室面积、配套设施、馆藏文献、资源利用、队伍建设、管理应用等方面还存在不足。

1.硬件设施建设方面的不足

（1）馆舍面积狭小，布局欠科学

图书室面积基本达标，但达标的比例基本偏低。调查发现，图书室大多由一般的上课教室代替，空气不流通，采光较差；边远学校（如潼南宝农小学）图书室集藏书、阅览与行政业务于一体，设施设备传统陈旧（几张桌椅和几排书架），可移动性差，缺少必要的环境设计和功能区划分，不适于开展阅读教学和探索研究活动，潼南实验学校图书室基藏书库的藏书布局没有将传统纸质载体的文献资料和非书文献资料区别存放，没有将教师所需的文献资料与学生所需的文献资料区别存放等，不利于图书室各年级读者和教师的查找使用以及文献资料的保存管理，在查看藏书排架时，发现都是按分类号顺序排列，但分类号相同的书，基本没再按照图书的内容体系进行书次号区分。

(2) 馆藏文献质量欠佳，为教师服务不够

调查中发现，镇乡中小学图书室目前在藏书数量上是充足的，但图书质量欠佳，还不能完全做到在"为人找书"和"为书找人"的服务中"书尽其用"。一是内容陈旧，无法跟上新时代需求；二是经典读物较少，作为开阔视野、增广见闻、开发智力的课本补充读物相当少；三是藏书结构、种类单一化（主要是儿童文学类居多），不能完全满足中小学生心智的发展和成长的需要，导致图书室藏书与时代需求脱节；四是边远镇乡中小学图书室藏书保护与清点工作基本没做，没有认识到通过清点，可以发现业务工作（如采购、分编、典藏和流通阅览）中的漏洞，进一步优化藏书结构与质量。如文献资源的采选、文献采选的范围及标准不一致。

基层中小学图书室都为教师提供了教学参考资料。条件好的图书室能够根据各科教学需要，编制专题书目和索引，供教师查阅使用。但规模较小的学校图书室无法根据各科教学需要，编制专题书目和索引，供教师查阅使用。大部分学校图书室不能及时传递最新情报信息，解答师生提出的各种咨询问题不能贴近师生需求，服务性、学术性不够。

(3) 缺乏齐全的现代化设备

按照基层中小学图书室的建设标准，以及软硬件、管理、服务等具体要求，都开展信息查询和读者服务活动。但多数学校仍使用传统的上架、排架、理架以及人工借阅的方式，借、还效率低下，工作效率不高，图书室简单的防尘防潮设备虽基本配备，但信息化基础薄弱，藏书主要以纸质文献为主，电子文献不足。如采访（图书著录）、流通（图书借还、读者管理、文献借还册次查询等）、典藏（馆藏统计）等模块基本配备，54%的学校为方便智能化阅读，配备了电子阅览室，但电子期刊种类不多。对视障等弱势儿童关爱不够，没发现一所学校配有视障阅览设施（除潼南聋哑学校外）。

(4) 图书室经费来源单一、不均衡

经费是建设图书室的物质基础，学校图书室经费来源主要依靠国家拨给的经费和教育行政部门的一次性补助以及自筹经费，来源单一不均衡。从调研来看，

基本是根据教师和学生的人数，按年或按月从教育事业费中直接拨出的。或者是区财政遵循义务教育均衡发展，每年基本有2万元以上的上级拨款，其中硬件设施1万元，书籍购买1万元，但边远镇乡中小学校得不到更多上级资金支持。只有条件较好的3到4所学校能够自筹经费，即利用校办工厂或食堂收入或勤工俭学的收入，拨出一部分经费用来购书或图书室设施设备添置。甚至一些边远学校通过接受机关团体、企业、事业单位以及热心少年儿童教育事业的个人资助来筹集经费。

综合整体数据来看，按现在的市场价格，每个学生的经费一年勉强能增一本新书。诸多因素下，经费投入与实际需求脱节，尤其是对农村边远薄弱学校应加大经费预算，在资金有保障情况下，图书室才能发挥更多作用。图书室建设应以政府投入为主。各级教育行政部门每年在拨给购书经费时，原则上，藏书基础薄弱的学校应当适当给予倾斜，并随师生人数的增加而增加。

2.使用过程中存在的问题

（1）访问次数和借阅量偏低

调查数据显示，中小学图书室开放时间普遍较短。读者到访图书室的频率总体上随着学段的升高而下降，借阅量也呈现出随着学段的升高而减少的趋势。不少学生去图书室以"上自习"居多，他们更看重图书室安静的学习环境。学生迫于升学压力，阅读内容学校化、功利化明显。

（2）专业化服务不足、育人功能未充分体现

作者走访了3所学校图书室管理老师，随便问了几个问题：学校具有哪些特色藏书体系？哪类图书的利用率高？学生事实性咨询问题最多的是哪些？为教师做了哪些专题服务？如何编制专题书目或索引？以及如何对图书进行收集、整理？有79.9%的老师只能说出学生最喜爱借的书和学校大概有多少藏书量，80%的老师只能说出图书室的基本业务，如书到验收后盖章、登记、分类，编目与典藏，组织与管理。当问及开展哪些读书活动和阅读指导时，60%的老师均表示听学校德育办和教研组安排，30%的老师表示每周会利用班会课，举办读书沙龙、经典诵读、故事演讲等。

3.科学有效管理上存在的问题

（1）总体目标和阶段性目标缺乏科学规划与管理

比如在检查图书室编制下一年计划时，只有一份整理、分析前期的总结材料或到图书室的读者总数量，缺乏关于图书室文献补充（文献来源和类型，计算分配各季度的采购经费等）有关数据的挖掘研究材料，类似于简单的工作总结。更别说根据本校文献资源建设长期规划的总体目标及阶段目标的要求，以及结合该年度的主要工作任务，提出该年度藏书发展的整体规划。

（2）资源共享率低，很少组织图书馆学基础理论研究

冷门书刊利用率不高，藏书范围不广，收藏品种的路径狭窄。仅56.67%的学校有过资源共享（如学校之间"共享图书""云端借阅"），校本资源和特色资源融合与共享根本没有。具有图情专业的专职图书室管理老师几乎没有，有些学校由学校管理层兼任图书管理员，也有待退休教师从事图书室管理，更别说参加图书馆学的研究。基础理论是学科发展的基本动力，基础理论研究的深度如何，决定着学科水平和学科地位的高低，也影响着学科内部其他理论的发展。因此，作为图书馆界的专门小分支，基层中小学图书室应加强专门的业务特点、服务对象和工作规律、服务创新等方面的理论研究。

（3）图书室职能定位单一、利用率低

学校图书室举办活动时的短暂"热闹"现象，使得"滋养青少年心灵、培育青少年文化自信"的效果欠佳。主要是受应试教育影响，老师和家长认为这些活动对学生成绩帮助不大，加之学生时间宝贵，无暇顾及参加难见学业成效的读书活动。所以图书室一般只能利用节庆点，集中开展征文比赛、演讲比赛、书画比赛等，但此类活动内容相对单一，形式相对固定，互动性欠佳；尤其是临近期末，图书室基本处于"半关闭"状态。通过上述现象侧面说明图书室在做好读者的发展、组织、研究方面的工作和读者的服务工作有待加强管理。

二、原因分析

通过调查发现，近几年来，虽在硬件设施上有了不错的提升，但业务工作的

科学性、合理性还有待提升；管理体制和运行机制等一些方面存在的问题，影响着"双减"政策的实施，也影响素质教育在基层的进行。作者从三个层面来分析目前存在问题的原因。

（一）学校层面

1.落后的管理方式导致较差的读者体验

虽有计算机借还系统，但图书室老师习惯沿用传统手工借还登记借阅方式，再加上图书室内少有查询系统，学生借还书过程程序烦琐，出现找书难现象，不能很好实现"为人找书、为书找人"。有个别学校因借还书麻烦，干脆把图书室借来的书籍放到教室"图书角"，学生想看书就到教室"图书角"去，但书的种类不齐，导致学生不愿意看学校图书室的书籍。

2.图书室管理人员不专业，限制了图书服务工作的开展

随着人工智能、大数据等在图书领域的应用，乡镇中小学图书室快速准确地解决知识传播和学术应用的能力，需要图书馆员掌握过硬的技术与本领，才不至于在时代面前落伍，才能高效地开展青少年育人服务工作。

乡镇中小学图书室专职专业的图书馆员少，普遍缺乏图书管理基本技能和图书馆学有关的专业知识，没有自主学习、积极向上的动力源，且肯钻研业务的能力欠缺；基本没有掌握采编、分类等文献资源管理技术，更别说配合学校加大对文献资源的开发利用，做好服务师生工作以及对基础理论的研究工作。

3.对素质教育理解有限，导致图书室建设边缘化

调查发现，学校唯分数论现象依然存在，大部分镇乡中小学图书室都由学校（校长）行政兼管，认为"图书室"只是学校为应付评估而设的摆设，学生成绩、智力拓展主要依靠学科教师课堂传授。校行政层在主观上并不太重视图书室建设，觉得图书室可有可无，过多重视学生的分数，对图书室作为学生课外知识积累的第二课堂认识不够。有时感觉学校图书室就像是一个只堆放书籍的仓库，图书室的价值自然无法得到体现。

（二）政府层面

1.财政投入不足

调研发现，中小学图书室无论是扩建或改造、各种阅读设备的提供，还是智能化服务平台的建设，数字化资源的购买，软件系统的改进等都面临建设成本压力问题。无论是投入钱数的多少还是投入增长的速度，城区学校明显好于乡镇学校，经济好的乡镇学校明显好于经济欠好的学校，但都远低于国家要求。同时，结合各镇财政投入现状，基层学校财力有限是制约图书室发展的主要因素。相应的财政补贴配套措施，现实情况是中央财政和省市、区县级财政在发挥作用，地方财政则无法保障。

2.配套政策与规范的缺失

缺乏相应的财政补贴配套措施。镇乡中小学图书室管理、有序运行离不开科学合理的规章制度，调研发现很多图书室如借还制度未贴在醒目地方，图书室建设的配套政策与规范缺失，出现各自为政现象。尤其是行政法规配合业务工作的规章制度不具体，亟须配套的政策与规范的支持。免费开放政策中补贴给图书室的经费是运营经费而非购书经费，但实际情况是大部分学校在向图书室发放了免费开放经费后，便不再拨付购书经费，导致基层学校图书室图书资源不足，图书室不得不将"运营经费"用来购买书籍或其他文献资源。

（三）社会层面

1.镇乡缺少阅读氛围

阅读氛围的缺失本质上是文化底蕴的缺失。迫于生计，农村年轻人外出务工，隔代教育现象严重。农村地区近年来虽有农家书屋、村社文化服务中心能够承担阅读职能，但阅读资源、阅读环境很难吸引人，难以营造公共阅读氛围。可以想象，在这样的一个环境之下，每个村社几乎没有走进农家书屋阅读的榜样，农村的青少年对于阅读缺乏耳濡目染，很难让他们从小养成良好的阅读习惯。

2.现代媒体对纸质阅读的冲击

智能时代在潜移默化地改变人们的阅读习惯，人们对传统书本阅读失去兴趣，更依赖随时随地提供阅读的电脑、手机等媒介，信息的获取途径变得多样便捷，难以静下来面对书籍进行深层次阅读以及独立思考。

三、如何解决存在问题

从以上调查研究发现的诸多问题，想要镇乡中小学图书室适应师生的需求，得到科学良性发展，作者从宏观方面对基层中小学图书室建设提出相应对策。

（一）社会层面的解决之策

1. 加大图书室作用的宣传力度

学校图书室的价值通常在"润物细无声"的过程中得以体现，要想得到社会的支持，需要有网络思维和网络精神，加强社会舆论对学校图书室作用的宣传和带动，营造良好的家庭、学校、社会环境氛围，倡导人人爱读书、人人善读书，积极培养中小学生良好的阅读习惯，促进青少年文化与精神的融合。以此来宣扬和阐释图书室的使命，向社会证明其存在的价值。

2. 丰富图书室职能

学校以图书室为平台，不仅为师生提供舒适优质的阅读服务，积极引导青少年开展阅读活动，也是学校图书室的价值体现和义不容辞的职责；即使我们不从经典阅读涵养青少年信仰的理论高度，不谈教育教学改革的深入和素质教育的全民推动，仅仅从镇乡学校生存和发展的角度，也应该大力开展阅读活动和知识服务，以此向社会展示学校图书室的存在价值和社会作用。

3. 探索建立基层中小学图书室服务效能社会评价体系

根据区县实际情况，可制定《镇乡中小学图书室绩效第三方评价标准》。对各学校图书室的教育性、服务性、学术性进行相应的监督和评价，目的是有效调动镇乡中小学校行政层面参与图书事业建设的积极性和责任心。因此有必要建立第三方绩效评价体系或机制，以此能够较快地提升学校参与图书室资源共享的效果。在教育督导评估检查中，增加第三方对学校"双减"政策实施情况和图书室的建设与应用评估考核力度。

（二）政府层面的解决之策

1. 加大财政投入力度

对图书专项经费做好精细化管理、统筹使用，最大化发挥经费的效益。教育行政部门可将根据教师和学生的人数，按年或按月从教育事业费中直接拨出的比例提高。学校也可利用校办工厂或勤工俭学的收入，拨出一部分经费用来支持图书室建设。

2. 建立符合实际的标准

为避免出现馆藏资源同质化建设现象，推进学校特色文献的建设，镇乡中小学图书室建设应符合基层实际，标准可从以下几方面着手。

第一，"三室"齐全标准。学校应具备独立的藏书室，面积标准不得少于100平方米，教师阅览室设座比例为1：4，学生阅览室设座比例为1：10，丰富读者活动室和阅览室的基本功能。

第二，图书室设备标准。结合调研实际情况，为方便藏书及分类，要有足够的书柜、书架、报刊架、书立、借阅台和中小学生使用方便的阅览桌椅。要保证图书室内环境，如光照充足、通风良好，配齐图书室基本设备。做好文献资料防护，特别是特藏书库、非书资料库、阅览室的防水、防潮措施。

第三，文献资源建设标准。文献资源是学校图书室的固定资产，在数量标准基本达标基础上，更要重视文献质量和价值标准。近几年，为迎接义务均衡教育检查，加大了镇乡中小学图书室的扶持力度。根据调查情况，在各校生均藏书数量、种类基本达标后，教育行政部门应对藏书质量具体化，形成本校特色、科学合理藏书体系。

第四，图书室管理人员标准。亟须构建农村学校图书管理员系统化的培训体系，加强对基础知识和专业技能的培训。结合镇乡中小学实际，建议教育行政主管部门每年招收一定比例图书馆学专业的教师，条件有限的农村中小学至少2名兼职人员，对兼职教师定期进行基础业务培训，并适当减轻其教学任务。

（三）学校层面的解决之策

学校短时期内无法改变经费和人员状况，要基于学校实际情况寻求适合自身发展的途径。

1.管理者加强图书室建设意识

首先，学校行政领导要意识到图书室是学校重要组成部分。应出台指导学校图书室文献资源建设的规范性文件，有利于农村学校图书室作用的发挥。它不仅是老师自我提高的主阵地，而且在实施文化素养教育过程中与课堂教学相互促进、相互补充，发挥着启迪心智、传承文化、筑牢学生根魂作用。因此教育行政部门应制定相应的计划，在教育经费中按一定比例设立图书专项经费，学校要多渠道筹措图书经费，提倡和鼓励社会和个人捐助图书室建设。

其次，清楚认识经济是图书室建设的物质基础。镇乡中小学作为提供知识非营利的事业单位，学校图书室又是为师生提供知识的场所，要建设好图书室这一场所，必须有专项资金作为支撑。作者调研发现学校图书室资金来源主要靠政府主管部门的财政拨款，农村中小学图书事业要想取得长远发展，学校应当在国家拨给的全年教育经费中，拨给图书室一定数量的购书经费，并将其纳入学校全年的财务计划，也可从学校办工厂（食堂）的利润中抽出部分资金，作为图书室藏书补充的专款。只有学校高度重视，争取政府加大投入和各项支持力度，才能从根本上推进基层中小学图书室建设。

2.加快图书室的环境建设

对于农村学生而言，他们迫切地需要一种渠道，帮助他们获取更多知识。所以只有通过提升管理水平，多渠道筹措资金，在节约人力成本的基础上加大图书室软硬件的建设。

首先是加快图书室改造。调研发现，基层中小学图书室哪怕只是一间教室改造而成，但都发挥着为教育、教学服务的功能，都发挥着对青少年思政育人的作用。对于基层，财力有限，图书室基础硬件设施的配备，不追求豪华，只要符合青少年个性特点、布局合理、色彩鲜明、适用、经济、美观，能够充分发挥其功能就行。尽力让图书室"视听觉"环境可行、经济，能够吸引师生走进学校图书室，从而提高图书室的利用率。

其次是提升信息化水平。除配齐图书室基本的设施设备外，有条件的学校还可以建立图书室内部局域网、校园网以及其他同类型图书室的关联部分和读者联机检索等加速文献流通速度，为师生提供更多信息；对图书室各环节（采访编目、流通阅览、信息检索、图书室管理等）实现程序控制，以减轻工作人员劳动量，提高图书室各种效率。

3.行政部门应做好物质（经费）保障

没有经费，图书室就没有发展的物质基础，就不可能有丰富的藏书。但现实是镇乡中小学图书室完全依赖上级拨款，由于购书经费有限，往往不能满足补充藏书的要求。想要办好镇乡农村中小学图书室，学校或者行政主管部门唯有变被动为主动，倡议社会、企事业单位或个人的捐助，或者提倡师生进行自筹。

首先学校行政领导的思想观念在推动学校图书室发展、改变社会和政府对基层学校图书室的认知的过程中发挥着不可替代的作用，要充分发挥基层学校校长作用，将有限的资源调动起来，推动学校图书室发展环境的改善。如得到上级机关或赞助单位、赞助人，调拨或赠送一些书刊，这是节约经费补充藏书的辅助途径。

其次是教育行政主管部门可允许学校成立"共享书吧"，号召家庭、学校、社会参与学校图书室的服务与管理，图书互换互借，让旧书在流动中变新书。或寻求外援，积极与社会机构合作，通过举办各类品牌活动逐步引起政府重视，改变社会对于学校图书室的认识。

4.优化文献资源建设

富有特色的文献资源体系建设是基础教育现代化的重要体现。文献资源建设结构、文献资源的采集、文献资源的质量与价值、藏书结构和管理水平直接反映素质教育成效。但文献资源建设需做到"藏以致用"，可从五方面入手：一是必须制定规划以及阶段性目标，特别需做好短期计划，因为短期规划是最终落实总体规划和长期规划的保证。如一年内如何整理与开发学校特色文献。二是编制中小学图书室藏书目录和推荐书目，做好图书分类、编目、文献机读目录格式，以及教育部要求中小学生必读书目的流通服务和阅读指导。三是优化中小学图书室文献收藏的具体范围，以及藏书建设的标准。四是加强数字资源建设，以发挥数字现代化服务手段的优势,让书写在典籍里的文字活起来,真正让数字文化资源成为青少年的"精神食粮"。五是重视视听资料、缩微资料、有声读物等的收藏,有计划地购置与重点科目相关的期刊全文光盘、文献数据库,以满足基层中小学生学习文化知识和促进智力发育的多元需求。后面专用几节来阐述文献资源建设、自动化建设、校际联盟建设。

随着素质教育的全面推进,镇乡中小学图书室基础设施和服务水平得到逐步改善;而智能时代的到来,必会推波助澜基层中小学图书室建设与时俱进,在以师生需求为导向,传承文明、服务社会过程中,以书香润泽心灵,构筑基层中小学生共有精神家园——书香校园为契机,夯实中小学图书室的基本业务,优化工作流程,积极快速准确地解决知识传播与信息服务难题。

第二章　中小学图书室管理与建设研究

第一节　优化基本业务及工作流程

上一章第四节针对基层镇乡中小学图书室现状调研，在梳理存在问题、分析问题存在原因基础上，从社会、政府、学校层面提出了宏观建议。本章则从图书室自身基本业务建设出发，优化基本业务及工作流程，重点从文献资源建设、图书室自动化建设、校际联盟建设等微观层面提出解决之策。

一、优化加工整理流程及基本业务注意事项

文献采购进校后，图书室经过验收、登记等采购环节，转入分编，再经过查重、分类、编目、加工等一系列程序才能进入流通。

（一）验收

当采购人员把图书送到学校图书室后，第一道工序就是验收。验收人员应及时核对品种、册数、单价、金额等项，做好清点数量、检查质量的验收工作。如发现数量、质量等问题，应及时与销售单位取得联系进行售后处理。采购人员与验收人员不能同时由一个人来担任。

（二）盖章

验收完毕后，还要在每本图书上加盖学校图书室藏书章。藏书章最好用长方形图书章，如"××小学图书室"，因为长方形章盖时不容易覆盖书内的字或画。藏书章一般盖在两处：一处盖在书名页的正中上方，标志着它已是学校图书室的专有财产，另一处盖在本校图书室自定的特定页上，如15页、31页均可，防止第一处藏书章所在页码因被撕而导致无法确认，或者盖骑缝章更专业。此外，因

现在许多学校图书室采用了自动化管理，在图书上贴条形码，而条形码上方也可直接打印上"××小学图书室"的字样，随着RFID无线射频系统、电子芯片在图书馆的运用，有贴电子芯片的图书也可将藏书所有权标识写在芯片内，但不直观，仍应在显眼处盖上藏书章标识为宜。

（三）登记

凡是入藏的文献，经过验收、盖章后，都要进行图书登记。登记的目的在于完整记录学校藏书财产，全面反映藏书动态，提供准确的统计资料，作为制订计划、总结工作、清点藏书的依据。藏书登记的基本要求是完整、准确、及时、一致。文献登记应注意总括登记、个别登记和注销登记。

1.总括登记

总括登记能够有效地随时掌握学校藏书状况和动态。调研镇乡学校图书室发现，总括登记内容不完整、不规范、不准确，没有个别登记。现将总括登记格式介绍如下，可作参照：

图书总括登记簿

年		登记号	图书来源	册数与价目		按内容分类						记起始号码	附注
月	日			册数	价目	马列	哲学社会科学	文学艺术	自然科学	综合性图书	其他		

2.个别登记

个别登记，又称"分登记"或"分登录"，是按照每本书来进行登记工作。每本图书给一个号码，称为个别登记号（或称财产号），个别登记号应盖在该书的最后一页或该书的书名页，是区别每一本书的一个标记。这种方法就是把每批采购进校的图书逐册记入登记簿上。个别登记的作用：一是反映总括登记中每批书的具体内容、去向及来源，作为查账与补购的凭据。二是反映出每本书刊的书名、作者、出版情况、书价及入藏与注销动态等，作为清点藏书的依据。个别登记的格式参考如下：

图书个别登记簿

年		登记号	书名	著译者	出版年	出版者	页数	单价	来源	备注
月	日									

一些中小学图书室管理人员反映，人少事多。在这种情况下，可考虑采用分类登记的办法，即先分类后登记。按书的内容性质分类登记，每类登记号均从1号开始，按登记书籍的先后依次给号。分类登记，首先要确定分类登记的类目，类目繁简的确定应根据学校的发展规模、藏书基础而定，不能只从当前现有藏书的多少考虑；其次要使购入的图书都有类可登，必须做到确定出的登记类目应简要，但收登的范围要广。分类登记类目一经确定就应相对固定，在一般情况下不宜变动。其样式参考如下：

图书分类登记簿

年		书次号	登记号	书名	著译者	出版年	出版者	本数	来源		备注
月	日								单价	合计	

3.图书注销登记

调研发现，一些学校图书室图书不能借阅，也没进行图书注销登记，无法考证馆藏的实有数。图书因时间长久、内容陈旧，或由于长期流通借阅，造成破损，或因各种原因遗失，都是需要在藏书中清除的；或经领导审批需要剔除的，都应办理一定的手续，根据文据在"图书注销登记簿"上登记，可用红墨水笔在"个别登记簿"上进行划销，在"总括登记簿"内的"本数"和"金额"各栏内减去注销数，使其成为馆藏的实有数。"图书注销登记簿"可选择主要事项内容，样式如下：

图书注销登记簿

年		注销号	书名	著译者	原登记号	原价	注销原因	作价处理	备注
月	日								

（四）分类与编目

1.分类

分类就是依据文献内容的学科属性及其他特征，分门别类、结构合理系统地将它们组织起来的一种方法。以更好地展示文献、宣传文献、满足读者按知识门类检索文献的要求。

书籍分类对于不是图书馆专业的人来说确实困难点，对于基层条件有限的中小学，藏书一万本以内的图书室，可以借鉴利用以颜色和数字并用来标记的"七彩分类法"，组织分类排架。此外还可以购买定制标准图书馆配置的代书板，利用小小的工具可以把图书室的图书变得整齐有序。

一些中学图书室藏书量一万本以上，可按教育部颁布的《中小学图书室藏书分类比例表》配备，分五大部类二十二个基本部类，来编制分类目录。

2.编目

编目就是将馆藏文献资源著录成各种款目，并用不同标目，按多种方法排列组织，实现多渠道检索；依据统一的文献著录标准，就可通过电子计算机将手工编目转换成机读目录，进而实现文献著录和检索自动化、网络化，以满足师生了解馆藏、检索文献以及使用文献资源的需求。

总之，对文献的分类排架和编制分类目录都是为图书室开展各项工作创造条件，奠定基础。

（五）典藏组织与管理

通过验收、登录、分类、编目、加工等几个环节之后，就需要对藏书进行科学的组织与管理，送交典藏部门入库收藏，这就叫典藏。藏书的组织与管理包括藏书布局、藏书排架、藏书保护、藏书的清点和剔除等。因为在调研镇乡藏书室布局、排架、保护等方面发现不规范、不利于师生查找使用与保存管理的问题，对此作详细阐释，以便借鉴。

1.优化藏书布局

藏书规模较大的学校图书室应按照各类文献资料的类别、性质、特点、出版形式以及读者需求，建立各种功能的书库，为每一部分藏书确定合理的存放位置，以便各类馆藏文献资料的充分开发、利用。藏书规模较小的学校图书室基本是一间或几间教室改造而成，藏书布局相对简单，但一定要有利于各年级读者和教师的查找使用，有利于图书管理员开展工作。

针对藏书规模较大的学校图书室，如阅览室、资料室等处收藏的书刊资料目标针对性和流动性较强，我们可根据不同的需要，按照不同的标准，对藏书进行划分。例如：按藏书的层次，划分为基本藏书（又称基本书库）和辅助藏书（又称辅助书库）。基本书库是学校图书室藏书的中心，它的藏书数量大，知识门类多，供读者外借使用。辅助书库是为方便读者参考使用而组织的藏书。基本书库对辅助书库起调节作用，它向辅助书库提供藏书，同时也接收辅助书库中退还的流通率较低的藏书。基本书库的设计应是大开间的。鉴于其库存文献内容容量、类型、形式繁复，往往采取一库多区的管理方法，例如将传统纸张载体的文献资料和非书文献资料区别存放，将教师所需的文献资料与学生所需的文献资料区别存放等。这样做的好处是既节约了库房的空间和人力，又便于统一保存管理。辅助书库是为方便读者参考使用而组织的藏书。对于规模较小或图书室条件较差的中小学，可只设一个总书库，不设辅助书库。

2.藏书排架要方便管理和使用

藏书排架,是将图书室藏书按一定的次序排列在书架上,并形成一定的查找系统。中小学排架法一般是按内容排架和形式排架,大部分中小学是以出版物的内容体系为标志进行排架。比如按照图书本身内容所属的学科体系来排列藏书的方法,它由分类号和书次号共同组成分类排架号(或称索书号)。其中,分类号代表图书内容所属的学科类目,书次号用于区别相同类号的图书。在排架时,先按分类号顺序排列,分类号相同的书,再按书次号区分,这样,就可以按照图书的内容体系将图书排列在书架上。

调研发现镇乡图书室都是采用的分类排架法来排列图书;对期刊,都采用的分类、字母顺序、年代相结合的排架法,对于影(音)像,都采用的固定排架法。个别学校则按作者、读物分类进行专题排架。

3.做好藏书保护与清点

加强藏书保护是学校传承和弘扬中华优秀传统文化的具体实践和切实行动。它不仅让一些珍贵的典籍具有历史文化价值、学术价值、思想价值和社会价值,而且还可延长书刊的使用寿命,保障藏书的完整,使藏书能够较长久地为读者使用。因此要对读者进行爱书的宣传教育,帮助读者养成良好的用书习惯,建立健全藏书的规章制度,防止并惩处损坏和偷窃藏书的行为。这一点对于镇乡中小学图书室来说尤为重要。因为镇乡学校图书室购书经费有限,图书室专业人员较少,所以更应加强对藏书的科学管理,改善藏书的保管条件;做好图书的防火、防湿与防高温,防尘、防菌、防虫、防鼠;定期对文献资料进行消毒,以及对损坏图书的装订修补等。

定期清点书刊,一是摸清家底,了解藏书情况,适时地对藏书进行复选和剔旧工作,及时将过时、老化、破损、不能利用的图书下架;二是通过清点,检查藏书是否完整,还可分析藏书是否符合学生读者需要,发现业务工作(如采购、分编、典藏和流通阅览)中的漏洞,进一步优化藏书结构与质量;而且藏书清点还有利于阅读辅导、参考咨询、文献的外借、阅览、文献宣传、文献检索、网络信息导航等延伸服务。

（六）做好文献流通服务

文献流通服务是学校图书室服务师生读者所有工作中最重要的中心工作，它直接体现着图书室的方针、任务和作用，是一项思想性、科学性、服务性都很强，并富有生动内容、联系广泛等特点的工作。文献流通率直接反映文献信息资源开发利用程度，文献流通服务状况与效果，也是检验图书室外借服务、阅览服务、复制服务等各项工作的尺度，更是评价学校图书室服务质量、工作好坏的重要标志之一。因此基层中小学图书室文献流通服务中必须做好最基本、最重要的"外借服务""阅览服务""复制服务"，让阅读更好引领服务，书香更好律动校园。

（七）做好课外阅读指导

阅读指导工作是学校图书室读者工作中除了文献流通之外的一项重要工作，与流通服务工作彼此助力，相互赋能。它是提高与发展流通服务工作，深化图书室服务的重要手段，其主要形式有图书宣传、阅读辅导、集体读书活动、图书情报教育和参考咨询工作等。

第二节　文献资源建设

基层中小学图书室要实现高质量发展，必须重视文献资源建设。文献信息资源为镇乡中小学图书室提供其生存所必需的物质条件，图书室藏书建设质量与服务水平直接影响着"书香校园"建设的内涵与高度，而图书室文献资源建设的质量直接影响着图书室的工作质量。因此要办好一所基层中小学校，就必须做好学校图书室的文献资源建设工作，充分发挥图书室传承文明、服务师生的重要作用。

一、基层中小学图书室文献资源建设的含义

文献是记录有信息或知识的一切载体。它由文献内容、载体材料、信息符号、记录方式和手段四要素构成。现代文献的类型，按加工层次可分为一次文献、二次文献、三次文献；按编辑方法和出版特点，可分为图书（指书籍）、期

刊、特种文献资料；按记录手段和载体，可分为印刷型文献、微资料、视听资料、机读资料、光盘。目前，在我国的镇乡中小学图书室中，印刷型文献在馆藏文献中占很大的比重，但随着基层学校条件的改善和图书室文献资源建设的加强，机读资料、光盘等特殊载体材料的文献在基层学校文献资源建设中的地位将会越来越突出。

文献资源建设的概念源于藏书补充或藏书采访，专指图书馆工作中对文献的补充。后来，该概念涵盖了从藏书补充到藏书组织管理的整个过程，被称为藏书建设，形成了一个比较系统的概念。我们将镇乡中小学图书室收集、整理、组织文献，为中小学师生利用进而为社会服务的工作，统称为基层中小学图书室的文献资源建设。

二、基层中小学图书室文献资源建设的意义

（一）文献资源建设是学校图书室读者工作的要求

就整体而言，图书室工作的目的是利用文献服务师生。"藏以致用"是现代中小学图书室同以"重藏轻用"为特点的古代私塾的质的区别。从这个意义上讲，图书室的一切工作应该以读者工作为出发点，但无论如何，文献资源建设是读者工作的基础，是图书室开展各项工作的保障，没有高质量的文献资源建设，就不可能有高质量的读者工作，更谈不上高质量的图书室。对于基层那些起点低、基础薄弱，特别是农村中小学图书室而言，文献资源是开展各项服务的基石，丰富馆藏文献、优化馆藏结构、建设主题馆藏是图书室为师生提供多元分层服务的保障。

（二）文献资源建设是学校素质教育的要求

在教育由应试教育向素质教育转型的过程中，中小学图书室应当起关键的作用，应当体现其重要的教育服务职能。特别是镇乡中小学图书室在双减政策背景下，实施素质教育过程中的作用尤为重要。素质教育的重要特点，就是使学生摆脱单一的课堂教学模式，变"灌输式"的教育方式为"引导式"的教育方式，图书室通过自身的基础业务工作，多方面地吸取知识信息和进行读书活动，为师生

提供文献查阅、阅读指导等知识服务；通过持之以恒地工作，为中小学生提供知识来源和实践阵地，培养学生的实践能力和创新能力；最终把学校图书室建设成为素质教育资源的提供者和教育活动的参与者。

由此可见，中小学图书室文献资源建设的意义不言而喻，没有文献资源建设的资料保障，就谈不上为广大师生推荐优质图书、提供优秀阅读内容、开展学科阅读服务；就谈不上让书香萦绕校园，让心灵充盈丰沛；就谈不上学校对学生进行良好的素质教育。

（三）文献资源建设是提高文献资源保障率的要求

文献资源建设的核心任务是提高文献资源保障率，即通过宣传、活动、服务等各种方法提高可获取的文献数量同实际文献数量之间的比例。也就是说中小学教育及相关文献在整个文献资源中要占有相当大的比例，并且，乡镇学校遍及村社人群密集地区，搞好学校图书室的文献资源建设，既能不断满足基层中小学师生日益增加的文献需求，体现学校文献资源建设的特色；又能纳入整个中小学的文献资源建设的系统中，对实现文献资源建设的核心任务将产生深远的影响。

因此作为基层中小学，在馆藏文献资源丰富的同时，应注意避免同质化。藏书数量大并不意味着藏书优秀，要结合本校图书室的定位、本校的文化特色等，来选择特藏建设的方向。如何才能真正地获得一个质、量俱佳的优秀藏书体系，重要一点是拥有高质量的采选人员，因为采选人员的水平决定这个图书室文献资源建设的质量。因此要求采购人员必须结合本校文化底蕴，严格遵循本校文献信息资料的建设原则与有关规定，进行文献采选。

三、文献资源的采选规划、采选的范围及标准

（一）采选规划

1.学校图书室文献资源建设规划的作用

文献资源建设规划是对一段时期内文献资源建设的目标、任务，以及为实现这些目标任务所需的方法、步骤的安排及规定。基层中小学图书室的文献资源建设规划应当是在探索实际规律和需要中进行规划，教育行政部门应出台指导学校

图书室文献资源建设的规范性文件。规范性文件有利于基层中小学图书室作用的发挥，使其文献资源得到最大限度的优化，进而促进学校图书室建立更为合理的藏书体系；使其更好地为学校教育服务，为学校师生提供资源创造条件；规范性文件还要能推动学校其他各项工作的开展，促使学校图书室文献资源建设朝着规范化、科学化的方向发展，使书香校园建设获得更佳的整体效应。

2.计划的制定

学校图书室要根据中小学教育发展趋势和学校类型特点、中心任务、发展方向以及学校图书室已经形成的藏书格局，来制定本校的文献资源建设，做好总体规划、长期规划和短期计划。

总体规划，是学校图书室对本校文献资源建设的总方向、最终目标等所作的构想和规定，用以解决文献资源建设根本性、全局性和长远性的问题。各级教育行政管理部门、各所中小学以及校际图书室联盟对学校图书室文献资源建设规划的制定要给予充分的关注和支持，并指导学校图书室确定文献资源建设的总体规划。

而对于不同基础的学校图书室文献资源建设来说，其长期规划和短期计划不尽相同，主要应根据各校文献资源的建设现状以及学校教育的发展实际来制定。

长期规划，通常有三年规划、五年规划等，主要用于确定规划期内文献资源建设的发展、目标、任务及实现的途径和结果。

短期计划，可包括年度计划、季度计划等，这是文献资源建设的具体实施计划，其特点是内容具体，包括各类文献补充的种册指标、经费预算的分配、执行计划的方法和步骤等。

在做好文献资源建设规划制定的同时，还要根据不同学校实际情况确立阶段性目标。对于基础好或重点学校的图书室，应该将改善藏书结构、完善文献资源的组织管理、文献资源的开发、主动同素质教育接轨作为阶段性目标；有一定基础或属于一般性学校的图书室，应将丰富馆藏、提高文献资源的管理水平、更好地为教学服务作为阶段性目标；而基础薄弱或条件差的学校的图书室，应该将建立成形的藏书体系、开展有效并且有计划的文献补充工作和文献资源管理工作、增强师生利用学校图书室的意识作为阶段性目标。

当然，除了按时间规划阶段性目标，学校图书室的文献资源建设规划还可按应用范围划分为分类或主题计划、新建藏书计划、藏书补缺计划等。

（二）中小学图书室文献采选的具体范围

为中小学生选书要考虑到他们的生理特点和心理特点，其藏书范围应该是：要有一定数量的政治理论和教学理论的书籍，比如马列主义、毛泽东思想、完善共产党主要理论等相关政治图书以及哲学、政治、经济等类的图书，要保证必要的品种和质量；对各科参考书都要有所收藏，比如与本校教学层次衔接的参考书要适当收集，以备复习和提高之用；或者适合中小学特点且教学确实需要的工具书要收集齐，其中学生的复习资料应较多一点，对教师进修用书要适量入藏；科普书要考虑它的趣味性，文艺书更要适合各年龄段的特点，不可成人化，也不宜过多；工具书尽可能多一些，国家教委在《中小学图书馆（室）规程》中规定，小学应有工具书0~100种，与幼小衔接的教材也要适量入藏，有条件的学校可以考虑收藏一些能在教育教学中起积极作用并且直观、有趣味的非书资料（视听资料、缩微资料、机读资料、光盘等）。

总之，在收藏过程中，既要考虑教学的需要，又要保证中小学生有较广泛的阅读面；再充分照顾中小学生的生理、心理特点，建立以教学用书为主，以文艺、科普读物为辅的藏书体系。

基层中小学图书室通过多年的藏书实践探索，逐渐形成有所侧重、系统完整的藏书体系，这将会极大增强学校图书室为教学工作及教育研究服务的能力。

（三）中小学图书室文献藏书建设的标准

1.数量标准

教育部下发的《中小学图书馆（室）规程》中规定了最低藏书量，根据各地的实际情况，基层中小学校可参考下列模式来确定藏书数量标准。

图书馆(室)藏书量	中小学	
	1类	2类
人均藏书量(册数)(按在校学生数)	30	15
报刊种类	60	40
工具书、教学参考书种类	120	80

2.选择标准

（1）教学用书的选择标准

首先，必须符合当前由应试教育向素质教育接轨的教育方针，对利于开阔学生的知识视野、培养学生的各种能力、全面提高学生素质的书刊，应重点收藏。对教师的教学具有参考价值和实用价值的书刊，也要尽量收藏。

其次，选择具有较强学科性的书刊。书籍的科学体系要完整、逻辑性要强，要能够反映该学科的基本理论知识和方法，学术观点要正确、明晰。最好选择各学科具有权威性的著作，以保证教学用书的科学价值。

最后，选择能够反映最新科学动态的书刊，如反映新的教育观点、教学方法及教育体制等方面知识、信息的书，对于反映各学科最新科研方向、科研成果的书刊，也应及时补充副本，以便教师的知识结构不断充实和更新。

（2）工具书的选择标准

工具书所收资料的范围既要广泛，又要经过精心的筛选，以使所收的资料达到面广质优。第一，条目的阐释要观点正确，材料翔实，立论明晰，文字简洁，具有较强的科学性。第二，要注意资料的新颖性，方便检索和使用，特别是字典、词典、百科全书、手册等类别的图书。第三，工具书的印刷字迹要清楚，插图要精确美观，字体不要过小，在装订方面要力求坚固典雅，经久耐用，封面与封底间的书页最好用布料粘连，以防脱落。

（3）课外读物的选择标准

课外读物的选择标准注重内容标准和形式标准两个方面。内容标准就是要选择能激励青少年正向价值观的课外读物。形式标准就是要求对于小学低年级儿童、课外读物应当浅显易懂，另外对于不同年级的青少年读者来说，要看字体大小是否符合他们的年龄，以免造成近视。

3.藏书级别标准

在我国的藏书级别理论中，最有代表性的是五级藏书法，分别是：

①甲级完整级藏书，即收集某专题的所有文献；

②乙级研究级藏书，为教师和科研人员独立研究需要的文献和不同流派的著作；

③丙级大学级藏书，收集大学生和个人自学大学课需要的基础性著作。

④丁级基础性藏书，以介绍人们认识不同专题领域的基础知识为目标，收齐不同专题领域的基础知识教科书、参考书，或公认的代表性著作等。

⑤戊级是最低水平的藏书，如工具书。

基层中小学图书室重点放在基础藏书级别，应该达到丁级，中学图书室在这基础上应向丙级或乙级发展，以供教师研究使用，而与小学教育不相关的图书文献，可按戊级水平收藏。

四、藏书建设中文献采访原则

藏书建设的基础是文献采访。因此，要落实贯彻好藏书建设原则，必须贯彻好文献采访原则，即必须遵循思想性原则、目的性原则、系统性原则、实用性原则、节约性原则、制度性原则、适度发展原则、分工协调原则和计划性原则。

其中文献采访思想性原则是藏书建设过程中各项活动的总的指导思想，是使藏书建设按照图书馆的方针、任务和读者需求健康发展的必要保证，可以避免在藏书建设过程中经常存在的按主观意志行事的做法，保证图书室藏书建设的质量。

文献采访中适度发展原则、分工协调原则和计划性原则，能够更好地指导藏书建设中总体规划的建立、补充与调整，重视制度性原则则需加强藏书的组织和管理。

五、文献资源的采集方式

（一）传统购入方式

通过货币的方式，图书馆向文献出版发行机构购买文献，就是传统的购入方式。基层中小学图书室文献的采集或补充通常通过订购、现购、邮购、委托代购等方式来补充馆藏文献。这些常称为传统的购买方式。

1. 订购，即预订

这是基层中小学图书室补充藏书的主要方式，依据文献的出版发行单位编制发出的征订目录、订单等圈选本校图书室所需要的资料进行预订。这种预订方法优点是按图书预订金额、品种、册数进行统计，避免了对文献资料的重购、漏购，能够保证所属品种和复本准确、及时、连续、系统地得到入藏。它的缺点是，所采集的新文献资料都是通过征订单预订的，只能单纯地了解文献的大略内容，对文献的详细内容及装帧等缺乏直接的认识，因此有时不免会出现不尽如人意的地方。2020年线上馆配会官方网站启用后，拥有逾166万品种图书，能免费提供国内重点书目、图书在版编目CIP数据等各种最新图书出版信息，根据采购单位需求开通选择荐购功能，从不同层面设置各类榜单，定时更新图书品种，有效减少采选书的盲目性。

2. 选购，即现购

就是图书采购人员直接到书店等出版物销售现场选购所需文献资料入馆。选购的优点是采访人员可以和文献资料直接"见面"，看样采购便于采访者认识、比较采集的对象，能直接鉴别图书的内容，决定取舍，简便迅速，避免预订中的一些麻烦手续，弥补订购的缺漏、不足。此种方式也常用于基层中小学图书室进行文献采集，但它的缺点是受货源与市场的制约，偶然性强。由于采购人员无法当时利用馆藏目录进行查重，有时难免出现重购、漏购现象。目前供货商推行的"以新书看样订货"模式，开辟阅读空间、图书馆设施设备等系列板块，以及新增电子资源数据库板块，能够有效避免重购、漏购现象。

3. 委托代购

委托代购是指图书采访人员根据需要，开列书目，委托他人或机构在外地选购所需要的书刊资料，委托他人或机构提供用户管理、折扣管理、书目管理、品种采选，包括临时性代购和长期性相互代购两种形式，基层中小学图书室进行文献采集很少用此种方式。

4.邮购，又称函购

这种文献采集方法为基层中小学图书室采集工作的辅助性方法。它指的是有些边远地区学校难以采购到图书室需要的文献资料，采购部门与外地文献经销单位挂钩，按照开列书目或范图的要求，采用邮寄托运的方法，补充外地、外单位的书刊资料。

5.复制

通过多种复制方法，补充罕缺书刊复制品，代替原版书刊，包括抄录、静电复印、照相复制、缩微复制和录音复制等。

但在上述购入方式中，对于经费不足、人力不足的基层中小学图书室来说，选购是主要的一种购书方式。而对于经费较多的中小学图书室，则要将订购、选购作为重要方式，其他三种方式作为有益的辅助方式。

(二) 非购入方式

它是采用免费或用少量经费获得文献的方式。对于仅靠上级拨款的基层中小学图书室来说，非购入方式也是文献资源建设的又一途径。非购入方式包括呈缴、调拨、交换、征集、接受捐赠等。基层中小学图书室藏书的非购入补充方式主要表现在调拨与收赠方面。中小学图书室由于购书经费有限，往往不能满足补充藏书的要求，上级机关或赞助单位、赞助人，调拨或赠送一些书刊，这是节约经费补充藏书的辅助途径。

1.征集方法

针对学校图书室所需入藏的文献资料，向社会或本校师生用公告或口头询问的方式发出征集令。这种文献补充的途径有时是普遍性的，有时是有针对性的，而后一种途径往往更有效。

2.交换方法

此法是双方图书室将自己多余而对方需要的文献资料互换成对方的文献补充

方法。如果一个区县或区县的片区的镇乡中小学图书室乃至各类型学校图书室都能打破封闭固守的藏书状态，有计划、有组织地经常开展此类文献交换或互相赠予的活动，那么，对基层中小学图书事业的发展，对文献潜在价值的开发，都将具有十分重要的意义。

3. 调拨方法

指通过图书室间的合作、协作或行政主管单位的指令，有计划地将一些中小学图书室（亦可包括其他类型的图书馆）确属多余的文献资料转交给另外一些有需要的中小学图书室入藏使用。这种方法一般适用于新建学校的图书室或经济基础差的图书室。

第三节　自动化建设

我国图书馆自动化的发展始于20世纪70年代末，到20世纪90年代一些发达地区的中小学图书馆也开始使用计算机自动化管理。随着人们信息意识的增强，图书馆自动化系统的开发和建设也从互不兼容、移植性差，逐渐地向合作、共享方面发展。如今发达地区学校已经实现了区域性联网，实现书目资源、数字资源共享，图书通借通还。

信息时代，基层中小学图书室是学校的信息资源中心，它承担着为在校学生和教师提供信息服务或检索任务等。从长远来看，基层中小学校也应把图书室自动化管理作为学校校园网建设的一部分；利用计算机技术实现图书信息资源的数字化和读者服务网络化，最终达到区域内及地区间图书室资源共享，因此必须加强图书室自动化系统建设。包括图书室业务自动化管理系统、书目联机检索系统、数字资源管理系统、电子阅览室管理系统以及信息发布系统等。

一、业务自动化管理系统建设

基层中小学图书室自动化管理系统一般包括采访模块、编目模块、流通及典藏管理模块、连续出版物管理模块、维护管理模块等。

（一）采访模块

基层中小学图书室采访模块基本组成应包括：采访和验收及相关的数据输入、输出、统计报表等。中小学图书室的采访系统要求采购预订等传统购入方式主要是建立以征订单为标志的简要书目。录入量尽可能地少，采购只录入图书的基本信息，如标准书号、书名、著者、征订号、价格和预订册数、出版社及出版时间；应具备采访查重功能，可以接收书商提供的 ACCESS 数据库、DBF 数据、CNMARC 等定长与不定长的外来数据；具备输出 MARC 格式数据的功能，便于与其他学校图书室交换数据，实现资源共享。

（二）编目模块

基层中小学图书室编目模块主要功能应包括书目查重、编辑、录入、修改、新书通报、财产登记簿、书本式目录、书后标签、卡片式目录等。

编目的好坏决定图书室的管理水平。因此，编目模块须将书目的编辑与查重、复本的修改合理地联系起来，使录入人员在编辑书目时直接得到相关的目录资料，再通过拷贝、复制，减少录入的内容。如果是复本，只要修改册数、价格、录入条形码，即可完成编目。所有著录界面要求填空式，只要是会电脑打字的人，稍加培训，很快就会操作自如。但编目模块要求系统能自动进行数据合法性检验，例如 ISBN 号纠错、条形码重复纠正等。

为了提高输入效率和准确性，减少汉字的录入操作，中小学图书室的编目模块最好能为用户建立常用的、通用的数据代码库，如编著方式、图表、版次、版式、开本、发行方式等，方便管理人员迅速有效地进行简单的编目。

另外，编目系统还应提供对编目人员的工作量进行全面统计的功能，以摆脱旧的工作方法和管理模式。但系统应设定可自动存盘功能，有效减少计算机掉电的损失。

（三）流通及典藏管理模块

基层中小学图书室流通系统是利用率最高的模块之一，在功能上应尽量减少人工操作的环节，增加屏幕显示的信息，用最少的时间和工作量，向最多的读者提供各种文献流通的服务。文献流通服务主要功能应包括借书、录续借、预约、读者管理、催还书管理、图书入库清单及注销清单等表格的打印；典藏管理应包括图书入库（转库）注册登记、典藏维护、图书清点、出馆登记及各方面的统计功能。为力求操作简单明快，借书、还书、续借最好在同一窗口直接使用；流通系统要具备打印各种统计表的功能，如借书数量、还书数量、借书人次、逾期罚金、各类书的借书数量，以及各学期、各班级、各类读者的借书人次等的统计，形成图书借阅排行榜，为进一步分析流通情况、研究读者的阅读倾向和阅读规律提供原始资料，便于后续开展阅读指导活动。

（四）连续出版物管理模块

基层中小学图书室的连续出版物管理模块要求具备以下功能：期刊编目、现刊管理、订报、订刊、查询、修改、删除、续订、打印订阅清单（邮局订单、订户回执单、分发表等）等功能，并且具备期刊的装订和回溯建库功能。

（五）维护管理模块

主要具备直观的用户权限管理、数据备份及灵活多样的参数设置，例如罚款基数、借书限额等。具备各类数据接口、数据转换等功能。

二、书目检索系统建设

书目检索是基层中小学图书室自动化管理的一个重要模块，它是图书室与读者、系统与读者之间互相沟通的桥梁，因此要求它具有齐全的检索功能、友好的界面。中小学图书室书目检索模块的主要功能有支持题名、作者、ISBN、索书号等检索功能和支持关键字及高级检索、模糊检索等功能，如觉得检索出的结果太多时，亦可通过高级检索来进行多种限定。检索结果中，能充分了解图书的馆藏状态，如"入藏""借出""剔除""丢失"，以及已经借出图书最好要有到期时间等信息提示。

三、数字资源管理系统建设

基层中小学图书室作为信息收藏和服务单位，面临着多种复杂信息资源的收藏、管理和发布问题，数字资源管理模块正是为解决这一问题而设计的。数字资源管理要求支持文本信息、图像信息、视频信息、音频信息等多种数字资源的有效组织、存储、发布和检索，支持多资源库的跨库检索，支持多个数字资源管理和服务系统的互联。图书室将是集传统、现代为一体的信息聚集地，中小学图书室是学生、教师获取信息的重要场所，因此，有条件的学校应尽早进行数字资源建设。

四、电子阅览室管理系统

电子阅览室管理系统要求具备集成管理的功能。它包括客户端程序、服务器端程序，管理员工作站则独立安装在任何一台计算机上，服务器端与客户端和管理员工作站通过网络进行通讯，服务器通过网络对客户端进行控制。

电子阅览室管理系统对各个客户端具备免维护、无障碍功能，客户端程序需要更新时，不必对读者使用的计算机逐一替换程序文件，而是直接替换服务器端的程序对应模块的程序文件，即客户端除了要求读者登录外，不要求读者任何额外操作，不影响读者使用计算机，不影响操作系统和其他软件的任何功能。

除此之外，电子阅览室管理系统应具备很强的适应性和灵活性。如收费设置中的计时计费功能、免时计费功能、提供网上代理服务功能等。

五、信息发布系统

由于中小学图书室是学校信息资源的集散中心，因此，中小学图书室自动化管理系统必须具备信息发布功能，它将是学校各类信息的枢纽中心，也是学校对外的窗口。由于基层小学图书室的技术力量有限，但图书室信息发布系统应具备界面清晰、友好，安全可靠，使用方便、易于维护，信息发布界面可个性化修改等基本特点。

信息发布系统实现网站的自动生成、发布及信息资源的动态更新和集中管理，可以方便快捷地发布学校的各种信息，并提供丰富的模板，满足学校个性化展示学校风采的需求，帮助学校轻松构建功能强大的动态网站。中小学图书室信息发布系统除了具备学校常用主页栏目，如学校介绍、新闻中心、教学科研、资源交流、教师学生家长频道外，还需有较强的扩展功能。如教育功能、检索功能、参考咨询功能等。

第四节 校际图书联盟建设

基层中小学图书室是学生、教师信息资源的集散地。数字化、信息化正在驱动封闭式知识储备朝着开放式知识流转。但一些学校因经费不足，业务管理自动化建设滞后等原因，制约了图书室作用的发挥。因此，基层中小学图书室应打破各自为政的封闭现状，实施自动化系统建设和优化学校文献资源建设的同时，成立校际图书联盟，积极开展校际交流合作、实现资源共享，这将是今后基层中小学图书室建设的发展趋势。

一、校际图书联盟的模式

（一）联盟理事会模式

以共同发展愿景为纽带，组建专门的联盟理事会。主要由行政部门牵头建立，并根据不同成员学校发展状况制定图书室建设短期规划和长期规划，强化服务意识、创新服务意识，以实现本地区信息资源共享、优势互补，服务质量提升的目标。

（二）合作共享模式

现代数字化、信息化为基层中小学图书室自动化服务共享、资源共建提供了平台。根据不同学校之间的信息建立中小学师生所需的科目数据库，保障师生需求与图书室文献建设相契合的联盟。比如，在区域内建立图书联合采购系统，建立规范的联合采购流程，避免图书资源重复采购，通过与书商议价，也能降低各校采购成本；或者一个区域内，实行"一卡通"图书借阅服务，打破图书借阅界限，学校之间可以互借互还，既能弥补一些学校文献种类不多等弱势，也能提高各校服务效率。

（三）总分馆模式

大多数公共图书馆和高校图书馆实行总分馆模式，区县（镇乡）级可按照"政府主导、两级投入、城乡一体、资源共享"的建设模式，例如，区图书馆为总馆，区属街道（镇乡）综合文化服务中心、乡镇中小学校图书室联盟为分馆的多层次、全覆盖、开放式、网络化的现代基层公共文化服务体系。城区各图书分馆24小时服务，总馆对分馆开放图书馆管理系统端口，并配备一定号段的读者借阅证，分馆的图书由总馆统一采访、编目、配送，帮助基层中小学补充文献数量和质量，总馆对分馆的人员、各类阅读推广活动进行业务上的辅导，切实解决知识服务基层群众"最后一公里"的问题。

另外，基层中小学图书室也可参照公共图书馆的一些做法，发挥各自学校的优势，可以将片区学校图书室联合起来，并推举出实力相对较强的学校图书室作为总室，实现对整个片区联盟学校图书室的统一调配与管理。总室发放统一借阅证、制定统一的检索目录，师生在任一片区联盟学校图书室都可借阅文献，实现通借通还。

二、校际图书联盟的建设途径

（一）行政协调、统一制度

校际联盟必然增加各学校图书室的正常教学教育服务工作负担，需要行政部门出面联系协调、解决中小学图书室资源、人才短缺的问题。比如制定统一的技术标准和资源格式，建立统一的自动化系统，统一的信息服务平台，方便学校之间的文献传递，促进文献资源的多向流动。

首先，规范操作流程与方式、建设科学配套措施，引导学校积极参与。校际联盟本身是公益性的，需要行政部门给予正确指导，解决不同学校图书室人力、财力等学校无法协调的困难。同时要横向联盟，实行层层递进的管理模式，比如由教委（教育集团）或区县图书馆统一管理、统一调配资源和各种服务。

其次，调动联盟学校积极性，避免单打独斗的资源局限，增强资源合作给学校教育教学带来巨大效益的意识。本着互利互惠、方便操作的方式和负责的态度开展工作。一要行政部门协调加大对学校联盟价值的宣传，展示校际联盟取得的成效，以此吸引更多学校加入。二要强化校际联盟制度建设，这必将为各所学校文献资源共享带来红利，必将推动阅读推广活动开展。

（二）整合平台，优化服务

1.整合平台，统一管理

指定网站，著录标准，统一认证，统一管理。如联盟学校图书室的自动化管理、图书信息的统计、图书查询借阅、评估分析等新增编目数据要及时上传。教委可在互联网访问"中小学图书室网"的教委管理系统，实时查询联盟学校图书室的文献种类、流通数据等基本情况，形成报表以备统计和查询，并对数据进行分析。

2.整合资源，优化服务

平台统一检索，可以对借阅信息、文献信息等进行实时检索，各联盟学校图书室享受全部服务内容。如成立"镇乡中小学图书室公共服务平台"，整合业内动态、业务培训、工作交流、流通排行、借阅排行、图书推荐、书社活动等导航栏目。还可根据区域实际需要，导航栏设置图书室建设（管理）、资源建设、读者服务、政策法规、图情知识、文苑赏析、联合咨询等栏目。让基层中小学师生不受时空限制，足不出户就能实现预约、续借等服务。

（三）加强监督和评价

探索建立镇乡中小学图书室服务效能评价体系，制定《镇乡中小学图书室绩效评价标准》。对各学校图书室资源的参与共享情况进行相应的评价，目的是有效调动中小学生参与学校图书室联盟栏目活动的积极性和责任心。因此有必要建立绩效评价体系和奖励机制，要想较快地提升学校参与资源共享的效果，唯有在评价学校图书室上增进对校领导的考核评价力度。

三、校际图书联盟建设应发挥板块示范作用

为满足联盟内中小学校读者的多种需求，有效整合某一板块的资源，在这一

板块做出特色的学校,应发挥示范带头作用,对联盟内学校进行应有的培训和引导。

如阅读推广活动引导,包括活动的策划、宣传推广、组织、评估总结等。例如,学校图书室承载了师生无数温馨的记忆与情结,为此校际图书联盟可发出"我和图书室的故事"系列主题活动,帮助师生更好地了解图书室的资源、服务和活动,更好地培养中小学生的信息素养和终身学习能力,以此让图书室阅读推广服务有温度、有厚度。如通过讲述个人与图书室共同成长的历程,或与图书室这座"精神殿堂"互相陪伴、彼此成就青春岁月的动人故事。

馆员服务创新示范引导。校际图书联盟阅读推广员可邀请往届毕业生现场讲述过去与图书室亲切朴实、温馨感人的故事。如小彦讲述儿时因那本《小英雄雨来》改变了自己的人生轨迹的故事。因一本《小英雄雨来》与他相遇,备受鼓舞。课余时间,他在图书室尽情遨游书海、努力学习,考上了设计专业,毕业后仍回到学校图书室当志愿者,还利用自己所学的专业知识为学校图书室改造贡献力量。成家后,他常带孩子来图书室做公益。多年后他感慨地说图书室是他一生的"精神加油站",以此来引导和鼓励师生学会利用图书室、爱上图书室,爱上阅读。

基层中小学以"书香校园"建设为契机,图书室设施设备较之前有很大改善、图书资源较之前丰富、板块阅读活动也丰富多彩,越来越多的中小学生走进图书室,打卡图书室成为师生的日常,图书室逐渐成为师生的精神生活"圣地"。

第三章 中小学图书室阅读推广基本概述

基层中小学图书室通过各种渠道收集、整理、保存各种书刊，将各种书刊资料按照科学的藏书方法进行排序，构成科学的知识体系，并分门别类排列在书架上，方便师生利用。这一切工作的最终目标是为开展读者工作，是为完成图书室推广阅读的使命。如果宝贵的图书资源得不到开发与使用，图书室的作用就无法体现。每个学校图书室在性质、任务、类型和规模上都有所不同。鉴于此，图书室唯有把读者群体的服务工作开展好，将阅读资源和师生阅读服务相结合，通过传播知识、交流信息，把文献和读者紧密连在一起，让学校的馆藏书刊资料得到广泛有效的利用，让文献资源在学校教育教学和师生的课余生活中充分发挥作用。

第一节 中小学阅读推广的内涵与特点

基层中小学图书室服务从传统的流通服务（如文献外借、文献阅览、文献检索、图书宣传、阅读指导等）到信息服务（如复印服务、情报服务、咨询服务等），再到今天的阅读推广服务。

一、中小学阅读推广的涵义

阅读推广属于时代的产物，不同时期，人们因阅读方式、阅读内容不同，对阅读推广的认识和理解也不相同。如早期的阅读辅导、读书指导、导读、领读、读书宣传等促进阅读的活动或者围绕某一主题开展的具体阅读活动，现代人认为，那也是一种朴素的阅读推广。随时代变迁，阅读活动的方式方法不断改进，阅读推广的涉及面广、拓展空间大，灵活性强；对阅读推广的认识和理解更全面，对阅读推广的内涵解析得越来越明确。

阅读推广即推广阅读，就是图书馆、学校及社会鼓励本区域民众从事阅读行为，让有阅读能力的人都加入到阅读行列，激发民众阅读兴趣，养成民众的阅读习惯，提升民众的阅读水平，进而普及社会风气，构建学习型社会。

胡庆连专家认为，阅读推广又有狭义和广义之分。围绕某一主题开展的具体阅读活动，可称为狭义阅读推广。比如学校图书室围绕建党100周年主题开展的"红色故事征文比赛""红色文化 阅读推广"等活动，就是狭义阅读推广；而广义的阅读推广就国家层面来说，是为了提高人类文化素质、提升民族软实力、丰富群众精神文化生活，推动人人阅读，加快实现富强、民主、文明、和谐社会，为此政府提出的全民阅读推广。它是一切培养民众的阅读兴趣、阅读习惯，提高民众的阅读质量、阅读能力、阅读效果的活动总和。它包括以"阅读"为中心的各类文化活动和文化事业，例如，关于全民阅读立法的制定以及由此展开的讨论，关于学校阅读课程教学大纲的制定，中小学必读经典书目的推荐，基层中小学图书室的建设规划，乃至基层公共文化服务保障法的制定以及相关的讨论等。

综上所述，阅读推广就是随着社会文明不断进步，社会公益组织、公益机构、政府部门或者个人为促进人类文化水平、文化素养的提高而采用相应的途径和方式持续开展相关的阅读活动，并且这种活动具有社会教育作用，体现出一个时代的社会效益，然后把这种阅读活动推而广之，使人们更有条件，更乐意地、更广泛地参与这种阅读活动。简而言之，阅读推广就是为推动全民阅读的实现而开展的所有引导阅读、激励阅读的活动的统称。

而"基层中小学阅读推广"是指基层中小学图书室利用学校的设施设备、信息资源、图书室工作人员等各种条件，选择适当的阅读内容，设计有效的活动形式，吸引师生走进学校图书室成为读者，图书室馆员通过图书宣传、策划、服务等为培养其阅读兴趣、阅读习惯，提高其阅读能力、阅读质量、阅读效果而开展的各种活动。

由此可看出基层中小学阅读推广具有协同合作的特点，是学校团队成员能力的集中体现；每个部门有不同的职责，在团体中承担不同的角色，发挥不同的作用。其内涵就是在行政部门和学校支持指导下，学校图书室作为推广主体，利用学校特定的设施设备等各种条件，对阅读推广的客体对象（特定的读者群体）施加影响，通过赛事活动、学术讲座、展览、实践活动、阅读、导赏等方法为中小学生阅读、分享、传播正能量搭建平台，并接受反馈，不断调整以期达到推广阅读的最有效果的工作，并且越满足师生读者阅读需求，越容易发挥师生读者主观能动性。

二、中小学阅读推广的特点

（一）文化传承性

阅读推广体现时代的烙印，反映国家不同时期的软实力和民众的文化需求，随着阅读推广工作的规范化、常态化、长效化不断推进，基层中小学活动组织者需有深厚的文化底蕴，要树立高度的文化自信和文化自觉意识，去引导这个仍处于不断塑造的阅读群体，传承高品质、有价值的经典文化，使时代的优质文化资源，可以为社会创造价值，成为青少年值得信赖的文化消费取向。

（二）公众参与性

基层中小学阅读推广是面向所有的青少年开展的文化、信息传播活动，培养青少年良好的阅读习惯，是为整个国家青少年提升阅读水平，应对时代挑战，而开展的各种阅读活动。涉及面广，包含各个领域、各个层面、各种人群，更好满足各类人群阅读文化需求，以参与阅读活动、接受精神食粮的青少年人数来体现社会效益。接受精神食粮的青少年越多，社会效益就越突出。

（三）社会公益性

无论城市还是农村中小学，学校都秉承开放、平等、非营利的精神，开展各种阅读活动，推动青少年"多读书、读好书、好读书"。学校图书室与社会公益组织融合服务，把青少年有限的阅读精力引导到"读好书"上来，引导青少年树立正确的思想价值观,完成青少年人文素质的熏陶,努力实现满足需求与振奋精神相统一,谋求文化传播、知识服务的社会效应。

(四)定位精准性

阅读推广主体不同对阅读推广的定位也有所不同,基层中小学阅读推广尽努力做到符合青少年口味与提升青少年品位相统一、适应快速阅读与消解浮躁心态相统一。学校(图书室)作为阅读推广主体,是为学校教育、学科服务、文化事业传播而组织的文化活动,中小学生则是因为作为精神养分、文化体验和爱好而参与。

(五)主动介入性

中小学阅读推广者要将基层阅读推广持久深入、实打实地推进下去,首先要主动利用文献资源优势,创造良好的阅读条件,组织不同规模的读书活动,主动激发、引导、促进中小学读者读书;并主动了解中小学生的阅读需求,进一步加大学生图书室等基础设施的建设,提高青少年读者对学校图书室的利用率,以影响青少年的阅读选择,逐步提高青少年读书率。

(六)成效滞后性

基层中小学阅读推广活动作用于学生个体之后,要经过需求分析、价值挖掘以及资源整合、文化服务、协同实践之后方有成效,而这种成效还是隐性的;再转化为社会成效,从均等化服务、品牌化塑造、生态化发展、区域化协作、智能化发展、全媒体化建设这些环节,短期内难以观测和量化,因此成效经常在"润物细无声"中体现,难以形成立竿见影的效果。

第二节 中小学阅读推广的任务与使命

上一节弄清楚了什么是基层中小学阅读推广内涵以及阅读推广特点,本节要阐释的是中小学图书室为什么要进行阅读推广。有人对此不以为然,专业的图书馆工作者,不光要知其然,还要知其所以然,只有积极思考、认真探讨相关的理论和实践问题，才能把握方向，推动工作更上一层楼。

一、阅读推广是中小学图书室的根本性任务

基层中小学图书室的生存依赖学校、地方财政和社会支持，它的价值经常在"润物细无声"的过程中被忽略，这意味着学校需要敏感地观察和感悟社会需求，而学校图书室要经常通过阐释和宣扬自己的使命向利益相关者证明自身的存在价值。

《公共图书馆宣言》中则把教育、信息服务、文化传播、促进社会和谐，培育信息素养，培养阅读兴趣作为当代公共图书馆的主要使命。《中国图书馆服务宣言》则说得更为明确：图书馆努力促进"学习型社会"的建设，为公民"终身学习"提供保障。因此，中小学图书室的教育性张力不断凸显，如果说基层中小学图书室的阅读推广过去只是一个辅助性的活动，但现在已经成为学校核心工作之一，是学校图书室的根本性任务。

这里举个例子，说明阅读推广在学校工作中的分量。在文化部 2020 年下发的《全国第六次县以上学校评估定级标准》中，"社会教育活动"一项占有重要地位，其具体内容就是讲座、培训、读书活动、阅读推广、服务宣传等。这充分说明国家教育行政主管部门对基层中小学阅读推广工作的重视。因此我们说阅读推广是学校图书室的根本任务，这是有着充分依据的。

作者就公众对学校图书室使命或者功能服务的重要性进行问卷调查，结果发现每种使命或者功能的重要性不尽相同，但与教育、信息、文化相关的服务在所有调研中都名列前茅。再次说明图书室是学校发展到一定层次、一定水平的产物。前面第一章第三节讲到我国中小学图书室发展经历了三个历史阶段：一是从封闭到开放，二是从对师生开放到对社会开放，三是从被动的接受服务到主动的推广服务。图书室在漫长而艰难的过程中，基本实现了对全社会普遍、均等、免费开放。现在正在迈向第三个阶段，亦即进入了大力开展阅读活动。因此，今天学校图书室进行阅读推广工作，在某种程度上也是历史发展之必然。

二、阅读推广是中小学图书室的使命所在

培养青少年阅读兴趣是图书室的主要使命之一，体现图书室存在的价值。从学校图书室服务上看，可以说图书室专业服务工作经历了三个不同的阶段：一是学科服务，也可称文化服务，即传统的文献流通服务，如外借、阅览；二是信息服务，如师生查询资料、信息检索、参考咨询等；三是阅读推广服务，表现为开展多种多样的活动，近年来方兴未艾。然而不管如何发展，并不意味着否定原有的服务方式，如体现图书室价值所在的传统文献服务。

中小学阅读推广可以说是集文献服务和知识服务之大成，体现了"双减"政策背景下，学校图书室发挥服务职能，弘扬优秀传统文化，推进教育教学改革创新，促进校园文明、社会和谐的使命。

基层中小学图书室通过多种多样的活动和手段，更好发挥图书室在文献收藏、知识传播、学科服务、文化交流、公共教育等方面的积极作用。将文献服务和信息服务送达中小学生身边，充分体现了学校图书室的教育性、公益性、服务性。如近几年出现的数字文献和网络数据库服务，学校流动图书室、送书进社区、自助图书室24小时服务等都是信息服务的延伸，即推广服务。学习型社会扩展了阅读推广的内涵。社会发展时时、处处、事事需要知识，而知识聚集的场所除了书店、图书馆，还有就是学校。可以说全民阅读是社会的责任，学校图书室责无旁贷地承担起了应有的社会责任，完成了不可替代的历史使命。

为什么要这样讲？因为学校提倡通过有系统的读书，创建健康有益的校园文化生活。无疑，学校图书室是最好的、唯一的场所，是为青少年提供学科知识文献服务和信息服务、推广服务的场所。

三、阅读推广是图书行业生存和社会教育发展的需要

基层中小学图书室阅读推广工作的业绩，实际上是教育顺应了形势，形势在"倒逼"学校阅读推广工作的深入和提高。目前，从学校图书室业务工作的发展趋势看，"融合趋势""综合发展趋势"是未来学校图书室发展的主流。那么什么是"综合趋势"或"融合趋势"？通俗地解释，就是今后学校图书室不再满足于

每日借还图书的传统老模式运作，必须适应社会所需，多方面地开展工作，提升和强化学校图书室的服务品质，增强和扩大服务影响力，这种"融合趋势"或是"综合发展趋势"，主要就是通过学校阅读推广工作来实现的，因此阅读推广标准与评价常常成为业界讨论的焦点。

即使我们不从学校办校宗旨的理论高度，不谈文化教育发展趋势这样的大问题，仅仅从基层中小学校生存和发展的角度，也应该大力开展阅读推广，发现阅读推广的新方法、新工具与新视角，借此向社会展示学校图书室的存在价值和社会作用，以引起社会各界关注。

中小学图书室阅读推广的目的之一就是彰显学校的社会效益，提高学校图书室的利用率，塑造学校的公共形象。一个没有社会效益、没有利用率、没有好的公共形象的学校，是很难被社会认可的。曾有许多基层中小学校图书室工作者抱怨，领导不重视，社会不关注。其实，如果我们抱残守缺、因循守旧，不重视宣传与推广，每天守着图书混日子，社会怎么关注、重视？又怎能生存、发展，谈何完善、提升？

事实上，新的媒体技术给学校图书室服务以及中小学生阅读带来日益强劲的冲击，正逐渐改变读者的阅读习惯，以及获取信息资源的方式，降低了读者对学校图书室的依赖程度。

因此，基层中小学校开展各种阅读推广活动是时代所需。如利用读书日、读书节、读书周、读书月、读书季开展或举办讲座、展览、读书会、演讲会、朗诵会、报告会、主题论坛、专题陈列、新书推荐、网络竞赛、音乐欣赏、影视观摩、参观考察、学术研讨等，推出"线下+线上"模式，实现多层次立体化文化传播、知识服务，并且让这些活动遍地开花，不断提升阅读品质。只有这样，中小学图书室才能成为青少年名副其实的精神家园；也只有这样，才能在促进教育和谐方面，发挥着其他机构无法比拟的作用，得到比较全面的社会支持。

另一方面学校敏锐意识到，进入网络化、数字化时代，学校图书室不可替代的社会作用非但没有减弱，反而更加强化了。学校图书室收藏的文献和提供的资源数据库，是经过精挑细选和专业化整理到资源共享平台，因此是最重要、最实用、最具价值的信息资源，而且无偿供师生读者使用。

如优质资源共享平台为展现"书香"与"果香"相伴相生的魅力乡村，激发幼儿阅读兴趣，培养青少年立志努力学习建设家乡，将乡村振兴热点与阅读推广相融合，利用新媒体开展沉浸式体验活动。如初冬时节的实景诵读活动，以童声浸润书香橘园——"享采摘之乐 诵美丽乡村"视频直播，让更多青少年身临其境，于橘子树下，了解和学习橘子的种植、养护、采摘等知识，并在橘子树下代言家乡，诵读甜蜜文字，体验采摘乐趣和丰收喜悦。

尽管鼓励更多学校从实践活动中展开理论探讨、经验交流和路径探索以及通过学生阅读资源的利用，系统梳理、总结、探索基层中小学阅读推广标准评价体系，以标准化助推"书香校园"发展贡献力量与智慧。然而基层中小学图书室虽购买了数字资源，但利用率仍偏低，说明大部分师生读者不善于利用学校的数字资源、媒体资源，同时学校图书室缺乏行之有效的宣传、推介和培训手段。那么，其他的学校图书室利用新媒体对阅读推广的宣传做得如何呢？

第三节　基层中小学阅读推广现状分析

青少年阅读水平往往体现一个国家的教育水平。随着社会经济发展，教育机构及家长对中小学阅读水平有了更高的要求。利用学校图书室资源培养青少年的阅读兴趣和阅读习惯的方式方法不断与时俱进。学校敞开大门吸引青少年阅读，让阅读随时随地发生，这也是学校图书室的立身之本。图书室积极引导青少年开展阅读活动，让阅读的种子在基层中小学落地生根，也是图书室义不容辞的职责。

图书是学生重要的精神食粮，阅读是文化传承的重要途径，播下阅读种子，静待满园书香。本节通过实地考察基层中小学校、询问学生以及现场阅读推广问卷调查，对基层中小学阅读推广宣传、开展情况进行研究与总结。

一、基层中小学图书室文献宣传现状

（一）常规宣传

首先，基本所有学校都制作了学校图书室宣传手册，把学校简介、学校图书室资源、服务项目、品牌活动制作成宣传手册或者折页，放在新生录取通知书里，或者新生入学报到时发放。没条件的学校可制作一张阅读指南，进行入班宣传，对学校图书室简介、藏书情况等内容进行逐一介绍。

其次，通过制作新书通报或新书快递，以此提高新书的利用率。如潼南中学新书到校后，马上上架或制作图文并茂的新书推荐单，举行新书推荐、新书快递等活动，甚至直接发放到班级或者张贴到图书室宣传栏或校园宣传栏，让读者第一时间能阅读到。

再次，是制作各种推荐书目。潼南梓潼中学把各类获奖图书目录制作成书目，甚至根据师生实际需求制定推荐书目，如学生寒暑假推荐书目、教师读书推荐书目、主题图书推荐目录等。有条件的学校，如潼南实验中学校办刊物，介绍学校图书室藏书、活动以及各服务项目等。

最后，是规模较大学校制作借阅排行榜进行阅读推广宣传。根据实际情况，推出了不同周期的读者借阅排行榜进行表彰，如推出月度、季度，或者学期读者借阅排行榜，把这些排行榜张贴在人流量大，且醒目的地方，如图书室门口、校园宣传栏等地方，配合奖励以激发读者的阅读热情。如潼南中学图书室则对不同读者类型借阅排行榜适当奖励，如对教师、学生、图书室志愿者借阅排行榜或者某班级借阅排行榜进行不同物质奖励；甚至按照文学类、历史类、传记类、科普类图书类型借阅排行榜发放阅读之星奖章。

（二）实物宣传和空间延伸

1.设置新书架、主题书架

如潼南实验中学在图书室显眼的地方设立新书推荐书架或各类型特色书架，流通率高的畅销书放在书架显眼的位置；学校搭建的班级图书角特色阅读空间，专门用于摆放新到校的图书或者上述书单推荐的图书，如"最受读者欢迎的图书""教育部《新课标》小学生必读参考书目""国学经典书目推荐"等，方便师生阅读。

2.举办书展活动或文创产品宣传

学校均利用世界读书日或者其他节庆，邀请书店或公共图书馆、图书供货商到学校来举办书展。例如，一些图书供货商甚至带来阅读手记本、卡贴、书签等文创产品，当作奖品或赠品发放给师生。

（三）新型媒体宣传

1.学校网站（图书室网站）、校园广播对阅读活动宣传不够

有条件的图书室，很少在图书室网站或者在学校网站上开辟专栏，推出"每天一书""每周好书"或者涵盖上述宣传内容的栏目。甚至很少借助校园广播、校园电视台宣传，在播放内容中增加好书推荐、诗词欣赏、励志故事等内容，报道学校读书活动、校园阅读之星等。

2.利用校讯通（家校通）家校联系较好，但图书及阅读活动宣传不好

这点主要鉴于边远农村中小学生父母外出务工较多，学校基本通过校讯通（家校通）联系家长，反映学生在校情况。但校讯通"云端+大数据"模式的阅读服务，向家长推荐阅读书目种类、数量，也可在家长中征集推荐书目，邀请开展亲子阅读活动、阅读辅导等活动的创新和探索不够。

3.微博、微信（公众号）读书活动宣传不够

开通图书室微博，利用新媒体进行图书推介，不受时空限制发布图书室各种信息，让数字宣传与纸质宣传互补。目前，农村大部分学校图书室都是通过图书室微信公众号介绍学校教学情况，进行图书室动态信息发布，对图书推介、活动宣传、读者交流等不太重视。

二、阅读推广现状

（一）图书室能够提供足够的阅读资源

踏着晨曦，教学楼内传来琅琅书声，同学们捧书而读，脸上洋溢着灿烂的笑容……在最美读书声中，基层各中小学校不断加快成为"读书场"的步伐，精心打造精神文化圣地，阅读推广提质增效的"最大增量"正喷薄而出。

学生阅读书籍的主要来源为学校及个人购买。近几年，在教育经费上基本保证了基层中小学图书室硬件基础设施建设，在优化文献资源建设时数字化、智慧化建设也在不断跟进。基层中小学图书室书籍藏量不及公共图书馆，但面对的主要人群极具针对性、稳定性。基层中小学图书室藏书主要是学生类书籍、文学类书籍、科目辅导书以及科目辅助报刊、视频、音频等，能够为学生提供丰富的阅读资源。

（二）能够提供较好的设备资源

大部分中小学图书室，都配备了借还机、查询机、立式读书机等设备供学生搜索查询，一些学校的计算机教室，计算机与学校图书室关联，安装了图书查询系统，学习计算机的各项操作流程，学生还可通过计算机和立式读书机按类别、书名等搜索查看自己想要阅读的书籍。这对培养学生计算机应用能力，以及阅读兴趣、阅读能力方面都颇有助益。

（三）能够广泛开展各类阅读活动

中小学生活泼好动，专注力不集中，不是很喜欢自己安静地阅读，他们希望与小伙伴进行探讨沟通。就阅读本身来说，在交流沟通中的阅读效果最佳。调研发现，乡镇中小学图书室，室内整体装饰、桌椅摆放都符合学生习惯，而且还有共同读书、交流的小伙伴，条件好的学校图书室还划分了功能区，如潼南试验小学除了读书区域外还有游戏区、亲子阅读区、体验区，适合各个年龄段，优越的阅读环境和丰富的阅读形式对学生来说极易沉浸式阅读；"阅读书吧"墙面布满书架，各种课外读物整齐摆放；开放式智能书柜，课间孩子纷纷奔向智能书柜，享受随时借阅的便捷与个性化的阅读服务，让师生明白阅读不仅是一项生活技能，同时是幸福的催化剂。

最是书香能致远，鉴院风华正当时。例如，潼南中学鉴院书院由学校党委筹划部署校园读书活动，拟定鉴院师生阅读方案，购置各类专业书籍，开展系列读书活动，带动师生阅读热情，推动形成师生阅读新风尚的预期效果。为进一步展示阅读成果，促进学习交流，还定期开展读书分享会、讨论会，试图找到影响青少年阅读兴趣与阅读能力的关键原因，破解导致青少年阅读能力形成的关键要素。

（四）图书室能够为阅读推广活动提供较好的人力资源

基层中小学图书室的工作人员具有较高学科素养，虽然图情专业的专业馆员较少，但都能够助力学校阅读推广工作，担负起引导和唤起中小学阅读热情的文化使命。不时以各学校蓬勃开展书香校园创建为契机，通过学校宣传栏、学校内刊等多种方式，营造浓郁的阅读氛围；不时开辟专栏专题，推荐各类优秀读物，报道、展示学校阅读推广活动成果，扩大读书活动的覆盖面和影响力，对各类阅读服务活动及阅读成效进行总结与分析。

三、阅读推广存在的问题

（一）阅读环境的影响

前面第一章第四节，作者曾就基层中小学对图书室的利用情况做了大量调研。调研结果显示，很多低年级学生一周到图书室一次至三次，27%的低年级学生一周一次甚至零次，发现年级越高，来图书室次数越频繁并且有计划，很多家长也表示对于这种情况很无奈。说明阅读兴趣十分重要，应从培养低年级抓起。低年级阅读兴趣并不只是简单的读书，而是听觉和感觉的锻炼。因为学生注意力时间短暂，再加上手机、电脑越来越普及，将学生带入阅读情境中，使其沉浸其中更是难上加难。说明学校开展分众阅读推广，应契合和引领学生读者需求。这种情况可发挥馆舍空间、馆藏资源和馆员专业化优势，通过学校阅读推广平台化服务实施校际合作。第四章阅读推广方法与策略研究，对如何阅读推广进行了专门分析。

（二）阅读推广活动形式不够丰富，无法满足个性化需求

调查显示，很多中小学生喜欢玩游戏，并爱看电影以及热爱角色扮演的活动形式，对于具有知识性的讲坛、比赛从不参与。事实证明，游戏、电视、电影等确实容易沉浸其中，但是目前基层中小学（图书室）开展的各类读书活动，沉浸式活动不多，体验感不强，满足不了学生的需求，特别是对于低年级来说，需要用精彩活动激发阅读兴趣。但学校图书室开展的活动，很难满足不同年级不同类

别的需求。比如初中生则对竞技性的活动感兴趣，而趣味性的活动对小学生更具吸引力，所以趣味性和竞技性活动则需按年级开展。

（三）阅读推广活动的宣传力度不够

基层中小学图书室不但要培养学生阅读兴趣、阅读能力，还要更深层次地挖掘学生学习天赋，培养学生成才。前面调研发现很多农村家长对阅读推广服务知之甚少，对图书室举办的活动不甚了解，这表明中小学图书室宣传意识和力度不够。因此一方面结合家长的心理特点加大对主题鲜明的读书活动的宣传；另一方面，丰富中小学生阅读的传播方式，必须借助新兴的信息传播渠道，以扩大阅读活动的影响力。

因此，学校图书室老师们要有网络思维意识，利用学生计算机室联网使用的书目联机查询系统或业务管理系统，可设计专门用于学校阅读推广的模块，对阅读推广信息发布及活动、活动效果评价进行宣传。还可在举办活动之前在学校官网上公布活动的时间、地点、形式，同时还应支持音频系统和视频系统同步，更好地启发青少年的听觉和感觉。

（四）阅读推广过程中运筹能力不足、协作推进不够、打造品牌效果不明显

做任何事情都需要找准目标、明确方向、突出特点。阅读推广也不例外，任何阅读推广主体开展阅读推广活动前，都要结合实际做好前期调研，了解阅读推广对象的生活环境、阅读状况、阅读兴趣、阅读需求与期望，才能对活动有确切的定位、明确的主题、确定的目标，才能知道在阅读推广过程中通过哪些鲜明特色吸引师生参与。比如优秀的方案和精到运筹、创意魅力、资源调配、步骤实施、投入成本、读者响应等，在很大程度上影响着阅读推广活动的效果。

那么基层中小学图书室如何与各学科协同推进开展阅读推广活动呢？

首先，配合各学科的教学进度，进行专题书目推荐，也可设立专题书架。比如，在小学科学老师讲授"我眼里的生命世界"时，可推荐有关动植物的书籍让学生阅读。在小学数学老师讲授图形的面积的内容时，可引导学生读《吃了魔法药的哈哈阿姨》《公主殿下来的那一天》等，让学生在有趣的故事中认识图形的构成、学习有关面积的知识。当初中老师教授物理和化学知识时，可向学生推荐

《从一到无穷大》《分子共和国》等书籍，让学生通过课外阅读增强对科学的理解和喜爱。当历史老师在讲授"贞观之治"时，可推荐《唐太宗的故事》等，让学生通过阅读加深对历史的了解。与专题图书推荐相配合，图书室还可以开展以问题为导向的问答活动以及科学阅读的指导活动。

其次，除了与学科教学配合，中小学校图书室还可以与学校心理咨询室联手，针对学生中存在的心理问题提供疗愈书单。读物按书籍的功用排列，可分为"抑怒""消恐""振作""拼搏"等。

就品牌打造，如何打造师生读书俱乐部这一品牌？

挑选喜爱阅读且阅读能力、组织能力较强的学生组建读书俱乐部，定期开展读书分享会、故事分享会、经典诵读会，突破单纯的读，上升到思与感；让学生在轻松的氛围中体验阅读，让书中的故事带来快乐和思考。开展读书交流系列活动，引导不同学科背景的读者围绕同一主题相互交流、深度思考，实现情感共鸣与价值认同。

学校可通过读书交流会活动发现自我表达能力强、有思想、有见地的学生作为阅读骨干培养，发挥骨干阅读示范作用，让读书会成员成为班级读书会带头人和核心力量，进而形成良好的班级读书氛围。

学校图书室推广以教师为对象的还比较少见，在所调查的8所中小学中，有潼南教师进修校、潼南中学等5所学校成立了教师读书会。基层中小学图书室可以在这个层面发力，让教师俱乐部成为提升教师认知、发掘和培养教师阅读推广人的抓手和阵地。

四、基层中小学阅读推广建议

持久深入地推动中小学阅读需要师生参与，需要人人都成为书香校园的建设者，阅读推广事业终将成为书香社会的不竭动力。为此，从宏观层面阐述如何更好地推动基层中小学阅读、建设书香校园。

（一）做好学校规划设计

阅读习惯不是一朝一夕就能养成，要让阅读成为中小学生的自觉行为，让读书成为一种生活方式，一种时尚，国家层面必须做好关于中小学阅读战略的顶层设计和长远规划，不但需要长久努力、扎实有效地开展基层中小学阅读工作实践，更需要经过深入调研、科学论证，理论性和可操作性均比较到位，才能制定更贴切基层中小学实际的阅读推广规划。比如包括基本国情、战略举措、指导方针、各种立法，甚至包括各基层学校馆藏资源、文化底蕴、工作实际等，这些既为基层中小学阅读提供了重要保障，也为阅读推广工作有力的推进助力。

（二）强化政府主导作用

推广中小学阅读，各级政府不仅责无旁贷，更要以其权威性、号召力、影响力和协调力，贯彻落实法律的要求，通过制定与实施相关政策，组织、领导、推动中小学阅读，只有各级政府充分重视基层中小学阅读工作，将基层中小学阅读纳入各级政府工作任务，各级政府财政专门拨款基层中小学图书室建设，才能够保证阅读推广活动有基本、稳定的资金来源。对此，各级政府还应出台相应指导性与扶持性政策，鼓励社会各界在阅读推广活动中承担不同的角色，发挥不同的作用。

（三）建立保障协调机制

中小学阅读推广是长期的系统工程，统筹协调是关键问题。为了加强图书室对读书活动的指导，校际图书联盟成员学校可组成中小学知识工程领导小组，将中小学读书品牌活动交由各学校图书室或者书社承办，避免在阅读推广中存在各自为政、资源不能共享等问题，一定程度上品牌活动还能发挥示范引领作用。

为确保书香校园建设的可持续发展，应从政策、经费以及人才三大方面建立保障机制。政府主导下制定规章制度，明确责任人及责任范围，从制度上确保基层中小学阅读的顺利开展；建立专家委员会，邀请社会各界共同参与，发挥学界、业界专家在中小学阅读中的作用。经费上应保证硬件基础建设、文献资源建设、数字化、自动化建设，形成政府主导、社会参与的格局。人才上应保证专人、专业、专岗，通过岗位津贴、培训、评职教育，提高专业素质，提升基层中小学阅读服务质量。

(四)积极引导社会力量参与

各种社会力量,包括自发组织的读书沙龙、书社、读书会和志愿者、非政府组织等都是书香校园的重要推动力量。充分调动和发挥这些力量的参与,发挥他们不同的作用,将有力助推基层中小学阅读推广工作。因为这些力量源于民间、贴近基层群众生活,具有强大的生命力。还可借助全民阅读的可靠平台——"农家书屋",围绕书屋开展的读书活动,也是推动基层中小学阅读深入开展的重要内容。

(五)必须树立品牌意识、协作意识

品牌的定位设计和系列策划布局,都要体现出阅读推广人高度的品牌意识,这是策划的关键。

所有的创意设计、组织策划和执行实施都离不开整个阅读推广人团队的协同作战,团队协作是阅读推广人执行的坚实基础。如高端学术型、人气活跃型、学生自主型、媒体创新型等多层次的读书交流平台的品牌打造,团队工作包括文案撰写、艺术设计、宣传推广等,既要分工又要协同配合。

(六)创新宣传推广方式

基层中小学(图书室)网站要担负起引导和唤起中小学阅读热情的文化使命,通过学校宣传栏、学校内刊等多种方式,营造浓郁的阅读氛围,充分利用区域内广播、电视、报刊、传单、讲座以及网络、手机等新型载体,宣传阅读,激发中小学参与阅读的主动性和创造性。还可通过开辟专栏专题,推荐各类优秀读物,报道学校活动动态,展示各类活动成果,扩大读书活动的覆盖面和影响力。

(七)完善服务评价制度

完善阅读推广体系建设,制定《基层中小学图书室绩效评价标准》等政策措施。基层中小学阅读推广的绩效评价体现了完善中小学图书室建设与管理,其中在绩效评价体系和奖励机制中增进对校领导的考核评价力度,其实也是促进行政问责能力,促使中小学阅读不断提升。它应与基层中小学阅读的战略规划、预算、管理过程等因素相结合,共同形成基层中小学阅读推广的绩效管理制度。

第四章 阅读推广服务对策研究

第一节 基层中小学阅读推广服务体系建设

基层中小学校是阅读推广工程中的重要组成部分，是全民阅读中相当重要的一环。基层中小学校图书室开展阅读推广活动，一方面帮助中小学生健康成长，提高家长对中小学生养成良好阅读习惯的重视，另一方面各具特色的阅读推广活动能丰富中小学生的阅读体验，从而激发其阅读兴趣，帮助中小学生从小养成阅读习惯。

为更好地培育中小学生阅读兴趣、阅读习惯，提高其阅读能力、阅读质量、阅读效果，本节将从六个平台搭建，引领基层中小学阅读推广服务体系建设，从而推动基层中小学阅读推广工作高效实用。

一、构建新时代阅读推广服务体系

对于一座城市而言，是否重视中小学阅读反映出城市文明程度。因为阅读不但能改变一个人的精神面貌，也能改变一座城市的气质；阅读是获取知识和传承文化的源泉，不但能改变人们的生活方式和价值追求，也是人们开阔视野、实现梦想的奋斗阶梯。纵观中国青少年阅读状况，2019年，年人均读书仅16.2本，扣除学校教科书外，不足8本，而与以色列年人均64本，韩国、日本、美国年人均14本相比，有一定的差距。可见物质文明翻番发展的今天，打造适宜的精神文明迫在眉睫。

当一座城市要将阅读培养成为一种时尚，一种习惯，教育行政部门要发挥行政作用，加快构建基层中小学阅读推广服务体系，为中小学生提供更好的阅读条件，必须发挥中小学阅读设施推广的重要作用。因此需要在政府引导下建立和完善校际图书联盟共同参与的工作协调机制；教育部门应切实履行行政主管责任，积极推动建立和完善区域联盟组织领导机构，加快推动区域中小学生阅读立法工作，将其工作情况纳入学校目标管理和考核体系。

在公共图书馆服务体系基本建成的前提下，基层中小学图书室一般无法独立建设中小学图书室阅读推广服务体系，也不应该重复建设这一体系。然而要解决图书室对城乡儿童青少年"普""惠""均"等服务的基本途径，就是要努力提升公共图书馆服务体系的青少年服务能力，发展丰富街道、乡镇（社区）及中小学图书室阵地服务功能。在这一领域，基层中小学成立区域校际图书联盟大有可为。

校际联盟，也称为校际图书联盟，在中小学生阅读中承担着引导阅读、推广阅读的使命，同时担负着社会主义核心价值观的培育、思想道德素质和科学文化素质的培养的重要任务。

联盟在顺应新形势下，通过官方网站，在整合资源、统一管理基础上，构建"六个平台"，指导基层中小学图书室的高水平服务，逐渐在阅读推广中实现分工明确、载体多元、引领显著、特色突出的中小学阅读推广服务体系。

（一）资源共享与网络平台

基于文化共享工程和数字资源建设，实现城区、乡镇中小学图书室数字资源有效补充。搭建"互联网+"环境下中小学图书室读者一体化运营、集约化管理、智能化服务平台，通过电脑、手机、终端设备，实现基层中小学图书联盟服务方式的创新和服务功能的拓展；创造性利用资源促进数字资源共建共享的乡镇中小学图书室服务全覆盖，争取移动客户端和微信公众平台资源，为基层中小学校提供免费、便捷、高效的公共文化服务。营造校园爱读书、善读书的风尚，学校图书室通过开展各种各样的创新服务，将向善、向上、向好、向美的精神力量传递给不同年龄、不同年级的读者，真正让数字资源在新时代乡镇中小学焕发新的生命力。

（二）业务指导与培训平台

通过组织联盟学校成员培训、开展业务指导、召开中小学图书论坛、选派人员到省级及以上公共图书挂职研修等方式，把握中小学阅读推广工作动态，储备中小学阅读推广人才梯队，提升中小学阅读服务水平。如构建微信、微博、抖音等自媒体平台，形成分工有序、功能互补的自媒体矩阵，布局"校园阅读书网"平台，进行品牌擦亮、空间再造、矩阵打造。建立以校际图书室联盟中心为中心馆，镇乡中小学学校为区域分馆，以学校阅书房、自助图书室、到家（校）服务点等多个网点为延伸的实体网络，促进基层中小学阅读推广服务遍地开花，全方位满足基层读者精神文化需求。

（三）阅读推广活动平台

阅读推广活动按照多元化、常态化、品牌化原则，依托联盟阅读品牌示范引领矩阵，通过建立阅读活动平台，乡镇学校和城区学校实现资源互输、有效协作与区域联动，形成以区域读书朗诵大赛、书社征文大赛、青少年读书故事会为代表的阅读推广活动。对于硬件条件优越的基层中小学校，阅读推广者需要思考如何善用阅读推广活动平台中的数字工具和智能化手段创建泛读环境，利用平台阅读资源举办多形式的阅读推广活动。如通过"校园阅读书网"平台，学校成立读书社，有针对性开设课程，提升师生的信息素养，激发读书热情，促进研究性学习。

（四）阅读推广延伸服务平台

阅读有赖于高质量的阅读环境，如空间建设不断优化、数字化技术和信息系统等硬件环境，以及为读者提供充足的传统服务空间和智能化、现代化服务空间、信息资源整合空间和交流共享空间的交互平台是开展阅读推广活动必不可少的基础。

为实现阅读推广环境和空间服务更广域覆盖，必须加强合作。可围绕校际联盟总室开展流通分点建设，除各类型的文献借阅区，还可有数字阅读体验区、自助还书分拣室等空间。与此同时，微信公众平台也可搭载线上借阅、借阅状态查询、线上咨询、馆藏查询及数字阅读等多项服务，提升基层中小学读者体验感。

(五)新媒体宣传与服务平台

新媒体与传统业务创新融合方式,探索图书室服务线上模式,形成基层中小学图书室新媒体阅读推广合力,打造线下线上服务融合的全媒体阅读推广服务体系。为避免内容资源的同质化,人群的差异化,在宣传校园的推广活动中应有效对接不同年龄学生的不同需求,线上提供差异化的阅读服务。如通过主题活动等新媒体宣传功能增强服务宣传实效,搅动资源开展一系列亲子阅读、主题阅读、节令阅读等推广活动。此外,学校图书室还可通过校园飞阅、校园约书等线上服务让基层中小学读者享受线上选书、邮寄到家的便利,最大限度满足基层中小学读者阅读学习需求。

(六)绩效评价体系平台

构建起区县教委—乡镇学校两级绩效评价体系(业务考核评分标准及细则)。绩效评价体系建设要考虑评价的导向性、激励性和可测量性。建立起质量目标管理评价制度,实现基层中小学图书室阅读推广工作有评价、有反馈。进行科学有效的评估,促进中小学阅读推广服务体系的整体提升。

二、阅读推广服务体系特征

1994年韩国制定了《图书馆与读书振兴法》,2001年日本公布和实施了《儿童阅读推进法》,2006年韩国又通过了《阅读文化振兴法》,俄罗斯于2006年推出了《国家支持与发展阅读纲要》,国外通过立法保障阅读水平提升,而我国《公共图书馆法》也促进了"六个平台"搭建,使得基层中小学阅读推广服务体系建设具有以下特征。

(一)功能设计科学,平台有序联动

体系要突出体系化与整体性,涵盖中小学生服务全链条,阅读推广工作流程由静态变为动态,需要加强阅读推广人才队伍建设、做好中小学生分级阅读;借助社会力量、提升服务质效,则需要根据中小学生阅读行为的差异,做到因校施策、因人施策,把单一化、传统的阅读服务方式扩展为线上线下的融合互动体验,把非社交的阅读活动扩展为社交化的文化服务,实现更深层次的公共文化服

务均等。

(二) 机制服务创新,激发内生动力

互联互通是中小学发展趋势,避免学校之间"闭门练功",学校图书室得拿出"为他人作嫁衣裳"的魄力和底气,转向构建区域校际图书联盟,做整合资源者、服务创新者,为中小学教育教学服务整合资源,形成优势互补、资源共享、互促互建的协同发展合力。

(三) 立足行业现状,破解现实难题

阅读推广工作应深入研究中小学生特点、图书室存在问题,制定符合中小学生多样化文化需求的思路。如前两年,新冠肺炎疫情影响了正常教育教学工作,教育主管部门,依托文化传媒公司创新服务方式,指导中小学依托数字化平台、微服务平台功能,成功举办了防疫知识讲座、抗疫故事分享、少儿故事和诗词诵读大赛等便捷的线上服务,最大限度地减少了疫情对大型阅读推广项目的负面影响。

针对基层中小学图书室到村社农家书屋阅读推广服务效能进行集中培训。主要针对农家书屋的构成、管理员的工作内容、如何开展阅读推广活动等进行培训,对管理员在农家书屋管理服务工作中存在的难点和疑问答疑解惑,为形成规范化的基层中小学阅读推广体系打下坚实基础。

(四) 引领作用显著,促进模式推广

不断创新服务方式、服务模式,构建科学、系统、高效运转的阅读推广服务体系,让阅读无时不在、无处不在;不断顺应数字化、智慧化环境下新时代基层中小学师生浅阅读、碎片化阅读和移动终端阅读的新需求;适应信息和移动互联时代数字化阅读趋势,让数字化、多媒体服务发挥社会教育作用,提高基层中小学整体服务水平、服务效能。让书社赛事活动、诵读活动、"图书室+教学""图书室+活动"模式等产生良好的社会效应,不断展现图书室引领示范作用。

第二节　中小学阅读推广员素养培养与提升

中小学阅读推广要搞懂学生阅读兴趣与阅读动机，究竟学生喜欢一本书是喜欢其中的什么呢？是喜欢这个类别吗？是喜欢这个主题吗？吸引学生阅读的是哪一个或哪些元素呢？无疑，只有经过专业、系统阅读推广培训的人才能领悟阅读吸引力，然后围绕学生喜欢的元素开展阅读推广活动。因此，为让基层中小学阅读推广专业化之路越走越顺畅，必须重视基层中小学阅读推广员的培养。

一、阅读推广人培育

中国图书馆学会阅读推广委员会于2013年7月，在浙江绍兴县图书馆举办了"首届全国阅读推广高峰论坛"。这个论坛的目的是为图书馆免费培训阅读推广人，造就一支理念新、专业强、技能高的阅读推广人才队伍。首届论坛获得了图书馆界同仁极高的好评。

在2014至2015年两年内，中国图书馆学会阅读推广委员会又在常熟、石家庄、镇江、成都、临沂举办了五次免费培训，都取得了良好效果。在绍兴阅读推广人培训之后，中图学会阅读推广委员会便着手考虑培训的专业化与系统性。

这些好的经验和做法，值得基层中小学图书室借鉴。为更好地将阅读推广人培训工作延伸至基层中小学校，教育行政部门可委托区县图书馆牵头，学校图书室参与，制定《学校培育阅读推广人行动计划》，通过培育阅读推广人更好地引导学生爱读书、读好书、善读书，让校园书香迷人、书香醉人、书香育人。

那么什么样的人可称为"阅读推广人"呢？"阅读推广人"实践定义为具有一定资质，可以开展阅读指导、提升读者阅读兴趣和阅读能力的人士。在学校阅读推广活动的开展中，负责活动的策划、组织与实施者，都是阅读推广人。

首先，"具有一定资质"指的是阅读推广人具有一定的图书史、阅读史与藏书史（或图书馆史）的知识，了解当前阅读推广的法规或政策；具备一定的信息检索能力，了解出版界动态与读书界趋势，能从读者阅读信息中挖掘数据分析推荐读物。这些资质也是为开展阅读推广奠定基础。

其次,"开展阅读指导"是指阅读推广人通过一些工具,如推荐书目、书评或相关网站,对初学者提供阅读帮助。这些帮助包括选择读物、借书或购书。其中能根据读者的不同兴趣爱好,帮助读者选择合适的读物,实现其"为书找人为人找书"的使命,是每一个阅读推广人的梦想。因此书目推荐或阅读咨询成为阅读推广人培训的基本功。就是面向某个或某类读者对象,根据其阅读需求,了解其阅读偏好,向其提供合理的阅读建议,推荐合适的读物。

再次,"提升读者阅读兴趣和阅读能力"是指阅读推广人通过引起读者关注的力量(即阅读吸引力),比如书籍的封面、封面中描述性的语句及标题等影响青少年读者阅读选择的重要因素,举办讲座、组织读书会或读书沙龙等,来提升读者的阅读兴趣和阅读的欣赏力。也可通过人们在生活中面临的问题,如恋爱、婚姻、育婴、孩子教育、创业、旅游等,让读者通过阅读,来解决或协助解决相关问题。比如旅游,通过阅读来了解旅游地的历史、风貌、物产、美食等,还可提升旅游质量。

最后,"专业人士"就应当是图书馆员,特别是直接面对基层中小学读者的图书室馆员。而一些书店或培训机构的工作人员也可能成为阅读推广人的专业人士,图书馆员依据读者(学生)在阅读中注重的因素,比如节奏(pace)、人物(character)、故事情节(story line)、画面(frame),通过这些读物吸引力推测影响读者阅读吸引力的因素,帮助读者推荐这一主题的书或举办这一系列的活动,实现从以书为中心的推荐转变为以读者为中心的推荐。

与图书馆员不同的是,培训机构或书店提供的是有偿服务或间接有偿服务;而图书馆员提供的是公益服务,免费为青少年提供阅读素养服务。

二、素养具备培育

阅读推广员素养培育应着重培养与阅读相关的能力,如美工、视频剪辑、宣传等能力可从其他途径学习。

在培育过程中将推广馆员及其业务培训纳入阅读推广人培育体系,确立阅读推广人的专业通用能力和分类分层专业能力。注重培育规范化(师资、考核、专业资质认证规范、合作共建规范化培育），将培育与人才利用相结合，重视反馈和改进。

基层中小学阅读推广人可以通过自修或培训来提高自身水平。长期以来，高校图书馆有"专业馆员"制度，通过专业馆员，来帮助不同专业的师生学习、教学与科研。对公共图书馆来讲，也应有"阅读推广人"制度，来向读者提供帮助。有条件的图书馆，可就不同的读者，如少儿、老人、残障人士等；或就不同的读物，如绘本、经典等，设立专门"阅读推广人"，如绘本阅读推广人、少儿阅读推广人等。

从基层中小学图书室阅读推广的定义我们可以知道，长期可持续的图书室阅读推广应具备两个基本要素：一是聚焦，二是创意。聚焦是阅读推广的基本原理，图书室阅读推广，阅读推广员应该思考如何提高读者阅读意愿，把没有吸引力的文献变得有吸引力，把有吸引力的文献变得更有吸引力。如果把整个学校文献全部推荐给学生，就没有重点，等于没推荐，世界上没有这样的阅读推广，所以必须聚焦到部分有吸引力的文献。那么何为有吸引力的文献？这就涉及图书室阅读推广的第二个要素——创意。有的学校文献本身有吸引力，比如说年度好书、经典、最美的书，即便如此，也要通过创意，将其宣传得更好。还有的文献，本身并没有吸引力，但可以通过创意、策划，将其变得有吸引力，比如通过一些创意活动集中推出常年无人借的书，或者最难懂的书，挑起读者的阅读欲、征服欲。那么如何在基层中小学阅读推广中做到"创意"与"聚焦"并存，基层中小学阅读推广人应具备如下素养：

（一）了解读物

在图书馆员职业化发展初期，美国曾有学者明确提出"对阅读的热爱是图书馆员这一职业的基础"。在爱书、爱读书这一基础上，更应会读书；阅读推广人不但要会读书，更应该懂书，才能为读者选书，让读者喜欢你选的书。就像医生不但会看病，还应懂病人一样，开的良方不但能治病，还能药到病除一样。由于出版物激增，阅读推广人员不可能阅尽所有馆藏，但应该在对读物以及藏书主要构成基本了解的基础上，聚焦到部分有吸引力的文献，并对某一主题或专题的读物有比较系统深入的了解。同时也应该对当前社会环境以及出版动态有一定了解。

(二)了解读者

阅读推广人在了解读物的基础上，还需对读者有比较深入的了解。我国阅读推广领域的专家认为从人（读者）的需求和多样化的活动形式等方面了解读者，也就是说读者即人，人即读者，了解不同读者群的一般性的心理特点，了解不同读者群的阅读特点、阅读需求、阅读偏好等。每所学校图书室的读者群均有独特所在，因此阅读推广人在具备分析流通数据、访谈数据等方法基础上，应有掌握本校读者特点的能力，还应有对读物吸引力元素和读者吸引力元素的观察、分析能力。比如了解1—3岁幼儿，我们的老师通常推荐与生活息息相关的绘本，并且用蹲下来的方式讲故事或与幼儿交流，让幼儿觉得尊重与重视，从而慢慢爱上读书。其次应该围绕文化育人的根本目标，充分发挥图书室藏书体系化这一优势，在此基础上，培养阅读推广人员的文化情怀、学术功力、策划能力和沟通协调能力。

(三)服务读者

阅读推广从本质上来说是一项图书室服务，因此阅读推广人的工作需要帮助读者解决阅读过程中遇到的困难或问题，在了解读者的基础上，设计适宜的阅读服务方案，激发读者的阅读意愿，提升读者的阅读能力，让更多人进行阅读。在服务实践基础上形成阅读推广服务体系理论和实践研究，如体系架构、保障机制建设等成果转化为更好地服务读者。作者借鉴钱伯斯的"阅读循环圈"理论，提出阅读服务应该嵌入到读者的阅读过程。具体来说，阅读前，帮助读者找到适合的读物；阅读中，帮助读者更好地理解读物；阅读后，帮助寻找类似阅读体验并提供阅读交流的平台或机会。比如一些上小升初，初升高中，语文课外阅读必看书目，对考试很有帮助，图书室阅读推广员应该大力向学生推荐，若学校图书室复本数量有限，这时就可通过"交换"非购入方式，和其他学校进行文献互换，帮助学生获得需要的图书。

三、培育重点

在明确阅读推广人应该具备哪些素养之后，图书室阅读推广员在学校阅读服务工作中有时还是感觉专业知识与技能不够用，这几乎是所有图书馆员的感觉。因为新的知识、新的技术、新的创意不断涌现，我们每个馆员在专业上都需要不断地学习，要么学校教育专业阅读，要么继续教育培训，当然二者结合更好。从目前基层中小学图书室阅读推广服务发展来看，已逐步从被动式服务向主动型服务转变，因此阅读推广人素养培育则以主动学习为主，即以教育专业阅读为主。重点围绕阅读推广方式方法展开，在青少年阅读推广人培育方面开始加入绘本以及儿童心理学相关的内容，努力提升基层中小学阅读推广员的专业性。

如针对小学1—3年级学生，以"绘本阅读时代"主题为例，阅读推广员从"阅读的重要性""绘本概论""绘本如何讲读"三个方面展开绘本阅读的相关知识和技巧的阅读研究。但在实践中则侧重如何运用语言、表情、动作等手段与孩子们互动，使绘本故事更加生动有趣、更能吸引孩子们的注意力，让孩子们在听故事的过程中积极参与，从而提高他们的阅读兴趣。

相比教育专业阅读，基层中小学图书室应注重阅读推广着力点，进行继续教育培训。作者认为通过培训，除了掌握如何挑选适合不同年龄读者的读物、有效地推广中小学阅读技巧以及激发儿童阅读兴趣的方法之外，还应围绕专业培训什么以及怎样培训两方面重点推进。

专业培训或许更系统一些，沉下心来专业学习系统的理论知识，专业教师摆脱那种"头痛医头，脚痛医脚"的培训方式，让基层中小学图书室馆员对图书室的基础理论、使命、价值、行业共识等有更清晰的认识。

在专业培训教学内容方面，对基层学校阅读推广课程的开设情况、课程目标、课程内容体系以及未来设想有清晰的把握。课程内容着重加大对读物和读者相关内容的教学。儿童读物方面，除了绘本，应该加强其他类型读物的了解；其他类型读物，如儿童文学，是传递人类基本价值观的文学，是语文教育和亲子阅读的重要资源，是低年级小学生喜爱的读物；可以基本按照虚构和非虚构类进行系统讲授，使阅读推广员能够基本掌握读物的特点、出版动态、基本的选择评价标准、重要作家、重要作品、主要奖项等吸引读者的关键知识。除了读物方面的相关知识，还应该传授包括读者阅读动机行为方面的相关理论和知识，以及了解读者阅读行为的常用方法、读者阅读能力提升策略、分级阅读指南等。

教学内容还应结合实际增加相关的实践内容，多围绕生命教育、儿童心理、阅读推广人观念与素养，读书会策划与设计，阅读延伸活动等主题开展实践。如在生命教育主题活动中，则以绘本为载体，以读书会为主要形式，在教授生命教育课程的同时，为阅读推广学员提供读书会内容的引导技巧和读书会运营的基本认知和规则，让馆员在辩证的过程中体验与学习。

在实际工作中学会不断总结思考。比如为更好地发挥全国爱国主义教育示范基地作用，红色教育基地可通过自身的工作，为本地中小学生提供红色知识来源和实践阵地。同时又依托丰富的红色文化和馆藏资源，与本地中小学图书室阅读推广人合作开展阅读推广实践，在实践基础上进行反思，提出问题——阅读推广的落脚点在于红色经典文献还是在于读者？

在教学方式方面，充分考虑阅读推广理论和实践密切结合的特点，开展立体化阅读活动，打造多元化阅读推广实践案例，让阅读推广课程由图书馆负责阅读推广工作的老师结合工作经历主讲，在实践中培育阅读推广员。如以学校《儿童心理与图画书阅读》为题，从儿童心理学的视角，阐述各年龄段学生的身心发展特点，在阅读中要根据学生的心理特点进行引导，提出作为儿童阅读推广人应具备正确的儿童观、阅读观和推广观，以及阅读推广人应具有较强的人文素养、研究素养和交流素养，帮助学生适应相应阶段的发展要求。

基层中小学阅读推广员的实践培育虽已积累了很多宝贵经验，今后继续教育学习仍将是阅读推广人员专业化的一个重要途径。除了目前以专家讲座报告为主的学习模式之外，可以探索阅读推广馆员社群学习模式，鼓励馆员跨地区成立虚拟学习团队，比如针对小学生阅读趋势：低龄化、多媒介、社交化、国际化、智能化等，建立不同读物、不同类别的学习小组，对某一读物进行系统研读分析。着重从信息、体验、练习等方面促成分级、分类阅读推广员策划力、执行力提升。

第三节　中小学阅读推广纵横合作

图书室是文献资源提供者和推荐者，不仅向师生和家长提供和推荐阅读资源，而且还是阅读活动的策划者、举办者，策划、举办各种学生喜爱、高参与度的阅读活动。因此图书室在阅读推广中承担的角色是常态的、立体的、多元的。

阅读推广是一门学问，只要每一项阅读推广都能让人读起书来，无论读书的人多与少，都可说阅读推广是成功的，哪怕是以前我们最老套、最简单的用纸张开列新书推荐书目，拿着纸张在班上口头推广，其实也是有作用的，只是它的作用比现在具有一定专业能力的阅读推广人，通过精心策划的活动体现的阅读效果作用要小一些。按照前述中小学图书室阅读推广的定义，只要有益于图书室图书的流通率、利用率提高的阅读推广都可以说是成功的。

一、建立中小学阅读推广的常态机制，推进阅读推广活动常态化、多元化、品牌化

为进一步加强基层中小学阅读工作，建设书香校园，打造学习型校园，营造校园内人人爱读书、读好书、善读书的浓厚氛围，政府、教育行政部门、学校要各司其职、建立常态化运行机制。

（一）阅读推广活动常态化

阅读推广活动常态化，主要依靠阅读推广主体（中小学阅读推广项目的组织者、策划者、实施者、管理者）常态化开展推广阅读的活动。目前，基层中小学校对阅读推广较之前有所重视，学校图书室都开展过丰富多彩的阅读活动，但大多数学校开展阅读推广活动次数并不多、形式单一、学生互动性不够，且大多集中在每年的"4·23世界阅读日""六一""五一""元旦"等节庆点。普遍是小学比中学开展的阅读活动较多些，一年平均开展阅读活动有10次以上；不知中学是因学科负担重、时间紧，对学校图书室组织的活动无暇顾及还是活动本身缺乏吸引力，贫困边远学校（甚至有些学校没图书室）一年开展5到6次阅读活动的占20%，总体城区学校开展阅读活动好于乡镇边远学校。

为有效推动学校阅读的常态化，可建立阅读奖励机制，比如对学生借还次数、借还本数、阅读效果等进行量化，并给予奖励，像阅读达人、借阅之星、志愿服务之星等称号，并颁发荣誉证书，将阅读奖励变为学校的常规标准项目，鼓励和带动其他学生阅读。

为让阅读活动更具吸引力，我们在向中小学生推荐阅读书籍时，不是一味迎合他们的兴趣，而是以他们能接受的方式引领他们进入新的领域，扩展他们的阅读边界。推荐他们喜爱的书或者非常接近的书；推荐他们喜爱的书或稍有差别的书，带有一定延伸的书；推荐与他们喜爱的书延伸的书。

学校图书室强调推荐的图书必须是自己的藏书。是因为中小学生认知有限，他们对事物的直观性更容易感兴趣，天生的好奇心驱使他们去感受体验感。如果拿着一本实物书籍，让他们阅读或许更有效。所以中小学图书室要更善于推荐学校现有的藏书。

我们以中小学生接受的方式推荐书籍，通过书籍带动阅读活动的开展，目的是培养中小学生对图书室的认知。因此在阅读推广活动中要克服急功近利、零敲碎打形式，活动力求体系化、常态化，让不同学科、不同主题、不同规模的阅读活动变成学校常规业务工作。图书室作为学生第二课堂，是学生修炼内心的精神家园，是十年树人的过程，急于求成起不了作用，需要学校持续健康引导。要让中小学生明白图书室也是一种生活方式，是文明时代学生的一种优雅生活方式；图书室更是读书人的居所，是学生远离浮躁生活的宁静居所。

（二）阅读推广活动多元化

中小学图书室阅读推广活动多元化，可以认为是阅读推广活动客体的多元化，包括政府机构、社会组织、出版发行机构、图书馆、企事业单位和学校等，学校阅读推广客体覆盖学生、家长和老师的阅读。

阅读推广活动多元化，还可认为是阅读推广活动形式和内容的多元化。即适合中小学的阅读读物、阅读方式，以及中小学生阅读兴趣、阅读能力等方面的多元化。其中教师阅读素养潜移默化影响学生的阅读素养。2019年针对乡镇幼儿园、中小学教师阅读状况进行调查，结果显示：教师一年阅读量（除教科书和学科辅导书籍外）超过8本，仅占61.2%，这与2018年我国成年国民人均阅读量7.78本相差无几，说明教师并未在阅读上表现出优势。

学校图书室应该积极开展针对教师的阅读推广活动，将教师培养成阅读推广的种子。今天我们提倡"一桶水与一碗水的关系"，鼓励教师多读书、读好书，并不是为了炫耀教师才高八斗，满足"书中自有黄金屋"的功利心，缓解"书到用时方恨少"的紧张感。而是以一种看淡名利、超越世俗的态度，引领学生多一点独立思考的精神、多点自己的见解和认识。

阅读推广活动形式的多元化，学校图书室根据城区、农村中小学生阅读环境、阅读兴趣的不同、采取不同的阅读方式培养学生的阅读能力。可以充分利用传统方式，如张贴海报、发放宣传页、利用校报和学校广播电台、学校办公系统、校讯通平台公告阅读推广活动；也可以围绕诗词展开比拼，连带实现了诗词类图书借阅率增长，还可以制作媒体节目带动阅读，学生参与学校公共媒体的阅读节目，能够直接带动一大批经典图书的阅读。

（三）注重阅读推广活动的品牌化

一个好的阅读推广活动需要在时间中不断积累和不断成长，更需要在实践中不断打磨，不断丰富，慢慢成长为一个品牌，才能发挥示范引领作用，带动其他阅读推广活动不断成长。品牌的塑造不但通过活动本身对学校图书室宣传和推广，还可提升一所学校的社会效益或者社会知名度。

中小学校行政领导要强化品牌意识。在对学校图书室评估中，对活动品牌时间上不仅要求至少连续举办三年，而且要有个性创新点，在行业（组织）内起到示范带动作用，要有可复制性、借鉴性。

一方面活动短期内不能有立竿见影的效果，只能通过长期地潜移默化地影响学生，因此不能急功近利。只要活动参与人数多、热闹就坚持举办，做好文档资料（包括策划、报道、图片等）的整理和存档，不断总结，为今后走品牌化提供指引和借鉴。另一方面，当活动数量达到一定量，就会有质的飞跃。同时和其他社会团体或部门经常交流和学习，在启发中不断创新，不断做大做强，社会效益就会日益凸显，慢慢就会成长为品牌。

（四）推动学校图书室阅读推广的平台化

前面阅读推广体系建设中提到构建"六个平台"，中小学图书室在充分发挥平台作用时，要善于建立以学生为主体的读书组织和社团，努力将各种资源和力量吸引到图书室，扩充图书室的阅读推广力量，图书室要给予指导和各种支持，充分发挥这些力量（组织、社团和读者）的作用，让这些力量在图书室的平台上组织阅读推广活动。

为此，学校图书室应该建立相关的制度和机制：一是为各类读书组织和社团提供优秀文献资源，积极开展"你荐我购"等活动，即让图书室购买图书供社团、组织借阅。二是制定一些制度、办法，吸引师生或家长在图书室建立各类读书社团（组织），策划开展各种读书活动。三是为各类读书组织、社团打造阅读环境，设计或者改造适合读书组织开展活动的空间、场地。四是在学校（图书室）信息发布系统主页上开辟专栏，为读书组织和社团的阅读活动发布预告、活动报道和心得分享、成果展览等。

二、积极争取让图书室逐步成为校园阅读推广主体

在应试教育指挥棒下，很多中小学图书室似乎仅是为通过评估而存在。乡镇中小学因经费紧张，图书数量和质量有限，更别说电子阅览室，加之学校领导认识不足，图书室配备人员结构专业化较差等多种因素，让图书室在学校处于边缘化状态，学校组织的活动也常常是由学校学生处、团委等部门共同商定组织。

如何打破这种僵局，在对基层中小学图书室的一项调查中显示：对学校阅读推广活动影响最大的因素普遍认为是领导是否支持，领导支持是先决条件，后续才会有充足人员保障和经费支持。领导支持，经费得到保障，才能够采集到有品质的文献资源和拓展阅读空间，阅读推广活动成效才会更加明显。

万事开头难，打破局面，需要学校图书室积极争取、主动打破。中小学图书室应该在学校举办的各种活动中积极参与、主动策划、用心组织、将活动效果向学校领导主动汇报，并积极宣传活动成效，逐步让领导关注和信任，逐步成为学校阅读推广的中流砥柱。

比如在"4·23世界读书日",策划"在哪儿阅读经典?"研讨活动,邀请学校领导参与,并就学校图书室经典书籍流通率高于其他类,且用数据说话为何要设立经典阅览角、如何设立经典阅览角、经典阅览角如何推动学校开展经典教育这些话题与学校领导深入讨论,以此向学校发出设立"经典阅览角"的倡议,一定程度上可助推学校经典阅读图书室建设。

虽然学校图书室经典阅览角与公共图书馆经典阅览室在功能上还有一些差异,但重视经典阅览室(角)的功用方面是相同的。比如集中展示经典文献,塑造阅读经典的氛围;举办经典阅读的读书会、讲座或沙龙等交流活动。

与此同时,围绕图书室与经典有关的热点开展主题阅读活动也可铺开。针对中学生,围绕某一部经典著作开展渐进式阅读活动,如鼓励学生阅读《诗经》,并为学生提供与《诗经》有关的研究书目,这些书目又成为经典阅览室(角)经典书目的更新和补充。

三、阅读推广纵横合作——以合作弥补各种资源和力量的不足

（一）与相关职能部门合作

学校积极配合教育行政主管部门构建校园阅读设施网络、扩宽阅读推广路径、优化阅读服务、维护重点人群阅读权益、完善阅读支持保障机制。得到政策支持后并与教育局相关职能部门建立纵向合作,并取得相关职能部门的资源支持,铺开开展以素质教育、书香校园建设为目标的各类活动。

比如与教委学生资助科合作,支持贫困学生的阅读,对贫困学生追求无限可能与自我提升给予物质与精神资助。也是学校阅读推广公平化的重要体现。

（二）与学校行政部门和学科教师合作

学校图书室可与学校团委、德育处、学生处等校内行政部门建立横向联络机制,把阅读活动作为构建书香校园,实现以德育人教育目标的载体。通过筛选经典书籍、设立主题书架进行书目推荐,开展形式多样的读书活动(读书沙龙、经典诵读、故事分享、亲子阅读),让学生在分享交流中不知不觉受到熏陶,形成德育养成教育。

阅读与语文教学密不可分、相互促进。我们一提到阅读，就想到语文，图书室不妨把读书活动与语文教学结合起来开展阅读活动，作为阅读推广的切入点。图书室老师可与学校语文教研组讨论协商，共同推出各年级必读书目、选读书目、精读书目。这些书目既要结合本校学生实际，结合本校教学目标、教学计划、教学进度等，又要是教育部新课标必读书目，更要体现校本课程特色。

每年寒暑假临近，也可合作推出寒暑假期所读书目。这时图书室就应该对假期编排的书目进行重点配备，开始策划新学期围绕语文教研组推荐的书目精心组织、开展各种形式的阅读推广活动。如社团活动的宣传与展示、实物推荐的宣传与展示、经典诵读比赛、读后感征文、改编剧汇演等，让图书室阅读推广活动与语文教学相得益彰、深度融合。

实际上，阅读不仅与语文有关，还与全科相连，阅读应是全科的阅读；自然科学阅读、社会科学阅读都应成为中小学生阅读的内容。因此，图书室不光与语文老师合作，还应与历史老师、科学老师、数理化老师等各学科老师合作，实现与全学科教育的深度融合。

（三）与横向相关主体合作

与当地关工委、共青团等关心青少年成长成才的相关部门建立联系，如邀请公安开展校园法制大讲堂、邀请科协举办科普进校园等阅读推广活动，将各相关资源引入校园。

也可与出版社、书城、新华书店、编辑、作家合作开展阅读推广活动，邀请名家进校园，传授写作技巧和阅读方法；在校园进行新书发布会、共读一本好书；举办校园书展、好书评选活动等，创造机会，让师生能够接触到优秀图书。

（四）与图书馆界合作

一是积极参加各级图书馆学会的活动，比如中国图书馆中小学阅读推广委员会，省市级、区县级图书学会或者经典阅读委员会，未成年服务委员会等举办的各类活动。一方面，可借助这些机构的专业平台，获得阅读推广培训机会。另一方面可以获得最新资讯，与这些机构建立联系，接触到可复制、可推广的典型案例，借助他们的实践成果直接进行阅读推广，还可组织本校师生参与他们组织的各种联动阅读推广活动，丰富校园的阅读推广。

二是与当地公共图书馆合作，丰富学校图书室藏书资源、现代化的设施设备。发布公共图书馆形式多样的阅读活动信息，组织学生参加当地公共图书馆举办的各类阅读推广活动，比如展览、读书竞赛、经典表演等，也可将公共图书馆的优质资源，比如文献资源、数字资源、讲座等引进校园，促进自身发展。

（五）与家长、学生合作

建立"家校一体化"阅读机制，有利于激发家长的主动性和能动性，形成合力配合学校开展阅读推广工作。如利用班级微信群、QQ群、家校平台等发布学校各学科各年级书目推荐，或者动员家长力量，进行家长书目推荐征集，汇集家长智慧、经验，以班级为单位，或者鼓励家长牵头，进行家庭共读、亲子共读等阅读推广活动。或者积极挖掘家长智力资源、社会资源，举办"我是图书室管理员"活动，邀请家长体验，以家长的力量实现图书室的延时开放，以家长擅长的领域举办讲座、读书导读活动等。

招募热心学校图书室公益事业的学生志愿者，参与学校图书室常规服务，比如成立读书社团、图书分享、图书漂流、进行图书推荐等活动，甚至可让学生负责图书室微信公众号上的新书推荐、图书风采编写、活动组织、推送等。以学生志愿者的力量带动学校其他学生，参与到志愿服务和阅读推广活动中来。

第五章 阅读推广实践案例探析

第一节 分级阅读推广实践探析

一、基于阅读素养培养的高中英语分级阅读实践

(一) 总体思路

高中英语分级阅读是梓潼中学英语教研组为提升学生英语阅读水平，采用分级阅读教学法来培养学生的阅读素养，倡导以"课堂阅读+课外阅读"的互动实践模式，按初高中分年龄段进行。

主要选择具有同一英语基础和文化底蕴的读者群，围绕学生的兴趣、语言能力以及思维能力，合理推荐相应的读物，从而开展阅读教学。主要采取阅读经典和经典范文解读的方式，同时借助多种媒介方式以"泛阅读"和"深阅读"为途径，策划组织一系列"分级阅读"活动。一方面，倡导学生主动参与。依据学生阅读水平将其分类为几个小组，以"听、说、读、写"为主线，并根据每组学生的基础情况制定合理的阅读计划，让不同基础的学生能够亲身体验、阅读理解和理性反思跨文化思维方式，循序渐进、由浅至深接触英文经典，提升英文阅读水平。

另一方面，从不同年级的小组学生学习效果和思考能力的角度出发，学生能够在阶段性的引导下，不断深入去深层次探究、掌握和自主选择具有针对性的纯英文版的经典著作阅读。

(二) 主要做法

1.配合学科教师，倡导学生主动参与，加强阅读指导

根据不同年级的小组学生需要，制定阅读计划，举办系列讲座进行集中阅读

方法指导。小组学生课下阅读，主要通过小组组建英语阅读沙龙等方式开展互助、互促式自读。图书室老师在小组阅读过程中，对于不同能力小组学生进行阅读指导，如高一的基础小组词汇量不多，世界经典英文阅读能力有限，但其学习能力强，图书室可配合学科教师，选择英文绘本读物、成语故事纯英文版鼓励学生自读，然后再进行阅读指导；对于高一提升小组学生，图书室可邀请学校专业英文教师向小组成员推荐与之相适合的英文经典，通过"经典荐读"形式鼓励小组成员就书籍内容进行简单的角色扮演和师生互动。当高二学生达到了一定词汇标准，就鼓励他们广泛阅读与之相匹配的经典文章，定期在"阅读空间"举行读后演讲、表演等分享活动，从而评估小组成员的阅读效果，促进小组成员创造思维能力与表达能力的提升，达到深度阅读的目的。这样不仅能够促使学生在小组讨论中获得丰富的知识和学养，而且在提升阅读水平同时还能加深透彻的理解和领悟。

2.线上线下结合，着力助推英语分级阅读推广效果

线上活动方式主要是按年级组建沙龙群，沙龙成员每周通过建立的微信沙龙群或QQ沙龙群分享阅读笔记、交流阅读心得，如果在阅读过程中遇到词汇问题，可在群中展开讨论，也可以及时在群里向专业英语教师或其他成员请教。

线下活动针对各年级学生就阅读内容，发表英文主旨演讲，专业英文教师点评指导；或学生每周提交英文心得，教师精心修改、批阅等方式提升阅读能力；或每季度完成读书报告、主题分享，甚至一学期进行戏剧表演来展示读书成果，提升语言综合应用能力。

不论是线上活动，还是线下活动，通过导读、自读、深读、展读，最大限度地激发了学生自信与阅读热情，增加阅读词汇量与理解力。因为沙龙成员通过积极参与讨论、分享和交流，一方面加深体会英文经典的理解和思想精髓的把握；另一方面也培养了沙龙成员的英语语言表达与语言思维能力，以及对外国人文风土的了解，助推了英语分级阅读推广的实践效果。

（三）解决的主要问题

在实践中，围绕导读、自读、深读、展读，以清单化、任务式鼓励各年级小

组学生"沉浸阅读"+"互动分享"。

1.通过导读帮助学生最终实现自读互促、互相分享

一方面图书室通过内容导读、主题导读、方法导读、语言导读,帮助学生在欣赏与理解"英语课本"中的重难点同时,提升学生的阅读自信、语言思维能力和理解能力。另一方面倡导自读更注重学生独立操作、自由体验,能充分调动学生的积极性、激发学生自主学习,达到自解自通,更能突出学生的主体性与个性化,注重知识与学习方法的迁移、演练和应用,达到触类旁通、开拓创新的目的。也有利于英语教师打破单词、短语、句型识读、掌握语法结构死记硬背的传统阅读教学模式。

2.多维度深读帮助学生获得丰富的知识和学养

以词、句为基础,通过交流与讨论,帮助学生在分析语法、剖析情感的同时,关注文化的多元性和风俗的独特性,培养跨文化意识。在阅读指导中,引导学生了解和体验适切的、更具有阅读价值的、符合时代需求的阅读主题,能有效提升不同层次学生的阅读技能。比如会有选择或有意识地调整阅读内容的难易程度,或者根据语境,理解陌生单词的恰切意思,最终让学生在积极互动中提升阅读兴趣以及阅读能力,还能随着积极性的提升主动参与到展示性阅读中。

(四)示范作用

1.从阅读体系的对比角度,实践充分说明英语分级阅读的科学性和可行性。从参与学生的英语能力提升效果和参与积极性来看,"自主+互动+探究"式的导读、自读、深读、展读模式增强了高中分级阅读教学的实效性、针对性、趣味性,分级阅读指导理论与实践模式可借鉴、可复制,能够为中小学校园开展分级阅读的实施和推广提供经验。

2.打破传统教学模式,又对传统教学模式起到辅助作用。阅读指导不仅邀请专业英语教师担任带教老师,而且整个活动的策划、组织、实施都是由学校英语教师共同参与,不仅对中学英语教师传统教学起到辅助作用,而且能为中小学英语分级阅读教学的改革提供可靠的实践依据,具有非常重要的示范效应。

(五) 推广价值

1.导读针对性强

学校图书室作为阅读推广主体，清楚各年级学生的总体英语水平和知识需求，并迎合这一需求策划活动。通过不同方式的导读让学生充分了解教学内容、学习要求、学习重点和学习方法，导读模式生动活泼，学生易于接受，并针对阅读指导中出现的问题及时给予解答，进行内容调整和改进。

专业英语教师在分级阅读的过程中不断探索多元化的阅读教学模式，促进了学生兴趣的提升，并锻炼了学生的阅读能力。一学期结束后，学生英文汇报表演就是对所学知识的活学活用，不仅能够加深学生的英文理解，还能提升学生语篇分析能力以及作品的"编、制、排、演"能力。

2.英语阅读指导有利于提高文献利用率

将学校已有的英文阅读资源全部整合在一个空间，由英语专业教师精心编制"高中英语"分级阅读精读和泛读书目，并且对于书目中学校缺乏部分及时进行补充，能极大提高英文文献的利用率。因为这个活动本身是英语教师所擅长的专业性内容，强化了公益性和指导性，不聚焦特定人群、不挂钩学业测评，能够灵活地为各年级英语学习者提供差异性、个性化的阅读指导。

3.分级评价为中小学英语分级阅读教学改革提供实践依据

既然开展了分级阅读指导，那么对于学生的阅读成效检验也就采取分级阅读的评价方式。分级阅读指导实践，以"激发英语阅读兴趣、培养英语阅读习惯、提升英语阅读水平"为目标，具有相对于传统中小学英语课堂教学所无法比拟的优势。分级阅读推广实践覆盖不同年龄、不同阅读水平、不同阅读需求的学生，对学生的阅读水平评价不是看分数，而是根据学生的解码能力、语言知识、阅读理解、文化意识、阅读习惯、阅读体验等，在学生原有的基础上进行分析对比，并在师评的同时融入学生的自评与互评。

由此可见，分级阅读指导与分级评价能够帮助基层中小学在英语课堂外有计划、有目的、有组织地建立分级阅读体系，为今后中小学英语分级阅读教学改革提供可靠的实践依据。

二、学龄前儿童分级阅读探索与思考

幼儿阶段是孩子接触阅读、学习阅读的重要时期，而分级阅读则是在充分重视每位孩子的个体差异下，开展的一种有针对性的阅读实践活动。在幼儿园中进行分级阅读，可以帮助幼儿从小就建立正确的阅读观念和方法，有助于幼儿自信心的建立。

随着时代和科技的进步，图书室的服务从文献服务、信息服务进入阅读推广服务阶段。学龄前阅读作为基础教育事业和图书事业的重要组成部分，幼儿园依托丰富的幼教阅读资源和专业化的教师队伍，把"了解幼儿的阅读水平，选择适当的图书，组织分级阅读活动，以及设计其他配套活动"作为幼儿园图书室的责任和使命，已成为幼儿园办学的亮点。

（一）总体思路

重庆两江艳启幼儿园分级阅读是在充分把握幼儿阅读能力和阅读兴趣情况下，将图书按照难易程度分为不同级别，进行图书分类与展示，开展多形式的分级阅读活动，让幼儿在适合自己阅读水平的图书中获得愉悦的阅读体验，逐步塑造幼儿意志、品格，借此向社会阐释和宣扬幼儿园的使命，展示幼儿园作为基础教育的重要价值和社会作用，进而扩大幼儿园的影响力。

（二）具体做法

1. 做好多方宣传，营造分级阅读氛围

针对不同年龄段、不同阅读水平的幼儿，设计有针对性的阅读活动，一方面利用博客、微博、微信公众号等新型媒体就分级阅读的重要性、分级阅读活动以及效果等进行宣传。另一方面把分级阅读活动制作成宣传手册或折页，发放给幼儿家长，甚至邀请家长参与到分级阅读活动中来，与孩子一起进行亲子阅读。

2. 了解孩子的阅读水平，进行图书分类并展示在阅读角

在开展分级阅读之前，图书室老师通过观察幼儿的阅读行为、口头阅读和书面阅读等方式，对幼儿的阅读能力和阅读兴趣进行评估，进而确定适合他们的阅读级别，将图书按难易程度分为A、B、C等级别，放在阅读角并在书籍旁边标注对应的学习年龄和阅读难度，让幼儿根据自己的兴趣和能力，自主选择适合的

阅读材料。如故事书、科普读物、绘本、音像资料等。

3.制定分级阅读计划

根据幼儿的年龄和阅读水平，制定不同的分级阅读计划（包括阅读的内容、方式、频次等），有时还根据图书的词汇量、句子结构、篇幅长度等因素来进行评估，确保幼儿能够在适合自己阅读水平的图书中得到适合自己的阅读指导，获得阅读乐趣。比如针对阅读能力较强的幼儿，选择一些在语言表达和情节设置上略微复杂的绘本或者故事书；而对于阅读能力较弱的孩子，可以选择一些简单易懂、内容生动有趣的图书。我们还定期针对不同阅读能力的孩子，设计一些专门的阅读活动，比如课堂共享、小组讨论等，以帮助幼儿更好地理解和消化所阅读的内容。

4.组织多样化的阅读活动

在分级阅读活动中，根据孩子的阅读水平，组织丰富多彩的阅读活动，针对阅读能力较强的孩子，采取小组阅读、联合阅读，组织小组讨论、阅读报告、图书分享会等活动。为提高幼儿的阅读兴趣和阅读能力，还可以借助一些辅助工具，比如阅读指导卡、阅读记录表等，帮助孩子更好地进行阅读。而对于阅读能力较弱的孩子，通常采用课堂朗读、口述故事等方式，鼓励幼儿积极参与阅读，帮助他们逐步提高阅读水平。

有时还邀请家长参与到分级阅读活动中来。家长帮助孩子选择适合自己的图书，与孩子一起进行联合阅读、陪伴阅读，分享阅读的快乐和收获。比如举办的家庭阅读夜、亲子阅读共享会等，不但增进了家长和孩子之间的亲子关系，同时也促进了幼儿的阅读兴趣和认知能力。

5.图书室定期举办家庭阅读指导讲座

幼儿园通过家长会、家长培训等形式，专业家庭教师向家长们介绍分级阅读的重要性，并提供一些简单易行的阅读指导方法，让家长能够更好地参与到孩子的阅读过程中，共同营造浓厚的分级阅读氛围。同时倡导良好的家庭阅读环境。比如，在家里让阅读材料无处不在；每天与孩子们一起阅读；在孩子的床边放上书籍；带你的孩子去图书馆自己选书；让孩子看到你在阅读。

定期举办专题讲座，如家长如何科学选择读物？让家长明白阅读是给幼儿童年增加快乐，而非剥夺幼儿童年的快乐；明白选择儿童读物应是适合儿童年龄的，适合儿童生活的，故事情节动人的，能激发幼儿想象的，印刷鲜艳精美的，帮助学龄前儿童大脑发育的。比如半岁前的孩子视力较弱，可以阅读黑白卡片，听读儿歌童谣；1岁至2岁图书内容要贴近孩子生活，两三岁的小孩子已有一定的认知能力，就可以让孩子看些有简单情节的绘本，三四岁的阅读文字多些、情节更复杂一些的文字书。刚上幼儿园时可以读一些缓解分离焦虑的绘本。因为绘本是以绘画为主，并附有少量文字的书籍。用图画与文字共同叙述一个完整的故事，是图文合奏的艺术，是文章说话，图画也说话，文章和图画用不同的方法都在促进儿童大脑发育。

定期为家长发放幼儿分级阅读书单。针对3—5岁幼儿，家长如何挑选孩子感兴趣的书？分级阅读老师根据时令节日以及幼儿兴趣，或者根据幼儿碰到的生活情境推荐幼儿感兴趣的书。比如，幼儿喜爱的宠物意外死亡，家长可以选择关于生命思考的书籍以缓解孩子的悲伤情绪。或家长可以选择各种蔬菜瓜果以及昆虫类的绘本书，帮助婴幼儿认识生活中的蔬菜水果。

定期邀请家长参与亲子阅读活动。针对3—5岁孩子，"亲子阅读会"更受欢迎，每期活动都座无虚席。以家庭为单位，以经典童话、绘本故事书为基础，或以"家庭绘本剧表演""家庭故事会""好书分享会"为形式，同时加入"亲子游戏""手工制作""家庭藏书晒"等内容，丰富孩子阅读体验，营造家庭阅读环境，培养幼儿阅读技巧。或举办家长课堂、育儿经验分享会等，鼓励更多的家庭加入到亲子阅读、分级阅读队伍中来，形成分级早期阅读氛围。

（三）解决的主要问题

1.优化了园内资源配置，提高了文献利用率

一方面优化馆藏，让幼儿园分级阅读文献更丰富，策划的分级阅读书单，将幼儿及家长的注意力从海量文献引导到小范围有吸引力的文献中去，提高了幼儿园图书室文献的流通量和利用率。另一方面幼儿园既是文献资源提供者和推荐者，向幼儿和家长提供和推荐分级读物，是在针对家长需求问卷调查基础上提供

的文献，精准满足了家长需求。通过观察幼儿阅读表现、听取家长意见反馈，设立了多样化阅读空间，分级读物幼儿爱不释手，增强了婴幼儿（家长）阅读体验感。

2.帮助幼儿提高了阅读成绩，增强了阅读兴趣

经过一段时间的分级阅读实践活动，幼儿的阅读兴趣和阅读理解能力有了显著提高。他们愿意更多地去接触和阅读各种图书，更快速地、更准确地理解课文内容，更独立地选择合适的图书进行阅读。幼儿的阅读进步得益于定期举办的家庭教育指导讲座、家庭教育经验分享、改善幼儿阅读十大方法、培养幼儿阅读技巧等分级阅读实践，实践探索既迎合了家长大众化需求，又明显增强了幼儿阅读能力。

（四）示范作用

1.善用园内资源创品牌

分级阅读实践把阅读兴趣作为幼儿培养的重中之重，利用幼儿园丰富的阅读资源和设施设备以及专业化的幼儿教师队伍，开展不同形式的分级阅读活动，它并非一开始就有立竿见影的效果，是在实践中不断成长和不断累积，潜移默化地影响幼儿及家长。在实践中不断打磨、不断丰富，在启发中不断创新，幼儿阅读效果日益凸显。分级阅读活动通过聚焦和创意，培养了幼儿品质意志，也更好地塑造了幼儿园的社会形象，提升了幼儿园的社会效益和社会知名度，在行业内起到了示范作用，对其他阅读活动品牌化提供指引和借鉴，带动其他阅读推广活动不断发展。

2.注重实践的精准性、实效性

分级阅读活动靶向性强，有针对家长的育儿讲座、分级阅读指导、分级阅读活动，参与度高、互动性强，在有限时间内将这些活动叠加、集中释放，叠加效应明显，收到了良好的社会效益，实现了资源的优化，实践效果的最大化。同时，让家长在参与中共同培养阅读习惯、提高阅读能力等方面发挥的作用日益凸显，让家庭也逐渐成为分级阅读实践的主阵地。

（五）推广价值

1.通过"聚焦"分级读物，精准满足幼儿及家长的阅读需求

针对不同层次幼儿，举办不同年龄段幼儿喜爱、高参与度的分级阅读活动，将有吸引力的绘本变得更具吸引力，没有吸引力的文献变得有吸引力。比如针对3—6岁幼儿的绘本阅读，试验了几种阅读推广方式：

（1）周一至周五，在幼儿园大门口，用展板介绍本周最受欢迎的绘本书目，并简要介绍绘本书目内容及推荐理由。

（2）利用早晚上学放学时间，站在校园大门口，给幼儿家长发放近段时间畅销绘本书目书单，进行分级阅读推广。

（3）进行图书分类后，把畅销绘本书目挑选出来，放到班级图书角，一周后，班级书目互换。

一学期后，盘点图书借阅量，发现把图书放在班级流通率较高，看的幼儿更多，这种把实物推出去的方法最有效。把宣传展板放在图书室门口、学校大门口，向家长推荐书单，这方法也有一定效果。

在此基础上，学校在校门口保安室一角设立家长阅览"上学篇"专题书架，家长凭幼儿校园卡可借书，结果出人意料地被借空，整个专架成为空架。读物可能是推荐到家长心坎里去了。

后来又采用同时设立经典儿歌、动物世界多主题专架的推荐办法，效果更好。比如把图书实物推出去，面对大班幼儿，喜欢自选读物；面向2—3岁的中班幼儿，有声绘本阅读，很受幼儿、家长喜爱。特色鲜明、功能各异的特色主题空间迎合了家长的需求，将没有吸引力的馆藏，变得有吸引力，激发了家长的阅读兴趣。

2.通过"创意"举办分级阅读活动，扩大了分级阅读推广范围和社会效益

分级阅读活动始终以满足不同年龄段幼儿阅读需求为目标，帮助幼儿培育阅读兴趣，养成阅读习惯。

各类活动主题和方向靶向性强，活动目标重在解决幼儿实际问题，通过活动来带动家庭参与。比如尊重幼儿实际，尊重家长所需，开展的家庭阅读指导就是

为营造分级阅读氛围。幼儿阅读兴趣的培育，阅读习惯的养成，家庭的作用最为重要，因此每学期举办家庭共读"书香之家"评选活动，就是鼓励家长参与到分级阅读活动中来，让书香浓郁家庭。家长每天睡前给孩子读一段经典故事，或者和孩子共读一本书，并一起讨论，让孩子感受家长的温情，同时家长也会随着孩子的眼光，发现一个天真的世界，那个世界或许让成年人拥有一颗童心，同时还检验家长对图书的选择能力，以及对幼儿阅读的引导能力。

第二节 分类阅读推广实践探析

历史读书会，开展史学阅读推广；物理、化学师生成立科普讲堂；语文爱好者则进行文学阅读推广。下面对潼南实验学校分类阅读推广实践从总思路、做法、解决问题、示范作用、推广价值等方面逐一进行剖析。

一、历史读书会

（一）总思路

校园内的各种读书会并不罕见，但以历史阅读为主的读书会，则实属难得。学校以"历史"为主题组建史学读书社团，把"以文会友，读史明智"作为社团宗旨，鼓励同学们阅读历史、体验历史、创造历史。读书会以讲坛型、论坛型、沙龙型为主要形式，通过开展历史沙龙、史学讲坛、史学征文、特色历史文化月、历史知识竞赛、红色研学旅等具有特色的活动，以此推进校园史学阅读推广。

（二）主要做法

依托学校图书室特色连环画资源，特别增设了"庆祝中国共产党百年华诞"主题连环画推荐专栏，供师生阅览，展出连环画图书，以"那些年""那些地""那些人"为主线，以连环画的形式展现中国共产党走过的百年光辉历程。通过这些有代表性的连环画，让学生们加深对中国共产党发展历程的理解，回望在中国革命和建设道路上值得纪念的事件。此外，为了增强展览的趣味性和体验感，展览还围绕历史开展各种活动，设置打卡地、连环画阅读体验区等，在实践体验中丰富社团阅读推广活动。

1.读书沙龙

活动以"读历史文化，赞家乡之美"为主旨，定期开展，每期确定一个主题。首先是主持人致开场白，简单介绍本次沙龙的主题，引导并启发与会同学思路。接着是带领与会同学进行相关内容朗读，加深对主题的理解，最后自由发言时间，同学们就自己的理解和想法畅所欲言，互相交流阅读体验，谈论家乡历史人物，或者从书中历史事件中得出哪些启示。

2.历史知识比拼

活动集益智和娱乐为一体，共分为两轮内容，第一轮趣味小常识抢答，第二轮为"你比我猜"小游戏。题目内容涵盖重大历史人文和历史事件的基础知识和课外阅读知识，既让同学们在轻松的氛围中增长知识，也为参与的同学提供了展示自我的平台。

3.历史游戏比拼

比如《三国杀》游戏，结合中国三国时期历史背景，以人物、势力或阵营为线索，游戏集历史、文学、美学等元素于一身，以卡牌为形式，合纵连横、动用谋略才能获得最终的胜利。以游戏形式激发同学的参与热情，促进同学了解、体验三国文化，也增进了同学之间的友谊。

4.社团雨后春笋主题风采展

"双减"政策落地后，潼南实验中学为做好课后服务，让学生课余生活丰富多彩，充实而有意义，成立了古典舞蹈社、古典音乐社……学生们根据自己兴趣，走进社团活动室或操场，找到了属于自己的一片天空，全身心投入，让孩子们在活动中品味历史、追逐梦想、探索未知。

（三）解决的主要问题

1.分类阅读让青少年找到适合自己的兴趣阅读

如历史读书会的历史沙龙成为了历史课教师讨论基地，青少年学生历史读书会活动基地。带动其他社团雨后春笋般开展各类活动，解决了中学生群体阅读需求，丰富了中学生精神文化生活。通过历史沙龙，把志同道合者聚在一起自由交流思想，为爱读历史的人提供了交流阅读体验的平台，在满足志同道合者阅读需求的同时，促进了沙龙历史阅读的传播。

2.分类阅读让学生发现自身的优势

历史与地理有着天然联系，青少年通过历史了解世界，通过"名人读书"故事讲座，外延出对文学与哲学的兴趣。因为历史和地理代表着时间与空间的维度，学生们学习历史常识和历史观在时空中会变得更自信乐观、志存高远，从而形成卓越的领导能力。其中地理、历史老师们同为学生讲授校本课程，让学校历史学科进行市特色学科评估时，图书室珍贵历史文献和校史资料展便成了一项重要佐证。

(四) 示范作用

1.分类阅读体现出公益性、均等性、便利性的阅读服务

校园历史读书社团开展的各种活动，为学生提供了丰富的体验素材，青少年通过这些间接经验补充人生体验，有利于形成辩证思维能力。如历史沙龙是历史爱好者散漫的聚会形式，是自由交流思想的地方。读友分享会、沙龙对谈等方式，把爱读历史的人聚集在一起，读历史、谈心得、提观点。

2.分类阅读提升文献流通率和利用率，将有吸引力的历史文献变得越有吸引力，没吸引力的冷门文献变得有吸引力

历史读书会激发了青少年学史读史的兴趣，一定程度上推动了校园传统文化学习热潮。图书室通过精心策划与创意的名人传记书评大赛等创意活动，将师生读者的注意力从之前的海量馆藏引到有吸引力的小范围的馆藏，将冷门科目中没吸引力的文献变得具有吸引力，改变了学校图书室历史、地理、哲学图书资源分类分布不均、利用率不高的状况。如"三国杀"游戏，就是趣味创意型阅读推广类型，在感兴趣的游戏中激发历史爱好者灵感，寓玩于乐，从而达到提升馆藏利用率与流通量的目的。

(五) 推广价值

通过历史读书会的活动,达到了深度阅读的效果,体现出分类阅读推广的价值。

1.公共服务价值

将校园各类读书会或社团活动纳入基层中小学阅读推广服务体系,具有专业性、公益性等特点,开展图书宣传推介或者各类读书活动,保障了基层青少年的基本文化权利。图书室主导或参与的分类阅读,科学规划阅读资源从而促进阅读活动的综合,充分利用各种渠道、学校(图书室)精心策划,让少年儿童享受公益性、便利性的阅读服务。

2.实践与合作的价值

在学校图书室组织的社团活动和各类读书会中不断总结,合作意识进一步增强,将学校社团和读书会活动主动纳入基层中小学图书馆阅读推广工作中;以活动进校园、进社区、进农村,拓宽全民阅读的服务方式,深化服务效能,实现公共文化资源利用的最大化。

3.精神文化价值

文化是一种强大的精神力量。阅读推广工作在开展各种活动的过程中逐渐占据了校园文化建设工作的重要地位,学生在参与不同的活动中,精神境界和文化素养得以提高。如史学沙龙,鼓励历史爱好者挖掘史书中的精华,通过阅读、思考、讨论和分享,灵魂得到滋养,从而形成自己独立看法的阅读,实则是对批判精神和独立精神的培养。

二、校园科普阅读推广实践

(一) 科普阅读的思路

为弘扬科学精神,提高青少年科学文化素养,学校科普活动每期将围绕一个科创主题开展实施。如科普班车进校园、科普展示、科普讲坛、创作大赛等主题,重点围绕健康卫生、应急安全、人工智能、生态环保等公众关注的社会热点问题,策划一些针对性强、参与性好、覆盖面广的科普活动。活动力求体现互动性、体验性、趣味性、创意性和教育性；活动成果以科普剧表演、科学实验展演、科学竞赛活动、科普创意展示等形式展现。

（二）主要做法

学校图书室设立科普文献专架，专架服务主要体现在自然科学文献借阅、开展各类科普活动。

1."机器人展示"——聚集人气的科普活动项目。学校与科技公司合作开展"机器人秀"。机器人排成方阵跳舞，无人机配合共舞，猜拳机器人、分拣机器人、魔方机器人现场展示和互动，让学生们感受高科技的魅力，引发对科学探索的兴趣。

2.昆虫科普系列活动。让青少年在科技老师指导下开展各种科技创新活动。如举办昆虫科普讲座，邀请大学生命科学院的研究生向师生讲解蝴蝶、家蚕的生长过程，学校图书室则配合这些与昆虫相关的讲座活动，及时推出"虫虫欲动"专题书架，推荐相关图书，直接带动了昆虫类图书借阅量的大幅上升。

3.飞向太空校园艺术创作大赛。为激发孩子每一次仰望天空时，都充满无穷好奇和遐想，先展示太空的神奇和魅力星球，以及人类为了"飞起来"而作出不懈努力的宣传片，学生通过视频观察、感受科技的魅力，激发孩子无限的创造力和想象力。其次"飞行必备"艺术创作。物理老师和学生联合创作，学生提供想象力，物理老师协助实现目标创意，共同设计制作一款功能与造型独特的飞行器。然后物理老师对当代科技飞行器原理进行展示讲解。

4.科学讲堂。充分利用资源平台优势，以演讲、论坛等形式，成立"科学讲堂"，线上介绍科学知识。比如发生地震后，科学讲堂及时举行了"普及科学知识，科学面对灾害""灾后心理重建"系列线上讲座。如新冠疫情发生后，科学讲堂马上通过微信公众号、在线直播等多种渠道，宣讲科学防疫知识，助力科学战疫。再如二十四节气传统文化知识普及宣讲活动，教学生们唱冬至九九歌、夏至节气的诗词，激发学生学习和了解传统民俗的兴趣。通过对节气相关知识的学习，进而引导孩子们熟悉和掌握二十四节气的特点、传统民俗以及风物饮食等。

（三）解决的主要问题

1.学校设立专门的科普文献专架，并定期举办各种科普展示、科普展示讲座、科普手工操作活动等，发挥了科普阅读推广的价值，通过科普阅读，带动了科学家、人物传记类读物和科学史图书读物的流通率和利用率。通过开展线上线下的科普活动引导青少年学生在学习中提升想象力、动手能力和解决问题能力，增长了学生的科学素养。

2.分不同年级的科普活动，深受学生的喜爱。比如分龄阅读以"玩中学，学中玩"的形式，通过讲科普故事、科普小实验等，将"书"与"快乐"体验结合在一起普及科学知识。比如在物理老师的带领下，每节物理课以科普故事为引，结合物理器材等元素，使学生对力学的理解由抽象到具体。让学生对科技产生好奇，开启崇尚科学、热爱科学之门。

（四）示范作用

1.围绕物理课、化学课教学进行科普实验，开展科普阅读

在科普阅读中深挖学生对科技知识需求，就生活热点等开展科普展示、创作大赛，利用新媒体形式开展科普讲堂，分龄分层科普知识阅读推广普及，打破了教学内容、教学空间、教学方式、学习方式、评价方式的传统壁垒，实现了"学科内融合""跨学科融合""学科与生活融合""学科与技术融合"；提升了学生在实践中快乐学习的"阅读幸福感"，是适合中学复制、推广的科普教育教学模式。

2.科普讲堂"线上线下"科普阅读推广在区域内可借鉴与复制推广

比如利用公众号，宣传、推广科普阅读知识。大力拓展线上服务，搭建图书馆与学生的交流桥梁，帮助学生轻松获取"科学面对灾害""灾后心理重建""科学防疫知识"等方面的信息资源，培育学生的社会责任感，扩大学校图书馆的影响力。再如二十四节气传统文化知识视频类普及宣讲活动，将线下节气知识阅读延伸至线上，不仅满足了学生多样化阅读需求，而且广泛地传播学校图书馆服务和传统文化。

（五）推广价值

1.围绕科普阅读推广，开展的科普展示、创作大赛、科普讲堂等主题活动，

扩大了学生科学书籍阅读的参与度，提高科普读物文献流通率。为了让学生感受到动态的阅读，学校打破传统单向输出型知识讲座，构筑不同维度、不同感官的创新阅读体验，在"科普讲堂"系列活动中分别创设"美与力学"传统文化与物理实验课。在"飞向太空创意大赛"活动中，以太空飞行员事迹为主线，物理老师带领学生联动输入物理知识，在巧思动手间，发挥想象力尽情创作，创作体现时代特征的飞向太空作品，以这种动手动脑的探索方式加深对科技的认知。

2.根据学生喜爱学科对活动选择展开策划，有针对性地为学生推出主题内容，如科普地理图书导读，英文原版图书专架，数学、物理、化学的科普图书导读，研究性数字资源文献检索。满足了学生对学科知识的需求，同时系列活动注重对学生动手动脑能力的培养、创新精神和实践能力的培养。如六年级三个班每两周一节阅读课，由图书室教师讲授，年级部和图书室合办"小小科学"实验活动；利用物理、化学等学科知识，进行魔术表演，好奇心驱使学生去研究实验或魔术的化学或物理原理，带动了物理、化学等冷门学科书籍的利用率，并且在每次活动结束后及时搜集学生的体验感受反馈意见，增强学校图书室和师生之间有效交流，有利于更好地开展类似活动。

三、文学阅读推广——经典诗词阅读推广实践

（一）提出背景和总体思路

经典诗词阅读推广是普及弘扬以诗词为代表的优秀传统文化的重要途径，是建设高水平校园文化、实现文化育人的重要举措。在全民阅读的时代背景下，结合教育教学实践，学校以诗词文化为桥梁，向学生推荐优质诗词书籍，进行诗词赏析阅读指导，配合课堂教学，辅助课下自学，然后举办诗词赛活动。让诗词所具有的传统文化魅力，吸引广大学生；让学生在深度诗词阅读中，受到美的熏陶与启发；让"书香校园"散发书的香氛，美的勤奋。

（二）主要做法

校园诗词阅读推广活动的阅读推广人队伍由学校图书室老师、语文教师、诗词爱好者（主要是学生）组成。因为很多学生从小就受到古诗词学习氛围的熏

陶，对古诗词有着偏爱。

学校图书室选取古诗词书籍作为阅读推广的主要内容，以此为切入点，充分调动语文教师、图书室老师、学生同龄示范人的积极性，选拔出合适的阅读推广人，共同把诗词阅读推广引向深入。

学校图书室结合语文诗词教学，加大丰富古诗词馆藏文献，持续推出古诗词专题讲座、展览、沙龙……为师生普及古诗词以及艺术知识，打造多元化学习、体验平台，提升师生的文学修养。

1.宣传诗词阅读推广的重要意义

诗词阅读推广是校园文化建设的重要载体，对人文教育、德育教育、实践创新等方面都有着重要意义。通过诗词阅读的深入推进，可以促进形成优质学风、树立良好校风。因此，学校图书室充分挖掘诗词文化中的正能量元素，梳理出古诗词的时代内涵，把诗词教育和学生思想政治教育、德育、美育和传统文化教育相结合，与社会文化实践活动相对接，引导学生进行深度诗词阅读，提升学生综合素质。

不时在学校微信公众号推出"走近诗词"系列赏析讲座。如以"古韵新声"为主题，邀请学校音乐教师以"演讲+演奏"的模式"云"开讲，古典音乐与古诗词相融合，为师生带来耳目一新的视听感，充分彰显艺术普及在古诗词中的创新性和活力。

诗词阅读推广本质上是一种诗词阅读教育，学校以"三行三梦，纸短意长"为主题，举办"三行诗"大赛，让学生在诗词文化氛围中，进一步推进自身的专业学习，养成阅读习惯，完成自我提升。

2.培养诗词专业阅读推广人

图书馆室（教师）层面做法。首先，学校图书室馆员教师化。遴选文学功底深厚，擅长诗词的老师从事阅读推广工作，即根据图书室老师自身专业特长，开设诗词欣赏课，把更多学生吸引到图书室，利用馆藏空间进行深入的古诗词阅读推广。

同时还鼓励具有专业特长的临时馆员考取教师资格证，促使馆员融入教学，只有这样才能达到古诗词阅读推广人的能力要求。如学校邀请外籍老师，用异国文化讲述中国古诗词的意境。学校参与人数达千余人，既掀起了学习古典诗词的热潮，也了解了异国的文化风情。

其次，拓展阅读推广人。除图书室馆员外，学校积极发展引导语文教师成为拓展圈层的阅读推广人。语文教师把文学课教学过程和古诗词阅读推广有机结合，无缝衔接，以教学促进阅读推广。

最后是针对不同群体需求，开展分众化诗词普及活动。依托学校"学术报告厅"，为广大诗词爱好者精心策划专题讲座、报告，邀请专业老师主讲"诗词的发展历史和流派传承"等，从名诗词赏析、古诗解读，到学唱模仿、器乐表演，融入视听、讲演、互动等多种形式，使学生多维度领略诗词的独特魅力。

学生层面做法。首先遴选同龄示范人。从每个年级文学佼佼者中遴选优秀的同龄人起带头作用，为不同文学层次学生进行同龄示范阅读推广，他们以身作则，以诗词阅读为纽带，团结带领一大批同学加入同龄示范阅读推广人团队，从而深化古诗词学习。

其次选好选对古诗词读物。诗词阅读推广应和优质读物紧密结合，学校图书室积极探索古诗词文化和校园文化的互动关系，达到以古诗词文化带动校园文化，形成良性互动。如推出以音乐为主题的"古诗词"拓展阅读，开展诗词鉴赏、诗词韵律体验等，为学生开启音乐与诗词结合的美妙之旅。

再次是鼓励学生诗词创作。把诗词课程、阅读推广和创作紧密结合，形成合力来促进古诗词阅读推广人的文学成长。比如文学爱好者举办自己创作的诗词音乐会，其他学生自由聆听由文学爱好者自己创作的诗词吟唱。

语文老师为了给同学们提供一个稳定的阅读交流平台，帮助大家寻找和自己一样爱文学、爱思考的笔友，发起"书信交流"倡议，学校图书室配合举办书信交流阅读活动——"见字如面，提笔交心：阅读，认识世界，认识你我"。

要求参与者需要撰写一封600—800字书信交予图书室，书信主题为"诗词交流"。内容包括好诗好词推荐、文学故事、文学随笔、诗词感悟等，文体不限。图书室负责信件的邮寄和来信的登记。笔友收到信后，可在一周内撰写好回信并交予图书室，图书馆再寄出，以书信形式促进文学（诗词）阅读推广。

（三）解决的主要问题

1.解决古诗词阅读推广成本问题

学校诗词阅读推广人是由图书室老师、语文教师、学生同龄示范人组成，形成立体化阅读推广人的体系。他们往往专业能力较强，具有较强的组织策划传播能力，在诗词阅读推广实践中，特别是学生同龄示范人，示范性比任何宣传效果都好；对古诗词阅读有着强烈示范意义和促进作用，阅读推广效果不错，而且还节约了人力成本。

线上活动，参与不受时空限制，如学校的"诗词寻宝""诗词英文诵读"都是采用线上方式进行。这种方式不限人数，无须报名，没有门槛，任何人都可以参加，成本低、易于组织、覆盖面广，既让学生在学习之余得到了放松，也发挥了碎片时间学习的效果，而且参与的学生越多，影响越大。

2.优化了藏书质量，提高了古诗词类图书的流通率和利用率

采用多种古诗词专题专架，多种诗词文献宣传方式，努力提高诗词辅导、诗词鉴赏、诗词讲座服务质量，提高学生文学鉴赏力以及学习能力。围绕古诗词教学中心，紧密配合古诗词教学需要，积极开展文学图书流通工作，主动为文学教育、古诗词教学提供必要的参考资料，有助于提高文献利用率。

（四）示范作用

1.通过文学阅读推广，打造了诗词阅读推广新模式

除日常服务读者之外，馆员们也通过广泛的阅读不断充实自我，遇到特别好的书，还会相互传阅并开展交流，对文学的共同爱好让学校馆员萌生了通过诗词来推广阅读的想法。比如诗词朗诵、诗词分享、诗词创作、鼓励学生参与电视诗词节目等等，鼓励学生诗词创作以及引导学生在诗词鉴赏活动中产生向上向善的"阅读共鸣"。在学生创作的诗词作品中往往蕴藉学生作者的思想感情，通过校园传播或其他艺术的感染力，引起了师生读者的思想感情"共振"，既弘扬了传统文化又繁荣了校园文化。依靠图书室老师、语文教师、学生同龄示范人把语文课中的古诗词作为阅读推广主要内容，把诗词阅读真正打造成校园特色文化，构建

起了以学校、人、古诗词为核心的多维的立体阅读推广模式，带动其他类阅读推广，对塑造高质量校园传统文化、校园特色文化起到了一定示范作用。

2.学生同龄人具有的示范作用值得借鉴、推广

诗词阅读推广活动的核心是以诗歌赋予师生感知美的能力，引发师生对生活的思考从而获得心灵的启迪。由学生中的文学佼佼者所构成的具有典型示范力量的阅读推广人是学生身边的同龄人，起到"头雁效应"，发挥了领头羊作用，对身边同龄人起到很好的带动作用。

"头雁效应"提高了诗词阅读推广活动品质。古诗词对理科学生（物理、化学、数学）具有非常好的学科互补性，对深化其他阅读推广活动成效、提升学生文学综合素养具有不可估量的积极作用。如借助学校的艺术优势，老师们极力打造"美与文学"的精品讲座，把艺术与欣赏、艺术与文学融为一体教学，在扩充学生美学知识面的同时，更是培养了学生追求卓越的高尚品质，值得借鉴学习。

（五）推广价值

1.多维立体古诗词阅读推广人体系保障了活动质量

由于学校每个学科都有教学目标、教学计划等，学生的时间被挤占得相当紧迫，无法再集中精力参加其他的活动。当活动性质过于类似、时间过于集中，参加活动的学生积极性就会减少，不利于诗词阅读推广活动的开展。

在这种情况下，由图书室老师、语文教师、学生同龄示范人组成的阅读推广员队伍，统筹规划诗词阅读推广活动，兼顾语文课文学诗词欣赏，协调活动时间，优化活动方案，把文学阅读推广与语文诗词教学充分结合，在形式上就得天独厚，在学科指导上也相得益彰；有语文老师的带动，有图书室老师的协调，参与古诗词学习的学生越来越多，数量得到保障，质量也会逐步提升。语文老师因学文学的学生不断增多，就会更加重视教学质量，形成以诗词教学促进文学阅读推广质量提升。

2.文学阅读推广活动体现了图书室的教育属性、服务属性

文学阅读推广活动有着重要的教育属性，应贯穿于学生诗词培养的全过程。古诗词文献借阅量不大，图书室老师紧密结合学校语文古诗词教学内容，推出优

质的文献服务，创造性地给师生提供诗词阅读场所；诗词阅读的物质载体是诗词读物，鼓励和探索阅读推广人自主撰写诗词来深化文学阅读推广的路径，促进学生文学素养提升。比如围绕唐朝某一诗人，成立以作者为主题的专架，充分发挥所藏书刊的作用，引导学生形成吟诗之风、背诗之风、写诗之风。

语文老师及图书室老师拥有的文学功底和古诗词专业能力及较强的组织策划传播能力，甚至探索包括新媒体运用在内的各种线上线下古诗词阅读推广创新驱动模式，来促进学生古诗词阅读能力的转化，实则是运用古诗词文献对学生进行古诗词教学，也是对学生美育教育的一种创新，体现了图书室的教育性、服务性，更体现了对学生的美育教育。

第三节 分校阅读推广实践探析

不同学校师生使用学校图书室的馆藏资源的侧重点不同，好书佳作和经典名著适合所有师生阅读，所以中小学图书室一般都会开展经典导读阅读推广活动，利于提高学校图书利用率。

但是，不同学校因历史文化底蕴、学科重点、办学特色不同，开展的阅读推广活动也不尽相同，所以分校阅读推广应运而生。本节介绍几所学校的阅读推广典型案例。

一、英语角少儿英语导读阅读推广实践

（一）成立少儿英语角的背景和意义

潼南梓潼中学图书室在服务英语学科时，因大多不是图书馆学专业，更不是英语专业，不太了解外国语种领域知识，开展的英语分级阅读推广活动次数有限，且形式单一，活动效果不明显，无法引起学生读者的兴趣，导致活动参与率较低。其中重要因素之一就是学生英语学习兴趣没那么浓厚，举办的英语阅读活动学生参与度不高，但英语又是中高考必考科目。于是学校图书室成立少儿英语

角，组织开展英语阅读推广，激发学习英语的兴趣。

少儿英语角一方面由图书室科班出身的服务人员和学校英语专业的老师，另一方面由学生中的英语佼佼者组成。既缓解了图书室老师因自身不专业的服务压力，又提升了图书室特色化、个性化服务需求，更搭建了读者与图书室之间的交流平台，为英语爱好者提供除课堂外的英语口语交际环境和展示舞台，同时也促进了英语导读阅读推广者自身个人价值及社会价值的进一步体现。

学生作为英语角的主力，由学生英语佼佼者担任英语导读人，具有同龄示范作用，因为他们最了解英语学科的需求与学生的关注点，能够及时将学生需求反馈给图书室，能使相关英语阅读活动更加贴近学生需求，提升学生英语学习体验。

（二）具体做法

初期，导读老师多为学校图书室有英语专业背景的老师，但随着导读老师毕业多年，知识储备跟不上学生与时俱进的学习需求，又缺乏一线教师丰富的教育教学经验，无法最大化激发学生兴趣。于是为确保英语角活动的数量与质量，学校图书室招募英语专业的任课教师为导读志愿者，定期来英语角导读服务，为学生读者授课，形成了少儿英语角志愿服务延伸实践。

英语角英语阅读导读由学校图书室和英语任课教师合作开展。每学期由英语导读教师负责制定学期活动计划，图书室负责协调完善。同时也给学生导读者提供发挥特长、服务社会、实践成长的平台。

英语角导读活动有两部分：一部分由教师导读志愿者授课，巩固课堂内的英语学习知识；另一部分是口语交流，由图书室老师（志愿者）组织。每次活动，确定一个话题，然后进行交流讨论，练习口语。学生可根据自己情况，选择哪部分内容，选择练口语或者听课巩固语法知识。

一学期完后，英语角还会举办英语汇演活动，用全英文版的小品、歌舞、朗诵等形式展示学习成果。

（三）解决的主要问题

1.配合英语课程，辅助英语教学，营造英语学习氛围

组织开展英语角导读活动，以弥补学校英语课有限、学生偏科英语，以及图

书室英语阅读活动次数不多的缺陷，量身定制导读服务以满足不同层次学生的学习目标的个性化需求。

由图书室英语专业背景的老师牵头，招募有英语特长，自愿放弃自己休息时间的英语教师或英语佼佼者担任志愿者，在英语角帮助不同年级同学提升他们听说读写能力，以此营造浓厚的校园英语学习氛围，提升校园整体英语阅读水平。

2.对学生进行课外英语阅读指导，改变了传统的课堂教学模式

课堂英语教学主要是单一的口耳相传的教学，教学模式单调，容易使学生产生厌倦情绪。图书室采用多种生动活泼的方式，进行英语导读，如单词比赛、情景式英语教学、表演式导读，营造了校园英语学习氛围，激发学生英语学习兴趣。学生就不同的文化差异，还到图书室查证相关资料，进一步增强了英语辅导文献的利用率。

（四）示范作用

1.变"灌输式"教育方式为"引导式"教育方式，导读效果好

针对不同层次的英语学生开设的相关课程内容，用情景式英语教学、表演式教学、启发式导读。一方面促使英语学习融入教学，英语教学融入日常，提升英语教学水平，提升学生口语水平。让学生从怕开口说英语到想说英语，敢说英语，能说英语，会说英语。另一方面也促使图书室英语服务能力提升。这种"传帮带"方式巩固了学生知识点，一些英语水平较高的学生还能教差点的学生语法知识，受到了大家的欢迎。活动可复制、有效果。既掀起了英语学习热潮，引起其他学科的关注；又加强了英语导读阅读推广品牌建设。

2.导读以学生需求为导向，重在解决学生英语学习中的实际问题

英语角导读服务重在解决学生在英语学习中遇到的实际问题，比如词汇量问题、语法问题、口语问题等，在导读活动中，提供有针对性的导读帮助，以此解决英语学习中的困难。

英语角导读活动始终以学生实际需求为出发点，吸引上百名学生报名参加。每次活动后现场反馈导读效果，进一步了解学生需求，为下次导读创新服务内容，为开展更具针对性的导读服务提供依据。

(五)推广价值

1.导读活动提供个性化服务

结合学校英文文献,推陈出新,优化导读环境。针对学生英语水平参差不齐,提供多元化选择。英语偏科的学生,注重词汇、语法等知识的传授。学有余力的"哑巴式"英语,则侧重听力练习和口语训练,并且以讨论交流为主。个性化、针对性指导让学生短期内能够科学掌握记单词方法,如何高效阅读、如何提升阅读效果,让英语学习事半功倍。一学期学习完后,通过英文歌曲演唱、英文表演等形式举办英语学习成果展示。一方面通过汇演对英文作品的升华,检验学习成效,全方位满足各类读者需求,另一方面导读服务既是对学生自主阅读、知识素养、美(德)育素养灵活性的探索,又扩充了活动的服务效能。

2.导读阅读推广成效影响大

英语导读活动丰富了校园文化生活,精准对接了学生偏科需求,帮助偏科学生重拾英语学习的信心。特色鲜明、家长反响良好,参与人数众多,在校园中形成良好的口碑,具有一定的品牌影响力。导读活动,实现了"让学生开心学习、家长放心、社会满意"的初衷,体现出导读教师志愿服务的主动介入性以及学生的参与性、教育的公益性、定位的精准性,也体现出图书室为学科服务的社会效益。一方面适应了学校教育发展的需要,另一方面也向社会阐释和证明学校图书室的使命和存在价值。

但在今后实践中需更多重视宣传与推广,推出"线下+线上"模式,实现多层次立体化导读服务。

二、世界经典阅读推广实践

(一)开展经典阅读的初衷

阅读经典名著对塑造青少年正确的人生观、价值观有深刻的影响。但由于时代地域、文化的变迁和差异,多数中小学读者对大部头经典名著往往望而却步。如今随着互联网技术的不断发展,通过电视、短视频等载体不断丰富经典文献内容,拓展世界经典文学传播途径,已成为当下最潮流的获取信息和知识的方式之一。

而作为世界经典文化的继承人——青少年学生,在接受经典熏陶中,既要对红色文献进行有效阅读;又要追寻红色足迹,用经典涵养青少年信仰,厚植爱国情怀,争做担当有为时代好少年。

作为经典文化传播者,学校图书室不是一味迎合学生的兴趣,而是以学生能接受的方式推荐世界名著,引领他们进入文学领域,从文学经典的长河中汲取智慧和力量,从而扩展他们的阅读边界。

(二)中小学世界经典阅读现状

在潼南乡镇学校随机调查一个班的学生,9%的人对"经典文化"几乎不了解;54%的学生对"红色文化"有一定了解,但不深;37%的人接触过"世界经典著作"。当问及读过或看过哪些"世界经典"时,不少低年级学生茫然,甚至不知何为"世界经典文学"书籍,对世界经典概念模糊。当问及看过哪些"世界经典"影视作品,70%表示看过《爱的教育》《小王子》《雾都孤儿》《地心历险记》《三个火枪手》等作品,不过有近20%的学生一年看过的"世界经典"影片不到5部。

一般的学生表示看过有关马克思主义的著作,但看不懂;看过有感悟仅占25%,35%则表示不想看,没兴趣。关于经典原著,27%表示精读过1—5篇,粗略读过1—3篇的占38%,35%则没读过,普遍认为在阅读世界经典著作时感到困难。且阅读途径基本是学校课程或者网络媒体,到图书馆借阅的仅占40%,仅28%的表示自己购买相关书籍。但90%以上的学生认为经典名著可以提升文学素养和写作技巧以及思想境界。

由此可见,"世界经典"作品正在逐渐淡出青少年的阅读视线。采访中,多家书店的老板就目前"世界经典名著"图书销售数量感慨道:中国四大名著很畅销,但世界经典这类书籍对于小学生来说没多大吸引力,27%的被访者认为阅读再多的"世界经典文学"没有太多好处,13%的甚至认为与考试关联不大,对升学帮助不大。

在班级发放世界经典文化传承现状问卷调查,34%的人能说出世界经典名著、世界革命旧址、不同时期世界文坛大咖5个以上，57%则认为世界经典文化传承创新不足，方式陈旧；42.3%的人倾向于"提高自己文学素养、扩宽自己的眼界"，38.5%的人选择"传承世界经典文化的使命感"；67%的人认为接受"外文经典文化"学习仅仅是为了完成课业要求，适应社会发展。但也有18%没有阅读经典著作的习惯，或者认为学业忙，觉得用处不大。

从世界经典文学阅读现状和传承的调研中，我们不难看出小学生对世界经典文化概念模糊，基层中小学对小学生的国外经典教育重视不够，学生阅读量小；没有充分发挥网络媒介等大众传媒的作用，从物质和精神层面丰富"世界经典文化"形态和内涵。如何把世界经典文献资源从沉睡中唤醒，让它以一种新鲜活泼的姿态走到广大青少年身边，迫在眉睫。

（三）世界经典阅读推广的作用

图书室作为学校服务窗口和青少年宣传思想工作阵地，承担着校园经典文化传播，根植青少年信仰的使命；引导青少年在学习奋斗中用马克思主义实践品格"守初心、担使命"，帮助青少年将理想信仰和理论储备转化到实践探索中，并以多种模式将经典文化传播给青少年，对青少年进行思想引领，将历史的学习和现实的实践有机结合。让"世界经典"发挥出教化育人、凝心聚力的作用。

学校图书室在红色教育基地的支持指导下，共同承担世界经典乃至红色文化阅读推广工作，并配合红色教育基地开展世界经典阅读主题实践活动、经典阅读研学活动，通过活动缅怀革命先烈、弘扬革命精神、传承红色基因。并以多种模式将红色经典文化传播给青少年，对青少年进行思想引领，将历史的学习和现实的实践有机结合。

（四）主要做法

1.依托红色教育基地开展研学活动

如依托杨闇公、杨尚昆旧居这块全国爱国主义教育示范基地和全国红色旅游经典景区，为学生开展爱国主义教育专题研学活动提供校外第一课堂。

如招募周边学校学生作为志愿者，担当红色教育基地小小讲解员。小小讲解员们围绕杨闇公烈士、杨尚昆同志生平事迹向学校宣讲，甚至向景区游客讲解，在一次次讲解中进行灵魂洗礼、心灵交流，同时又在讲解中主动成为经典文化阅读推广的宣传者。

2.围绕经典教育，多形式宣传红色经典故事

充分利用学校多媒体，学校朝会课、艺体课，围绕经典教育，大力开展宣传活动，营造校园经典阅读氛围。图书室则常态化开展红色经典阅读推广活动，如经典讲座、展览、读书会、沙龙等，使学习经典入耳、入脑、入心。甚至把信仰教育融入丰富多彩的亲子读书会、"经典诵读"活动、红色故事讲演，"对照先辈·学思践悟""红色精神伴成长""公益劳动"等主题活动之中，寓教于乐，让青少年在实践活动中得到亲身体验，真正地把信仰教育内化于心、外化于行，为青少年行稳致远增添精神动力源。

3.设立"典读坊"——经典阅览室，经典文本导读共读，讲好红色藏品故事

学校在原有藏书基础上设立经典阅览室，发挥红色教育基地对文献的保存、传递作用，在阅览室里设立红色专题藏书区域和世界经典文学阅读专架即专门用来收集青少年必读经典世界名著和红色经典文献，为青少年思想政治学习提供实践教育和文献支持。

六一儿童节到杨闇公红色教育基地开展"聆听红色藏品故事，重温先辈革命人生"活动，聆听文物背后蕴藏的感人红色故事，不仅是对先辈最厚重深切的纪念，更是学校传承世界经典、弘扬革命精神的创新之举。或开展"经典故事我来讲""世界经典之声"推广实践活动，就是依靠现代科技，探索世界经典名著立体视觉、听觉阅读。图书室通过公众号定期推出世界经典文学赏析，让学生从被动接受教育的对象向主动宣传推广经典文化阅读主体转变。

4.馆校携手开展青少年研学旅活动，推广经典文化

为更好地发挥全国爱国主义教育示范基地作用，依托杨闇公、杨尚昆故里丰富的红色文化和馆藏资源，学校与之开展合作，运用现代科技充实学校教学实践内容，携手共建思想政治课实践教学基地。基地利用现代科技制作"闇公革命之旅"微电影，让学生们走出书本，置身于历史与现实、传统与现代交融混搭的时空隧道中，身临其境体验杨闇公如何从共产主义运动先驱者成为四川党组织的创

建者,以及如何从四川大革命运动领导者成为泸顺起义领导人的心路历程,更为直观地走进闇公世界,学习闇公精神。让青少年在身临其境中灵魂得到洗礼。

图书室利用节庆点或寒暑假,开展"漫读红色经典"绘本互动等活动,以动漫艺术形式对经典著作中的经典语录进行艺术化阐释,这样使得经典著作更加通俗易懂。这种通过漫画形式将经典理论融入青少年艺术创作中的方式,加深了青少年对经典著作的理解。或联合开展多期主题阅读沙龙,让读者在相互交流和思想碰撞中进一步加深对经典名著的理解。这些活动的开展将为经典文学阅读推广增添亮点。

其次是与教育基地合作,开展青少年研学旅活动。为进一步弘扬革命精神,传承红色基因,引导青少年追寻红色足迹,厚植爱国情怀,联合红色教育基地开展以"弘扬革命精神,传承红色基因"为主题的阅读推广研学旅公益活动。到革命烈士陵园缅怀革命先烈、聆听红色故事、重温入团誓词、参观专题展览,在行走的课堂中感受革命精神以及文化熏陶,在别开生面的阅读推广中接受红色教育的洗礼。

或是通过多渠道、多形式开展小学生世界名著经典必读指导工作,提升小学生的阅读兴趣和阅读能力,进而培养学生经典文学阅读习惯和提高学生思想境界;发放经典必读宣传资料,开展名著亲子阅读、世界经典诵读比赛、读世界名著有感征文赛等,让学生及家长在活动参与中主动成为经典阅读的推广者。

(五)解决的主要问题

1.通过做好经典导读,帮助学生更好地学习、理解经典著作

首先在方法上,学校图书室抓住青少年是信仰形成的这一关键时期,在辅助学科教学服务同时,充分了解学生接受能力,选择适合青少年身心发展特点的辅导方法、易于接受的辅导方式,进行有效的经典阅读指导。有时还借助新兴多媒体进行辅导,让辅导课生动直观,提升学生对经典的更深理解,达到深度阅读的目的。

其次辅导内容上用生动有趣、通俗易懂、易于接受的方式来进行导读,让学生对空洞晦涩的理论不再感到生疏和乏味,让经典更具吸引力。如将经典著作融

入学生日常生活中，常态化开展"真理与正义""物质富裕精神富有"等话题辩论互动，将理论变得不再空洞晦涩，更加易于接受。

2.理论与实践铸魂育人，帮助学生在实践中推广世界经典

图书室培育小讲解员，为青少年成长成才办实事、解难事。通过"实战"训练，不仅能够提升小小讲解员讲解水平、临场应变能力及语言组织能力等，又围绕讲解态势、语音语调、学习方法、接待技巧等方面进行培训，让小小讲解员"分众化、互动式、面对面"红色宣讲，促使青少年讲解员积极争做世界经典的坚定传承者、红色文化的带头传播者、红色风尚的引领者。小小讲解员以精彩的讲解来促进经典阅读推广，让青少年学生在讲解服务中学习世界名著，在阅读推广中传承世界经典文化。

（六）示范作用

1.提高了图书借阅率，提升了馆员文学素养

学校选择经典名著，并从经典内容、历史背景、人物特征及思想文化等多个角度制作解读视频，帮助学生深度解读经典内容及思想内涵，对线下经典文献借阅也有一定的引流作用，解读视频对于某些知名度不高的经典书籍来说更加明显。

同时图书室馆员们通过写作视频内容倒逼自己认真阅读经典文学，在创作的过程中，馆员也加深了对经典名著的理解。线下通过相互交流取长补短，拓宽了思路视野，进一步提升了馆员的文学素养，对馆员的职业也有了新的认识和理解。

2.依托红色教育基地丰富了世界经典阅读推广活动途径

图书室以经典文化传承发展为契机举办经典阅读推广系列活动，创新了世界经典阅读推广方式。活动主题内容包括资源推荐、诵读世界名著、红色研学活动等等。不时通过学校微信公众号、官网、微博推荐红色图书、红色故事分享、美文赏析等；学校图书室还利用节庆日举办名著经典诵读，经典文学常识竞赛，帮助学生在广泛参与中获取知识和精神养分，以达到提升学生的爱国情怀和文学素养的目的。学校定期举办世界名著·经典故事课堂，赠送"经典必读"书籍、名人传记，让经典阅读成为学生成长成才的精神食粮，小小讲解员活动则让学生在红色研学实践中推动经典阅读推广活动品牌升级。

3.围绕主题形成多元阅读推广模式,传承与保护世界经典文献

围绕立德树人总目标,努力在"铸魂、立德、健心、强能"上下功夫。比如围绕"经典教育涵养学生信仰"主题,开展红色研学活动和小小讲解员活动,就是将"行万里路"与"读万卷书"更好地融合,帮助学生对经典内涵的理解。如学校围绕"红色精神伴成长"主题,举办《钢铁是怎样炼成的》等世界经典著作书展,倡导"读、写、讲、行"相统一,引导青少年多读书、读好书、善读书。既是对世界经典文献的保护、研究和宣传,又更好地发挥红色文化经典文献对学生的革命传统教育作用。既充分发挥了红色教育基地在经典文化传承中的枢纽作用,又创新了世界名著经典必读的阅读推广方式。

(七)推广价值

1.世界经典文献创新推广方式服务青少年教育

经典阅读沁润心灵,围绕青少年信仰教育,将红色经典文献室收藏的书刊推荐给学生读者,发挥红色文献资料的思想引领作用,使"书尽其用"。充分有效利用读书资源(纸质资源、电子资源、荐书视频)开展宣传,营造青少年学习经典氛围,通过共读沙龙等多种方式对学生进行经典导读,让青少年读者在相互交流和思想碰撞中加深对经典名著的理解,引导青少年传承红色基因、争做时代新人,听党话、跟党走,成为德智体美劳全面发展的社会主义建设者和接班人。

依托红色教育基地开展实践活动,教育引导青少年勿忘昨天的苦难辉煌,无愧今天的使命担当,不负明天的伟大梦想。用理论与实践铸魂育人,用经典文化滋养美好心灵,达到深度阅读的目的,创新了在学习中推广,在推广中学习世界经典的方式。如学生就一些经典语录制作短视频,进行"经典诵读"体验活动,更是学校图书室传承世界经典、弘扬革命精神的创新之举。

2.改变了传统课堂教育模式,通过多种途径进行理想信念教育

在现代网络技术的支撑下,学校图书室充分利用现代传媒工具,不受时空限制地开展"世界名著 经典必读"线上线下阅读推广,采取多元化阅读推广模式,对世界经典文化的继承、发展与创新,通过阅读类活动、赏析类活动、知识竞赛类活动、讲座类活动让经典文化成为激励青少年学生不懈奋斗的强大精神动

力，做到了铸魂明方向、立德固根基、健心助成长、强能促成才。比如小小讲解员、文物故事、经典故事我来讲等活动，具有时代特征、方向引领，富有吸引力、感染力。这些不同于固定的课堂教育模式有助于调动学生积极性，使学生被动接受知识变为主动地吸取知识，助推广大青少年立大志、明大德、成大才、担大任。讲座类如图书室经典文献藏书讲座是学生吸取知识的重要源泉，赏析类通过经典赏析，变"灌输式"的教育方式为"引导式"的教育方式，用中国共产党人精神谱系引导青少年，淬炼信仰力量，筑牢信仰根基，坚定不移听党话、跟党走。让青少年在愉悦中阅读经典，在快乐中实践。点点微光，万丈成炬，图书馆员持续加强自身学习，不断创新服务模式，积极传播世界经典文化，为建设书香校园贡献力量。

第四节　弱势群体阅读推广实践研究

一、视障读者阅读服务活动实践案例

学校图书室是通往知识之门，每个人都应该公平享有获取图书馆服务的权利。对基层中小学而言，发现那些"不被看到"的需求，为学校师生尤其是青少年特殊群体提供普惠均等服务，是图书室的基本要求和重要使命。

随着社会的发展和技术的进步，基层中小学图书室也具备了更多不断满足那些"隐藏"服务需求的可能性。

（一）总体思路

随着城市文明建设发展，残障儿童作为未成年人弱势群体的一部分，因知识水平不高、文化教育脱节，备受社会各界重视和关注，也是学校阅读推广工作的重点服务对象。

进入新时代以来，残障儿童对公平而有质量的阅读服务需求更加凸显。让残疾儿童与普通学生一起接受公平而有质量的阅读服务成为推进基层教育普惠、均衡发展的重要使命。

为此，潼南特殊学校肩负传播知识的重任，为关爱未成年人思想道德建设、关爱社会弱势群体成长，积极改造和提升服务设施，充分发挥图书资源优势和公益教育职能，不断提高面向特殊群体的服务能力和服务质量，让那些曾经"不被看到"的需求得到更好满足。

学校图书室视障服务工作始终坚持从视障读者的阅读权益和文化权益出发，在服务过程中关注视障读者的阅读需求和阅读心理，如视障程度较重的特殊学生，视力的缺失给他们的学习、工作和生活带来不便。每年12月3日是"国际残疾人日"，学校图书室举办"智慧智能·助力视障文化服务研讨会"，邀请中国图书行业盲人服务专家进行指导，携手发起"读光计划"，为视障青少年及更广泛的身体障碍人士创造更友好的数字环境，为他们享受智慧便捷的生活提供可能。

（二）主要做法

1. 打造、培训一支专业的好老师队伍

作为专业的残障学校，学校选派具有一定特殊教育素养、更加富有仁爱之心和责任心、高素质、专业化、创新型的优秀教师，担任残疾学生随班就读班级班主任或任课教师；然后选派特殊教育专业毕业或经省级教育行政部门组织的特殊教育专业培训并考核合格、具有较丰富特殊教育教学和康复训练经验的优秀教师，担任特殊教育教师或巡回指导教师。针对听障儿童，采用"阅读+"的模式，以操作化、可视化的理念丰富阅读活动内容，在活动设计上，能够个性化定制，根据不同年龄，选择符合儿童认知水平的阅读材料，搭配有趣、对儿童认知水平发展有益的拓展活动。针对视障儿童，在了解儿童认知盲点基础上，通过游戏、视频等形式，让儿童在隐性学习中获得认知水平的提升，达到学业和自理能力的基本要求。

同时根据特殊教育自身的特点，以适应不断变化的融合教育形态和日益增长的专业要求，探索引入社工、康复师等专业人员的机制，发挥其在生活照护、康复训练、辅助学习中的专业化作用。

2. 课程设置简单易学，注重生活自理能力培养

特殊学校的课程制定也是简单化、易操作化。在教学过程中，摸清残障儿童

的能力，以满足学生的实际需要，课程目标倾向于自理能力的培养；教学方式简单，内容易学，学校尝试绘本教学作为学校课程的有效补充。因为绘本内容都是涉及残疾人生活基本自理的各个方面，绘本生动有趣，同时易于残障儿童理解，收到很好的教学效果。比如，学校"空间认知课堂"，聋哑孩子用积木建构、绘画、手工等特有的拓展活动表达、分享自己的阅读成果。

3.成立视障阅览室，捍卫视障读者阅读权益

学校以"关爱未成年人弱势群体成长"公益阅读服务项目为重点，提供优质的阅读服务，为残疾儿童传递书香，给特殊儿童打开了一扇窗。学校视障阅览室设有专业老师，盲人读者可以通过到学校视障阅读室、电话、远程网络等多种方式得到服务。到阅览室听有声读物、借书和光盘、借听书郎和手持助视器等数字设备、打印盲文资料。因为残疾少儿不仅要学习文化知识，未来还要融入社会成长，对于这些孩子，能融合的全面融合，有需要个训的就个别训练，只为残疾儿童能在同一片蓝天下共同成长。

学校还做到了"学校每个班级的老师，都有AB两套教案，只要孩子被送到学校来，就做到零拒绝"。一些重度听力障碍、视力障碍、语言障碍的孩子都能在潼南特殊教育学校接受专业教育。

4.开展视障特色服务，共享全媒体线上资源

近几年学校图书室围绕"点亮心灵之窗　开启美好人生——志愿服务关爱行"活动，利用视障人员专用电脑，借助助视器、点显器、盲文键盘和耳机，手把手教视障读者用耳朵听电影、听故事、听歌曲，教会他们自制有声读物——口述电影和有声读物。分享数字化时代红利，尽力满足他们对阅读和文化的需求。

举办"用心阅读视障儿童阅读关爱行动"帮助未成年视障学生以及没有接受教育的盲人，利用新媒体设备进行学习、生活。比如专业老师教会他们如何使用双面刻印盲文刻录机、一键式阅读机、扫描棒、听书郎等先进视障设备，及盲人书写用具、盲人象棋、盲人围棋等娱乐设备。或者教视障读者使用手机，对低视力、弱视群体关爱——大字本读物、明盲对照儿童读物，以半学习半游戏的方式开展"一对一"服务，通过游戏和互动来引导视障儿童表达自己的焦虑和恐惧，

然后进行针对性心理疏导。

（三）解决的主要问题

1.纠正了视障儿童不良性格

视障儿童融入学校，经过专业老师的特殊教育，不同于常人的性格特质得到纠正。比如在情绪方面，视障儿童的情绪的持久性和稳定性比同龄正常儿童强，但表现为固执己见、爱钻牛角尖、不易被说服等，专业老师通过绘本和音乐教育、故事激励促使他们正视自我、接纳自我、克服悲观消极情绪。在情感方面，视障儿童因为视力缺陷的共同遭遇，走进同一所学校，相互熟悉后，建立起来的友谊更亲近、更贴心、更深刻。意志方面，视障儿童有意志坚定的一面，在学习中表现出顽强的毅力和克服困难的勇气。简单易学实用的课程学习，不断的克服自我，生活自理能力逐渐形成，从而对父母和亲人产生的依赖减少，增强了生活的独立性和自主性。

2.解决弱势群体的阅读需求

残障人士是社会的弱势群体，关注、理解、帮助他们，满足他们的阅读需求，让他们能与普通人一样享受特殊学校图书室提供的各种资源，是全社会的责任。学校图书室在挖掘"阅读疗愈"的人文价值内涵同时，让关爱照亮每一位残障读者的心灵，让每一位残障读者都能感受社会公平的脚步。学校视障阅览室是无障碍信息服务和社会公共文化服务体系建设的重要组成部分，通过切实重视对"疗愈系"作品的遴选、内涵解读分析和阅读推广，以及视障阅览室设备、特殊教育设备帮助视障读者们体验设施的便利，让不健全的孩子能与普通读者一道畅游在知识的海洋中，感受时代发展气息。

（四）示范作用

特殊学校以新媒体为依托的特色服务起到以下几个方面的示范作用：

1.自制有声读物方面

通过"观看"有声绘本或口述电影，邀请影院坚持每月定期为视障读者播放无障碍电影供盲人青少年观看。有时为满足视障读者的更高需求，将无障碍电影升级到现场口述，每周一个经典优秀绘本故事，让盲童能够和普通孩子们一样享受绘本带来的阅读乐趣,培养阅读的兴趣,促进他们想象力、理解力和记忆力的开发,增强与他人的交流沟通能力,形成健全的人格。同时多感官参与,模仿与学习,表达与创造,兴趣与注意的探索,促进了特殊教育教学方式变革。

2. 心理疏导方面

是指以书籍为媒介,学校心理咨询室老师以残障儿童能接受的方式传递书籍中的信息内容,帮助残障儿童对内容的理解和领悟,辅助残障儿童通过接受知识,调理心理状态、恢复身心健康。学校还为特殊群体开展有针对性的心理咨询,传播信任与爱和美,开展对特殊群体的心理疏导关怀服务,不但对青少年盲童心理健康疏导,而且还涉及对老年人弱势群体心理慰藉关怀服务、残障朋友职业心理辅导等多个领域。

3. 无障碍电脑培训方面

无障碍电脑师资培训是特殊学校为盲人电脑培训的师资力量而开设的培训班,经过一段时间的摸索和尝试,从单一的培训老师到培训广大的视障读者,培训班教会盲人读者使用电脑进行简单文档操作,如何简单使用网络资源、音频播放等。同时还运用高科技手段,构建身临其境的反馈现场,把看不见摸不着的心理现象清晰呈现在视(听)障碍读者面前,降低他们抵触情绪,从而帮助他们探测心理状态,调节心理压力,强化心理素质。

如"空间认知课堂"的绘本阅读书目和拓展活动就是根据年龄层个性化定制服务目的、服务内容,开展不同形式的拓展活动以满足不同需求的残障患儿。在活动内容上则通过"阅读+游戏"的形式让残障儿童保持求知的热情和健康向上的心态。

(五)推广价值

1. 用绘本教学帮助特殊儿童的语文学习值得推广

书和太阳一样,能给人类带来光明与温暖,是我们须臾不可或缺的精神食粮。我们与好书亲善相处,从中汲取乐趣与教诲,从中得到安抚与安慰……残障儿童总会有比如胆怯、自卑等心理问题,学校通过书籍,哪怕是一首诗歌、一个故事、一部电影,都给残障儿童精神上以指引,生活上以启示。

身体上的缺陷，可以通过学习知识来改善。让每个残障孩子都有书读，让他们从小养成读纸质书的习惯，用绘本建立每个儿童终身阅读的习惯，用绘本为残障儿童成长架起腾飞的翅膀，同时也用绘本来洗涤弱视儿童的心灵。

绘本教学让孩子们敞开心扉享受读书的乐趣，爱上读书，提升文化素养，增强孩子自尊自立的成长信念，收获学习的快乐，助力弱视少年儿童在充满厚爱的环境里茁壮成长。

2.特殊学校致力于实现公共文化均等服务

无障碍信息服务和智能化服务是帮助弱势群体改善生存状况、提高生活品质的重要手段，是助推弱势群体阅读推广活动的开展成效，更是体现社会文明进步程度的重要标志。身体方面有残疾或障碍，或多或少具有一定的心理障碍，不愿意与人交流，不愿意参与学校图书室活动等情况，书籍被称为"心灵解药"，创新开展"绘本阅读疗法"，针对不同年龄段儿童的认知水平，推荐适宜残障儿童情感和情绪状态的中外诗歌佳作，鼓励残障儿童进行有关作品的自助阅读，以求情绪改善、心理向好和精神趋健。或一对一开展一小时的绘本伴读；或同一本绘本采取多种拓展活动形式（如积木建构、绘画等），或走出去，把盲文图书、盲人磁带、光盘等丰富的视听资源，用上门服务的方式送到有需求的盲人读者手中，为的是使盲人读者和普通读者一样能同步接受新信息，帮助视（听）障碍读者遇见更好的自己。

二、图书室为退休教职工服务实践

（一）总体思路

什么能够满足老年人精神文化需求？众所周知，肯定是阅读与学习，因为阅读能够丰盈内心、学习获得提高生活质量的相关技能。为此，潼南实验学校图书室从供给侧的角度出发，围绕退休教师阅读、智能手机应用等生活实际问题，站在老年人需求的角度，为退休教师提供丰富多彩、不同种类的图书，举办与生活相关的技能培训，用知识充盈退休教职工生活。

（二）具体做法

图书室始终秉承为老年人送温暖、办实事、做好事、解难事的服务理念，不断创新服务方式，搭建适合老年人的知识学习平台，增强老年人的获得感和幸福感，一方面为老年人"老有所学、老有所乐"提供优质阅读服务，另一方面提供深受老人喜欢的技能培训，提升退休教职工的生活品质，让学校图书室成为老年人心目中和事实上的精神家园。

1.设置新书架、主题书架，提供健康信息服务

精心挑选一批关于养生、保健、中医常识等方面的图书、期刊放在图书室显眼的地方或设立老人阅读新书推荐书架，或者把以下三种类型的书设置为退休生活专题荐书架，一方面丰富馆藏数量和种类，另一方面以便老年人空余时间翻看和借阅。

一是情感类图书增加供给，呼应老年人情感需求，特别是弥补孩子不在身边的情感缺失。

二是利于隔辈教育的图书，通过家庭共读提升老年人参与感与成就感。

三是有助于老年人融入社会，在现代生活方式上提供实用指南的图书。

空闲时，退休老人挑选自己喜爱的书籍，拿到手上细品深悟，或重温历史，或追忆往昔，感受各类作品中凝结的时代精神，享受来自阅读的快乐时光。

2.打造"乐龄听书"平台，甚至通过阅读或观影等直观化方式增强老年人阅读体验感

如专门针对老年人的关注点和阅读喜好，打造"乐龄听书"平台，主要聚焦养生保健与休闲生活内容，并在功能上增加字号更大、音量更大、导航更清晰、内存占用自动提醒、电量实时监测等易于老年人操作的设置。

对于"难啃"的经典大部头阅读，可与观影等更为直观的方式相结合，为老年读者梳理经典脉络结构；同时结合老年人心理特点创新阅读形式，如世界名著、经典之类的，就通过观影，或沉浸式诵读、朗读剧等形式，或者亲身参与其中，方便其直观理解经典作品的现实意义。

为弘扬中华民族敬老、爱老传统美德，让退休教师感受到组织的关怀与温

暖，利用传统节日，如重阳节，学校开展"庆重阳 传文化 敬老行"服务。为退休老年读者提供养生、科普、文学、书画等各类读物，满足不同老年读者的阅读需求；陪行动不便老人拉家常，一起读书读报，交流阅读分享，充实老年人的精神文化生活。

  3.开展与老年人基本生活密切相关的培训

  受到家庭、时间、年龄等多方面因素限制和制约，部分老年人虽然有需求，但是不愿走出自己的舒适生活圈到学校图书室参加各类阅读推广活动，于是学校图书室便把公益培训搬进社区，为老年人开展手机、网络等应用培训，帮助老年人跨越"数字鸿沟"，还定期召集退休教师现场聆听数字阅读培训，如以"智能手机使用""社保掌上12333便捷你我他"为主题，讲解如何通过手机办理养老保险待遇资格认证、网上银行办理、网上购物，或养老保险网上方便操作培训，详细介绍养老保险待遇资格认证、手机办理步骤、添加亲情号操作指南等内容。不会使用智能手机的老年人，也可由家人绑定亲情号帮助辅助认证，帮助退休教职工智能生活。

  （三）解决的主要问题

  1.知识服务满足老人生活品质需求，帮助老人实现自身价值

  从听书到参与，自己朗读分享，在满足老年人知识信息需求之外，阅读进一步推动老年人融入社会，实现自身价值。比如学校一语文退休教师，通过在网络音频分享平台做主播，享受银发时光，找到了退休后的人生价值。

  2.帮助老年人积极适应智能时代

  从智能手机使用角度出发，除了信息获取和娱乐消遣，还为老年人提供了一些技能培训内容，鼓励老年人学习新技能，掌握新知识，既能丰富老年人的生活，也能为老年人生活提供便利，让他们融入并且享受数字化美好生活。

  3.帮助老年人丰富精神文化生活

  重要节庆（如重阳节）活动，也充分展示出学校对老年人精神文化生活的温暖关怀，以及学校图书室为满足退休老人的阅读需求而作出的努力。

(四) 示范作用

1. 为老服务用心用情

学校图书室充分发挥资源优势，以"书香校园志愿服务"为依托，为老年人开通"绿色通道"，帮助老年读者解答"借、还、阅"过程中遇到的困难。积极听取老年读者意见和建议，专门订购老年读者喜爱的期刊和报纸，方便他们查找阅读。开辟专门的老年阅览室，并设置老年人专用座席，考虑到老年人年龄、身体的原因，配备血压测量仪、急救工具、饮水机等设施，为他们提供老花镜、放大镜，尽可能帮助他们选择开本字体字号较大、色彩鲜艳的图书等，以便视力较差或行动不便的老年读者使用。

2. 阅读服务贴心暖心

学校图书室是信息的集散中心和离退休教师重新融入校园生活的信息门户，利用丰富的馆藏文献资源，在为退休老年人提供基本阅读服务的同时，也提供健康信息服务、阅读服务、实用技能培训，宣传孝老爱亲传统美德，丰富老年人精神文化生活。

比如重阳节举办的"书香温润夕阳红　重阳敬老情意浓"，邀请养生专家传授养生之道、健康咨询，以及丰富实用的智能生活技能培训，让图书室的服务有温度、深度。既弘扬了中华民族尊老敬老传统美德，同时又让老年人感受到学校大家庭的关爱与温暖，进一步营造尊老、爱老、敬老、助老的良好社会氛围，更为宣传和谐文明社会新风尚，创建和谐社会、书香校园增添一份美丽色彩。

3. 让退休教职工成为图书馆事业发展的重要力量

老年人是社会的宝贵财富，特别是老教师，他们有专业特长，图书室可以请他们担任学校的义务辅导员，结合他们多年的工作经验和专业知识对学生读者进行阅读辅导。一方面可以展示他们的专业特长，老有所乐；另一方面又为图书室阅读辅导工作的创新开展出了一份力，让老年人发挥余热，为社会作贡献，使他们能真正感受到"老有所为"的社会价值。

（五）推广价值

1.发挥退休教师专业特长，丰富图书室社会职能

学校图书室聚焦退休教职工的需求，持续深化为老服务，组织开展系列敬老助老活动，为老年人提供贴心的阅读服务。比如图书室按照退休教师不同的业余爱好，设置专题书架、开展生活技能培训，吸引退休教职工到学校图书室来，发挥退休教师的专业特长，邀请他们担任书画、书法教师，举办讲座、培训，发挥余热的同时还能丰富图书室的职能，对学生读者、青年教师起到榜样作用。

2.为老年人服务拓展了学校图书室服务的新方向

离退休教师群体具有经验优势、威望优势和智慧优势，他们在推进社会发展、促进社会稳定、弘扬优良传统、营造良好风气中均发挥着重要作用。为退休教师提供健康信息服务、阅读服务丰富了"书香校园"文化魅力和精神内涵。是学校图书室提高自身地位的重要举措，是拓展服务的新方向，也是社会化服务的拓展点，更是当前学校图书室业务活动的重要补充和延伸。

3.学校图书室发扬爱老、敬老、孝老的优良传统美德，让学校发展得更好

"老吾老以及人之老，幼吾幼以及人之幼。"学校的发展离不开每一位退休教师的付出和努力，退休教师在职时不辞辛劳地教书育人，退休后依然关心和支持学校发展，推出系列健康自测和科普图书荐读服务，鼓励更多退休教师加入学校阅读社团、读书俱乐部等阅读组织，与公共文化服务机构合作，为更多老年人、残疾人、幼儿等弱势群体提供特殊阅读资源与服务，倡议学校为特殊困难家庭、外来务工人员及其子女、农村留守儿童等提供更多人文关怀，彰显了书香校园的社会价值。

第六章 阅读拓展创新服务研究

第一节 "校园阅读一卡通"和"课后·图书室时光"案例研究

一、推行"校园阅读一卡通"服务

（一）总体思路

馆校携手，"校园阅读一卡通"是进一步推进"馆校一体化发展"的载体，是全面提升区域公共文化服务水平的具体举措，学校在区公共图书馆指导协作下，通力协作、开放创新，共同推动阅读在区域内的无障碍流动，共同实现"借阅办证零门槛，文献传递无边界，个性服务通全域，通借通还重实效"。以实现在区图书馆指导下，学校图书室之间合作互动，共推流动的阅读盛宴，实现让爱书人一路走来一路读的初衷。

（二）具体做法

1.借阅办证零门槛

旨在培养学生随时随地阅读的习惯，让阅读成为随时随地的享受。即使学生离开了自家的书房或所在的学校或是在路上，仍可无障碍地享有图书借阅服务。"借阅办证零门槛"是指在区图书馆和学校共同努力下，指定学校图书室作为试点，学生将无须在不同地方分别办理免押金借阅卡，便可阅览指定学校任一图书室规定范围内的图书。学生还可以通过"查找最近学校图书室"小程序，进行就近还书。

2.文献传递无边界

旨在促进优质及专业读物的充分流动,突破学校地域阻隔和馆藏的局限,满足学生阅读和老师学科研究的个性化需求。目前,试点学校图书室建立了馆校互借与文献传递机制。同时也号召更多学校图书室加入并进一步完善这一机制,切实保障师生对文献资源特定而迫切的传递需求;同时积极构建区公共图书馆和乡镇中小学校联动阅读体系,探索推进区域内中小学读者的统一认证和书目信息的统一检索,让文献资源的流动更为便捷、更为高效。

3.个性服务通全域

旨在探索创新快捷、流动的阅读场景,通过引入互联网技术与服务模式,实现阅读习惯与生活场景的深度融合,提出了创新性和针对性举措:让书跟着人走。号召有条件的试点学校图书室在保障基本服务的基础上,合作开展在线预约、线上"你选书我买单"等个性化借阅服务,把师生选书环节置于网络平台端,将取书和阅读的场景置于基层乡镇的多元聚点,或是服务到家。目前,试点图书室启动了线上线下邮寄服务,为师生提供个性化借阅服务,使图书室不再只是阅读的场所,而是播撒阅读种子和阅读兴趣的孵化器,通过优化图书的流动方式,让纸质阅读同样嵌入人们日益"快递化"的生活日常,试点图书室在投入产出可持续的前提下,科学合理地开展通借通还服务,积极推动同城"一卡通"的切实落地,努力实现文献协调采购、联合编目、统一检索、通借通还和统一培训等创新服务。

(三)解决的主要问题

1.解决了服务均等化问题

学生免押金办借阅证,真正实现服务的均等化,让文献传递无边界。满足师生对于碎片化阅读、即时性阅读、社群化阅读的文献信息需求,凝聚更广泛的力量推动书香校园建设,营造了校园爱读书、读好书、善读书的浓厚氛围,提升了学校文化服务的能级,助推实现阅读资源利用最大化、校园阅读服务专业化和未成年人阅读推广精准化。

2.解决了服务实效化问题

比如服务群体受限，服务范围狭窄等，因为空间、时间等条件的限制，优化阅读服务，维护重点人群阅读权益，完善阅读支持保障机制，提供更便捷、高效、优质的阅读服务，提高了学校图书利用率，减轻师生跨校区借阅的负担。"一卡通"借阅打造多元化阅读场景，构建阅读环境，城镇中小学师生便捷借还图书；利用物联网技术降低管理成本，精准获取应用数据分析师生阅读成效，便于联合开展内容丰富、形式多样的读书活动，让更多的乡镇孩子养成阅读好习惯。

（四）示范作用

1.文献的流通性带动了文献的利用率

因为"一卡通"服务不受时间、空间限制，具有影响力大、覆盖面广、传播便捷等特点，可以让文献利用、流通效果更加高效。充分发挥学校阅读资源和服务保障方面的优势和公共文化服务中枢作用，不断推动学校图书资源均衡配置，提升了学校图书室服务能力，而且能够在很大程度上节省成本。学校之间互联互通，实现图书资料通借通还，数字资源共建共享，阅读推广活动优势互补，大幅度提升基层中小学文献资源利用效益，是保障校园文献服务能力的重要途径，也是教育系统基层学校之间"打破围墙、资源共享"制度创新的生动实践。

2.资源的充分整合利用

用好区公共图书馆的资源，能够弥补校内图书资源单一的不足，是高效推进青少年读书行动的有益补充。打造富有吸引力、影响力的馆校阅读推广品牌活动，持续推动乡镇青少年学生读书行动走得更深更实。

（五）推广价值

1.基本实现通借通还，有利于学校学科资源的合理流动共享，提升学校内学科科学优化配置，更可持续、更公平地惠及全体师生。同时呼吁已基本实现本地通借通还的学校图书服务体系继续探索，积极促进服务从城区学校向城镇边远学校辐射，让阅读润泽更多人。

2.不断完善以"一卡借阅"为基础的乡镇学校阅读场所数字服务网络建设，扩大数字资源的共享和辐射范围，提高乡镇阅读区域覆盖率；努力实现借阅卡在本区（县）公共图书馆、分馆（学校图书室）、流通借阅点通借通还图书，提高乡镇阅读区域覆盖率。创新机制体制，整合资源，逐步统一区域内业务管理系统，建设覆盖基层中小学的文献信息资源共享网络，实现互通互联、优势互补、资源共享、协同服务，形成高水准的基层中小学图书室服务网络。

3.实践运用。"一卡通"借阅服务省内省外。2023年10月川渝公共图书馆还启动了"一卡通"借阅服务功能。成立川渝图书馆联盟，加强城市书房、阅读服务点建设，聚合用活展览、讲座等资源，打造阅读服务"最美一公里"。现场办证、图书外借、咨询答疑等全流程阅读服务已送至校园，名家进校园、线上阅读课等系列"阅读+"活动持续开展，乡镇中小学图书室的"服务圈"不断扩大。

二、"课后·图书室时光"开启青少年乐享阅读体验之旅

（一）总体思路

为高质量推进学校图书室未成年人服务，助力"双减"政策落地，满足学生多样化的课后服务需求，创新打造"课后·图书室时光"研学特色服务。

"课后·图书室时光"服务项目以乡镇中小学生为主要服务群体，以学校最美图书室打造、文字与书籍、非遗文化、红色故事我来讲等特色课程为主线，依托学校丰富的藏书资源，立足图书室服务阵地，拓展图书室馆员的专业职能，以青少年读者"读书+实践"为导向，形成"走、读、研"一体化的常态化服务机制。

（二）具体做法

1.内容上力求多样性、针对性创新制定特色课程

依托乡镇文化服务中心资源，学校图书室利用各校丰富的藏书资源，以及馆员老师的知识结构与岗位技能，学校开发梳理关于文字古籍、历史名人、民俗文化、典籍阅读、文物故事等方面的理论知识课程，通过开展系列课程讲座，普及乡土历史文化知识，增进中小学生对本土知识的认知与喜爱。

2.形式上力求多元化，主题性情境式打造研学课程

如潼南双江学校充分利用学校图书室的资源优势，开展红色经典音乐沙龙等丰富多彩的课后研学项目，既发挥图书室的教育职能，又助力学校提升青少年精

神文化素养。

以"参观+授课+延伸活动"模式，结合学校活动室、培训教室、展厅、影厅等多功能区域，策划了名人故事展，看展听讲、"小小讲解员"职业体验等延伸活动，综合理论宣教、现场教学、活动体验、技艺观摩等多元方式，创新打造情境式研学服务场景。围绕"畅游"，组织开展场馆深度游等系列活动，如走进"杨闇公陵园"打造行走的课堂；围绕"艺享"，组织观影看展、非遗剪纸体验等系列活动，打造启迪心扉的实践课堂；围绕"乐学"，组织开展国学体验、知识竞答等系列活动，打造开阔视野、增长见识的延伸课堂。

研学活动坚持"一期一主题"，以春节、学雷锋日、母亲节、儿童节、端午节等节日节庆为契机，主题性情境式打造多元研学体验项目。如就迎冬奥主题研学特别设置了"法在身边"等丰富有趣的研学环节，组织在展厅听普法讲座、线上逛法治展览、学知识……在轻松有趣的研学旅途中，孩子们掌握了不少冬奥知识和法律知识。潼南实验中学开展"雷锋永远在我心中"主题研学活动，青少年们在学校图书室观摩"学雷锋日"主题墙后，将文献与检索课程学以致用，以"书海寻宝"的游戏竞赛方式实践操作，快速找出雷锋主题、红色励志主题的书籍，并诵读该书籍部分内容，谈感受、体会、打算，引领青少年健康成长。

3.空间多维化"'引进来'+'走出去'"模式

非遗剪纸体验进校园实践，文教合作，双向赋能。学校联合非遗中心，精心策划研学联动项目"非遗进课堂"，通过非遗剪纸体验进校园实践、学生走进非遗文化中心等形式，开展"课程讲授+趣味非遗实践"活动。

剪纸是中国民间流行的一种历史悠久的镂空艺术，迄今已有将近两千多年历史。每逢过节或新婚喜庆，人们便将美丽鲜艳的剪纸贴在家中窗户、墙壁、门和灯笼上，节日的气氛也因此被烘托得更加热烈。

潼南剪纸协会主席张建老师以"理论+实践"为引擎，定期到学校开展学生民俗手工艺剪纸方法培训。手把手教孩子们用剪刀将纸剪成各种各样的图案，如窗花、门笺、墙花、顶棚花、灯花等。可谓一把剪刀、一张薄纸，纸随剪动、心随纸动。

春节期间，迎新春剪纸活动，让学校师生不仅学到了剪纸技艺，更领略了中华优秀传统文化的魅力。笑容可掬的剪纸手工艺人张建老师一边演示，一边详解剪纸式样的寓意，在折叠好的纸上画出图样，手把手教大家构图、破剪，制作好看又寄寓祝福的剪纸作品。比如红红火火的福字、威风凛凛的老虎、团团圆圆的窗花、栩栩如生的蝴蝶，学生们纷纷展示着自己的剪纸作品，在浓浓的年文化氛围里，每个人脸上都露出了开心的笑容，大家一致赞颂剪纸艺术不愧是我国传统文化的瑰宝。

（三）解决的主要问题

1.弘扬传统文化知识，培育孩子文化自信

针对中小学生的年龄特点和发展需求，结合各自学校图书室的服务特色，以及自主研发特色课程，以知识为轴心，以"理论+实践"为引擎，呈现出的各种体验活动，增进了中小学生对图书室的认知与喜爱，学校图书室不仅传播了传统文化知识，而且成为培育孩子们文化自信的场所。

2.实践活动提升青少年精神素养

为师生读者提供精准化、个性化、创新化的服务内容，增强师生读者服务黏性。比如开展的非遗进校园实践活动，氛围感强、互动性强，可以给读者更强的阅读体验。不但丰富了青少年精神文化产品供给，而且进一步提升了青少年精神素养。例如，非遗进校园活动增强了师生对文化遗产的保护意识，将剪纸的历史文化展示出来，使师生充分感受到传统文化的魅力。

3.有效衔接学校课后服务需求

通过"引进来，走出去"服务模式，围绕"点、线、面"，将课后服务织成一张网。一次全新的课程研发、一名专业的图书馆员、一个值得策划的主题、一个有意义的时间点，打造了不同视角的研学课堂，满足了学生个性化、多元化需求。

（四）示范作用

1."课后·图书室时光"夯实了书香校园建设的基础

以社会主义核心价值观为引领，与经典为友，与实践同行。比如非遗进校园实践活动，就是点、线、面三位一体，充分吸纳社会各界资源，逐步构建成具有社会影响力的课后研学活动。如"听鉴历史，遇见未来"特色主题，老师们巧用美术学科元素《精美的潼南大佛石刻》绘本制作，为孩子们上了一堂生动的非遗课"遇见大佛"绘本制作，课堂中还运用文学的魅力，创编了别具童趣、句式工整、富有深意的大佛诗，既充分展示了潼南文化底蕴，又打破学科边界，培养孩子们的沟通力、合作力、思辨力、创新力。

2.引领"双减"课后优质服务

"课后·图书室时光"让青少年享受了更加科学化、体系化、常效化的校园图书室服务。通过不断打磨，"课后·图书室时光"研学服务逐步呈现出内容多样化、形式多元化、空间多维化、合作多边化的服务特色。通过挖掘石头画、剪纸、竹编、打麻糍、磨豆浆等富有乡土气息的体验休闲项目，为促进青少年精神富裕提供了有力支撑。

(五) 推广价值

1.合作多边化，带动社会力量共同打造课后研学生态圈

学校开放的阅读空间和丰富的图书室资源，为少儿成长赋予了更多课后活力。各种读书社、文化体验活动如雨后春笋般"长"出来。为推动优质馆藏资源更好"走出去"，让儿童阅读推动乡村阅读，融入乡村儿童生活。如以"世界读书日"为契机，学校图书室老师力量为中心，积极招募志愿者老师，发展多元力量，推动优质馆藏资源更好"走出去"，为课后研学服务注入新鲜能量，延伸服务乡镇小规模学校或乡镇寄宿制学校，每年定期到校复制开展"课后·图书室时光"主题活动，让农村少年儿童尽享阅读盛宴。

2.实践多元化，将进一步完善长效机制思考

依托区县公共图书馆、基层中小学校两级公共文化服务网络，区县级公共图书馆、基层中小学校、家庭及社会主体，联袂推出课程内容，丰富"课后·图书室时光"的课后服务"课程超市"，推动区县公共图书馆、各校资源的共享和整合，精心设计项目内容，全力打造特色课程，如少儿讲座、阅读推广、科普园地、演出展览、影视剧场、志愿服务等，以满足农村学生的多元需求和自主发

展，进一步增强学校延时服务功能，让学生乐享课后的幸福时光，让课后图书室时光"课程超市"助力"双减"落地。

第二节　农家书屋托管服务实践剖析

一、总体思路

农家书屋是全民阅读在基层的"主阵地"，把好书送到"家门口"是对青少年文化权利的有效保障，也是推动乡村振兴、富民惠民的有力举措。

学校图书室配合村社农家书屋开展托管服务实践，让农家书屋成为延伸服务的主阵地。因为农家书屋具备为少儿提供托管服务的基础条件。托管服务主要以读书活动（亲子阅读、角色扮演、故事分享、影视展播等）为主，少儿托管期间，除组织一些集体游戏活动、文体活动、阅读指导、作业辅导等服务外，还开展综合实践、兴趣拓展等；有针对性地对留守儿童进行心理疏导、潜能发掘、特长培养等，实现农家书屋成为农村青少年的"文化粮仓"目标。

二、主要做法

（一）打造农家书屋服务点

公共图书馆为村（社区）农家书屋免费配备青少年需要、喜爱的书籍，并免费提供扫描枪和图书加工上架服务，建立以区图书馆为总馆、镇（街道）图书室为分馆、村（社区）农家书屋为服务点的总分馆体系，在区域实现"一馆办证、多馆借书、多馆还书、通借通还"。

农家书屋管理员是乡村儿童阅读活动的重要组织者和推动者。为给乡村儿童阅读活动提供人才支撑，寒暑假学校图书室举办农家书屋（文化）管理员培训班。以图文并茂、形象直观的课件形式，对"新时代乡村阅读季"暨农家书屋托管服务主题活动作出安排部署，掀起假期乡村儿童阅读的热潮。

（二）打造场域开展托管服务

暑假，充分利用农家书屋服务设施资源和空间资源优势，把以前各种培训室临时改为托管室，托管服务内容分为"经典与阅读、科技与实践、艺术与审美、体育与游戏"四个学习领域；同时又按兴趣、分年龄段细化每一个领域，带领少儿愉快暑假、收获新知。比如围绕"经典与阅读"开展"红色教育""阅读力量"等主题活动，围绕其他主题开展"植物课堂""学科指导""宅家运动"等社会教育体验活动；其中以体育、音乐、手工作品、绘画、唱歌、舞蹈等参与互动性强的实践活动为主。

三、解决的主要问题

（一）贯彻教育部精神，勇担使命，奋勇开拓

为营造一个和谐、健康的社会氛围，促进孩子们假期健康、快乐成长。贯彻教育部发布《关于支持探索开展暑期托管服务的通知》，引导支持学校图书室积极探索开展暑期托管服务，鼓励村社农家书屋积极承担学生暑期托管服务工作。

学校图书室结合"我为群众办实事"实践活动，利用区域内农家书屋这一高效便捷的天然场所和教育资源，开展启迪心智、传承文化的假期托管服务，不断拓展农家书屋服务农村的广度和深度，丰富了农村中小学假期多元阅读需求，提升了托管服务内涵。

（二）解决农村青少年看护难问题

每逢暑假到来，以学校为主，家庭、社会为辅的教育关系模式随之面临重组。随着学生主体活动的时间、地点、环境的改变，学生日常活动的主要照看者由学校老师随之变为学生家长。农村留守儿童父母不在身边，祖辈因文化缺陷，教育孙辈困难，处于没时间管或管不来、国家够不着、学校不用管的"三不管"境地，导致学生假期出现"看护难"问题。学校图书室配合村社"农家书屋"帮助家长解决了假期孩子"管教难"问题。

(三)丰富多彩的阅读推广活动丰富假期生活

一是开展优秀青少年读物读书分享的交流会,通过对读书心得的交流,使得青少年对推荐书目的阅读兴趣进一步变得浓厚,加深了对书籍的理解和感悟。二是暑假利用农家书屋开展"托管服务",通过生动有趣、寓教于乐的方式,让少年儿童享受阅读的乐趣,更好地培养阅读兴趣,同时有力带动和促进了乡村阅读活动的开展。

四、示范作用

(一)利用农家书屋再造新型服务空间,构建高质量托管场域

首先,用农家书屋的文献资源吸引青少年。文献以中小学生学科辅导书以及假期老师推荐阅读书目为主,农家书屋能够帮助托管少儿兴趣拓展、作业辅导等知识服务,与学校教育形成互补。

其次,用各种活动引导青少年爱读书、读好书。依托农家书屋丰富的文献资源,能够基于学生的学科特色以及结合农家书屋特色来开展读书活动。比如"读书沙龙""知识讲座""经典诵读""学科辅导""妙手烹饪""竹竿舞""插花"等贴近少儿需求,符合少儿胃口的活动。再如通过看电影、玩游戏、角色扮演等趣味性活动形式,既很好地启发少儿的听觉、视觉和感觉,又让少儿通过体验式活动来进入沉浸式阅读状态。激发了少儿阅读兴趣,培养了少儿的综合素质。

(二)托管服务内容的精准性,让家长放心、社会满意

作为社会公益教育的推动者、宣传者和传播者的图书室,有责任和义务帮助和引导学生度过一个安全、快乐、有意义的假期。托管工作围绕让家长放心、社会满意这一宗旨,优先照顾农村留守儿童享有平等文化权益,创新开展"书香伴暑假,公益惠万家"阅读活动,"同阅读·共成长"家庭教育讲座,精准对接家长、少儿需求,与家长和孩子们分享了做智慧父母、情绪管理、高效沟通方面的经验,活动以朗读带阅读,激发了家长和孩子们爱读书、读好书的热情。

比如科普类,观影《战疫有我》,从青少年的视角出发,用动画和动漫的方式给青少年科普防疫常识,鼓励青少年做守护自己和家人健康的小战士。再如社

交类,《魔法启程》将日常生活常识融入魔术中,教会青少年十个生活小魔术,用最简单的魔术道具、最有价值的创意,来感受生活中不可思议的奇迹。

参与和开展假期托管服务是学校图书室公益服务的延伸和拓展,创新"农家书屋+"模式,既让活动与书屋建设良性循环,又是帮助解决基层群众急难愁盼问题的创新举措。创新了阅读推广形式,激发了乡村儿童假期学习新热潮。

五、推广价值

(一)假期学生学习类为主向实践性为主转变

以往青少年暑期活动偏重于学习类活动,托管服务则偏向于实践性活动。随着教育改革的深入,义务教育阶段节假日开始逐步还给了学生。除了周末和国家法定节假日,寒暑假占了80多天。学生有了大量可以自由支配的时间。为此,暑期托管开展各类公益服务,主要是通过各种活动,帮助青少年益智健体,提高适应社会的能力等。比如以"阅读经典"为主题,推出暑期少儿励志阅读系列活动,以书为媒,以阅读为载体,开展各具特色的暑期实践活动,为孩子们提供一个释放活力、培养兴趣的快乐成长园地,以知识激发无穷想象,陪伴少年儿童度过欢乐、有趣的假期,让孩子的梦想在家门口启航。

(二)农家书屋成为选课的"自主乐园",托管学生长出"兴趣特长"

依托乡村农家书屋,围绕立德树人根本任务,常态化开展形式多样的主题阅读实践活动,寓教于乐,为孩子们点燃一盏灯,照亮他们走向未来的道路。在这里孩子们不仅可完成学校布置的家庭作业,还可选择自己喜爱的内容,去实践、去创造、去改变、去成长;孩子们络绎不绝地谈论着,农耕买卖,妙手烹饪……丰富的课程任由孩子们选择,就像自助餐一样,他们各个方面的兴趣被前所未有地激发,主动学习意识更强。有的孩子根据自己的成长需要选择"补充营养",有的同学根据自己的爱好选择"培养特长"。

(三)拓宽了托管服务渠道,青少年变被动学习为主动学习

农家书屋作为基层公益服务主体,贴近群众,知道农村青少年假期渴望读书,因此利用书屋图书,加上科学合理的农家书屋阅读空间环境,以及农家书

屋专业人才优势为农村中小学生提供足够的教育资源（少儿类书籍、报刊、绘本等），以及低幼儿宽松的阅读氛围和活动范围；开展各种读书活动和实践活动，培养了留守儿童自我管理能力和学习主动性，让少儿认识到知识改变命运，真正做到了托有所乐、托有所学，同时又让家长放心，收到了良好的社会效益。

第三节　家庭教育延伸服务实践剖析

一、图书室开展家庭教育的可行性

家庭是人的第一课堂，也是终身的学堂。家庭作为青少年接受教育最早的地方，是青少年人生观、价值观、世界观形成的摇篮，家庭对青少年的三观形成与确立有着基础的导向作用。家庭教育关乎国家与民族的未来，青少年接受良好的教育既是民族振兴的时代需要，也是新时代家庭教育的需要。我国逐渐将家庭教育服务纳入基本公共服务视野，这为学校图书室开展家庭教育服务提供了政策支撑和强劲动力。

学校图书室作为学校的重要组成部分，与生俱来的书香氛围，各种各样的书籍，以及学校专业的教师人才队伍为图书室开展家庭教育服务提供资源保障。对此，学校图书室有责任、有能力承担起构筑家庭、学校、社会"三位一体"的育人环境。为家庭教育提供指导、支持和服务，帮助家长提升家庭教育能力，促进家庭教育的科学化水平。

二、总体思路

首先，学校行政层面高度重视，营造良好的家庭教育社会舆论氛围，积极支持图书室对家庭、学校、社会诸多的教育资源进行有效整合。其次，学校图书室把家庭教育专题的相关图书、期刊、报纸、光盘等实体资源统一整合在某个空间内——教育专题架；结合学校教育，成立家长教师借阅厅，在此基础上，成立家庭教育咨询室，开展针对家庭教育的咨询与指导工作，发挥学校图书室优质资源的辐射带动作用，进一步拓展图书室向社区、家庭的延伸服务，推动城乡家庭教育优质均衡发展。

三、主要做法

首先，建设学习型图书室。图书室和图书室老师需不断地加强学习，才能更好地开展家庭教育咨询服务与有针对性的个性化辅导；才能更好地把学校图书室打造成家庭教育基地。

其次，加大对学校图书室作用的宣传力度。学校图书室的价值通常在"润物细无声"的过程中得以体现，因此需要有网络思维，依托家庭教育文献资源，发挥学校微信公众号、微博等新型媒体的平台优势，加大家庭教育宣传力度，倡导家庭教育新理念，以此阐释和宣扬学校图书室的家庭教育使命。

再次，在学校引领下，丰富图书室职能，创新开展家庭教育实践活动。因为家庭教育它不是教条，更不是口号，而是看得见、信得过、学得来的日常行为规范，家庭教育只有植根于家庭的日常生活、衣食住行中，在实践中寓教于乐，潜移默化，润物无声，"知""行"合一才能焕发出强大的生命力。加大图书室家庭教育文献资源建设，为青少年健康成长提供富有知识性、科学性、趣味性和教育性的精神食粮，满足青少年学习、教育、休闲等需求。为方便家长在海量文献中找到家庭教育相关的文献，图书室设立家庭教育专门阅览区和专架方便读者寻找，网站上开辟专门针对家庭教育的栏目，把有关家庭教育的资源按一定的方式分类，并提供多条件的检索和查询。

在学习实际中开展家庭教育实践活动。在家庭教育变得越来越复杂棘手的情况下，学校图书室作为知识集散地和学习的中心，充分发挥自身优势，依托馆藏资源和服务特点，以不同年龄段的生活实际需求与求知偏好为出发点，进行内容组织、推送。各学校利用微信公众号，先后推出"聆听经典""成语故事""科普讲堂""家长会"，针对高三学生开设"励志报告会""减压活动室""心理健康"游园活动，不但丰富了家庭文化生活，而且提高了家长与孩子的文化修养和知识水平。图书室定期举办家庭教育讲座、亲子阅读活动、家长育儿分享会，针对初高中教育衔接，开办衔接班、国防教育等公益类培训，定期举办有关家庭教育的征文比赛、故事比赛活动等，同时不定期举办家庭教育经验交流会等，向社会展示其学校办学成果，图书室的存在价值和社会作用。

四、示范作用

（一）创设空间，搭建家庭教育实践场所，形成家校共育合力，落实立德树人根本任务

学校图书室内部空间布局、功能完善为实践活动创设了空间。比如设置视听室、舞蹈室、减压活动室、心理咨询室等，让舒适的环境、优雅的布置，赋能学校开展的一系列家庭教育实践活动，培养学生自尊自信、理性平和、积极向上的健康心态，促进学生心理健康素质与思想道德素质、科学文化素质协调发展。以构建书香家庭为落脚点，倡导良好家风。推广"图书室平台—读者—家庭""亲子阅读""书香家庭"帮助家庭成员互相促进，图书室提供资源支撑，将阅读渗透生活，用生活补充阅读。家校携手同行，为学校家庭教育拓展新空间，共绘学生的美丽梦想。

（二）创新开展家校实践活动，打通家庭教育互动渠道

图书室配合学校开展各种特色活动和家庭教育讲座，鼓励家长积极投入亲子阅读，形成家校共育强大合力，构建以"书香"为基础的"学习型家庭"建设。针对高三年级，举办"家长接待日活动"，将家庭教育理论和实践相结合，介绍了高三最后冲刺阶段家长如何调整自己，如何帮助自己的孩子等实用性建议，希望家校携手共育，不仅有利于提高家庭教育总体水平，促进孩子的成长和发展；而且有利于增进家庭幸福、社会和谐。针对幼儿园家长，学校图书室老师指导家长为孩子选择合适的阅读内容进行亲子共读，以及通过主题活动来培养孩子的阅读兴趣和阅读能力，完成将图书室服务从"请进来"到"走出去"的转变，延伸家庭教育服务半径。

五、推广价值

（一）开展分级阅读是理论与实践的结合

图书室阅读推广人开展家长教育指导服务时，充分考虑到少年儿童在不同年龄段以及不同阅读水平的情况下，因阅读需求不同，开展分级分类阅读。是为了让孩子在不同年龄层，拥有更具针对性、系统性、科学性的阅读计划，从而提升孩子的语言学习能力和培育阅读习惯。在服务过程中将更多元的资源，推送给不同年龄层的孩子。由传统到开放，由室内到室外，由单一学生到整个家庭，由被动选择到主动参与。这是一系列充满正能量的活动，增强了少儿阅读推广的效果，具有明显的社会效益，彰显图书室社会教育职能。

（二）借助家庭、社会力量，提升服务质效

家庭教育服务的开展离不开学校的支持与推动、家长的理解与支持、社会的参与和协作。依托学校图书室丰富的家庭教育文献资料，宽敞明亮的活动空间，社会力量的积极参与，以及顺应了家长和孩子家庭教育的需求，图书室恰恰能够提供这样的舞台，公益性的活动自然而生。在家庭教育公益服务过程中，学校图书室官方网站、微信公众号创新宣传方式，吸引孩子和父母参与图书室的各项活动。让家长更加直观地了解图书室、认识图书室、走进图书室，学习家庭教育新理念，让学校图书室阅读推广工作达到事半功倍的效果。在活动与阅读中，所有参与的家长和孩子放下手机拿起书本，深深感受到了知识与文学的魅力，并对活动高度认可。"双减"政策下的"社会、学校、家长、学生"联合开展的"智慧劳育""体教融合""家校社协同育人"等主题活动受到广泛关注，延伸服务满意度不断提高。

第四节 "阅动乡村"志愿服务走农村实践剖析

一、总体思路

全民阅读就是让每一位具有阅读能力的人都加入阅读行列，让阅读成为一种

时尚，一种习惯。大力宣传全民阅读，加快推进乡村文明建设，营造人文厚重、文明和谐城乡环境，点燃农村地区阅读激情，有效推动全民阅读深入农村，使全民阅读活动深入基层、扎根基层、广惠群众；并借全民阅读活动凝聚民心，引领、构建文明和谐、健康向上的乡村文化。推进城乡公共文化服务均衡发展，实现以文惠民、以文乐民、以文育民，进一步打通公共文化服务精准供给最后一公里，助力乡村文化振兴。引导、鼓励广大青少年以知识追逐梦想，以阅读成就自我。让更多的人参与到活动中来，以"书香校园 阅动乡村"为核心，服务阵地化、活动常态化、管理制度化，让阅读服务志愿队成为乡村阅读推广的一道亮丽风景。

二、主要做法

"书香校园 阅动乡村"阅读服务志愿队，下设"爱心书屋""流动书吧""爱心扶助"等志愿小分队。以阅读推广进基层推进年活动为契机，开展"书香校园 阅动乡村"阅读推广志愿服务走农村实践活动。旨在引导广大农村青少年爱读书、读好书、善读书，营造乡村阅读浓厚氛围。

首先，注重宣传，营造氛围。志愿服务队在乡村文艺巡演活动中，通过舞台LED播放全民阅读活动宣传片，宣传党的方针、政策及"书香校园 阅动乡村"阅读推广具体活动方案等，散发宣传资料，传递读书正能量，为活动营造浓厚舆论氛围。

其次，是志愿服务队结合工作，开展有针对性的志愿服务活动，如"流动书吧"志愿小分队，就是结合图书馆专家型和服务型文化志愿者的优势，开展"传递书香 见证成长"志愿服务活动，为留守儿童阅读辅导、心理咨询、学科辅导等。"爱心书屋"志愿小分队，就是村社农家书屋组织开展丰富多彩的读书活动，开展覆盖面广的"经典润心灵""雨露"知识讲座、"多彩'六一'沐浴书香"系列阵地读书活动。

"大篷车"志愿服务小分队，就是发挥文艺志愿者的文艺技能优势，为农村艺人进行文艺技能培训，策划排演群众喜闻乐见的小戏小品，鼓励农村艺人参加节庆乡村文艺演出，不但丰富了乡村精神文化生活，而且提高了农民生活质量和幸福指数。图书流动服务车送书下乡活动，以青少年需求为导向，不断创新方式方法，为青少年提供更优质的阅读资源和服务。在原有车载图书基础上，增加了增长孩子们见识的科普书籍，吸引了不少青少年驻足阅览。还可针对服务对象，为村民们精心挑选种植、养殖方面的图书。

"爱心扶助"志愿小分队则是开展"文化惠民，为您服务"志愿服务活动、"文化暖心，点亮生活"关爱特殊群体志愿服务活动。小分队走进村社孤寡老年之家、边远村社贫困儿童之家、建设工地以及残疾人服务中心等场所，有针对性地为空巢老人、留守儿童、农民工和残疾人等特殊群体，开展政策宣讲、文艺演出、文化辅导以及送书、送知识、送技术，不时帮行动不便的老人读书、读报、讲解日常生活科学小常识等文化志愿服务，让困难群众感受到党和政府的关爱，感受到社会的温暖。利用"七一""八一""十一"等革命节日，组织群众在宽阔的坝子里看励志电影，宣讲脱贫户、扶贫干部先进事迹，让榜样的力量鼓舞青少年，同时榜样又成为乡村振兴实践的优秀文艺作品；或者利用春节、端午、中秋等传统节日开展诗歌朗诵、猜灯谜、划龙舟、包粽子等传统文化活动。

三、解决的主要问题

（一）解决了基层青少年看书看报难的问题

"爱心书屋"志愿服务就是依托农家书屋全民阅读的可靠平台，围绕书屋开展丰富多彩的公益读书活动，寓教于乐，为留守（困难）儿童营造读书体验环境和平台。农家书屋增设中小学生学科辅导书籍，是农村青少年迫切需要的、喜欢读的，对学科学习有帮助的。开展读书活动坚持"民生为本，惠民有感"的原则，以"阅读获取知识、知识改变命运"为目标开展活动。还向青少年发放电子图书阅读卡，现场为孩子讲绘本等，通过活动为乡村增添了一抹书香。

（二）解决了全民阅读覆盖面不广的问题

志愿服务开展的读书活动，不但丰富了农村青少年知识，提高了青少年综合素质，激发了留守儿童阅读兴趣和热情，帮助其养成终身学习的习惯。尤其让留守孩子渴望的亲情在阅读交流中自然地流淌，让"家"的温馨充满"书"的香味，让孩子缺乏的亲情在互动体验中完美升华。农村留守儿童较多，长期在志愿服务队开展的读书活动影响下成长，不但直接影响到少儿家庭对"全民阅读"的认同，而且还带动了村民参与阅读，共享全民阅读成果，对乡村阅读起到宣传推介作用，扩大了社会影响力。

（三）解决了志愿者乡村阅读推广松散问题

政府重视农村阅读事业发展，志愿服务搭建了百姓与政府沟通、交流的平台，提升全民阅读在农村的影响力和辐射力。志愿服务按照"以活动促乡村阅读、以阅读促乡村发展"的理念，制定一系列制度、办法，通过组织多项有情怀、有温度、有影响的阅读活动，让"阅动乡村"阅读推广活动有序开展，实现了由松散化到常态化的转变，从点线实施到多层次覆盖的转型。

四、实践启示

志愿服务通过亲民、乐民、惠民服务农村（青少年），志愿服务小分队充分发挥团队优势，结合自身特长，有针对性开展活动，调动了农村青少年参与阅读、爱上读书的积极性，大力营造了崇尚知识、终身学习的良好氛围。

第一，通过阅读亲民营造和美氛围。以图书场所创新开展的志愿服务活动，以亲和、亲近、亲情、亲恩等主题实践活动为载体，努力营造了乡村阅读"亲民"的和美氛围，形成了持续有效的乡村阅读"阅动乡村"品牌吸引力和辐射力。

第二，通过文化乐民培养阅读兴趣。比如志愿者经常性举行"趣味英语""健康知识讲座""文艺下乡"等活动，既丰富了群众文化生活，又满足了各类读者的需求；开展的"暑期少儿学科辅导"，组织少儿参加农家书屋和图书借阅室的管理；"小义工"读书活动、"书屋故事赛"、"绘画与阅读"等青少年参与度高的读书活动，起到了引导农村青少年多读书、读好书，向上向善的阅读氛围作用。

第三，通过文化惠民带动乡村阅读。志愿服务队坚持以"阅读获取知识、知识改变命运"为动力，针对青少年，常态化开展"爱在六一"送书、"中秋关爱"送书、"送图书、送故事、送展览"等送文化下乡活动。让农村青少年充分享受阅读权利并开阔视野，让广大贫困儿童、留守儿童从小树立爱知识、讲文明、树新风的良好风尚。

志愿者们还利用端午、中秋等传统节日，开展"书韵飘香传浓情，志愿服务暖人心"读书分享会，分享近期所读的书籍，并且结合自己在志愿服务中的感人瞬间交流心得体会。通过读书分享活动，增强了志愿者之间的交流互动，让更多青年志愿者在社会实践中受教育、长才干、作贡献，突出实践育人功能。同时也提升了志愿服务团队凝聚力，形成在阅读中体会，在体会中成长的氛围。

五、推广价值

1.改善资源分配不均，保障农村获得资源的最大供给

为了让更多边远地区、贫困地区的青少年能够共享公共文化服务发展成果，推出"志愿服务乡村行"系列活动，志愿者利用自身的专业技能，通过接地气的形式将高质量的文化服务送到农村青少年身边，精准对接了农村青少年文化需求，乡村阅读让志愿服务的目的和意义更加显著，提升了基层公共文化服务水平。志愿服务借助文化馆、图书馆的文献资源，帮助丰富村社图书室藏书文献，改善村社阅读资源较为匮乏的现状，进一步编实织密镇村两级公共文化服务网络，积极构建乡村少儿文献服务保障体系，推动构建普惠均等、便捷高效的基层公共文化服务体系。借助社会力量，利用一切有助于基层中小学图书室发展的条件，将公共文化服务送到基层中小学图书室，把书香文明的种子撒落在农村青少年的心田，有利于农村学校图书室建设和服务质量提升。一定程度上助推了基层中小学阅读推广服务体系建设。

2.对农村弱势群体的精神关怀，实现服务效能社会价值最大化

志愿者们充分发挥图书室社会教育职能和在推动乡村阅读中主阵地作用，主动延伸服务触角，志愿小分队启动"惠民乐民"系列活动，以开放包容的阅读服

务、信息服务和知识服务，帮助农村青少年提升文化素养；依托"农家书屋"开展阅读活动，读书活动促进书香校园建设，让农村的青少年享受和城市青少年同样的知识和服务，形成以文育人的文化循环，收到了较好的社会效益。社会价值的存在，是公共文化服务人民意志的体现，文化效能对社会的作用和影响反作用于社会价值，为社会价值的提升创造前提条件，从而实现志愿服务滋养乡村心灵、培育乡村文化自信的愿景。

下一步，学校将进一步发挥宣传引领作用，为具有奉献精神和社会担当的志愿者们搭建更多更好的实践平台，不断掀起志愿服务的新高潮，用实际行动来诠释"奉献、友爱、互助、进步"的志愿服务精神。

第五节　学校与书店合作实践剖析

一、实践基础

乡镇中小学图书室、区县公共图书馆与书店都是提供全民阅读服务的主阵地，都有着共同的发展需求。其服务对象稳定，文化属性、政治属性一致。他们之间在图书场所空间延伸、知识服务、数据资源等方面能够充分发挥各自优势，相互补齐功能；能够不断拓展"图书馆（室）+"的内涵，能够融合合作、做响阅读推广品牌这一具体而生动的实践。

二、具体做法

面对互联网对实体书店的冲击，实体书店把政府每年拨款补助或奖励的支持作为"校店合作、融合实践"运行经费。在一些繁华商圈周边的学校，合作举办活动，为学校周边商圈营造书香氛围。因地理位置优越，学校本身历史底蕴，加之商圈的强力介入，在书店内设图书角，凭学校借书证，可在书店借阅图书。改善了学校图书室读者的年龄构成和稳定对象，也证实了公共阅读和市场销售可以有机统一。

1.合作与规范服务

学校图书室与新华书店合作建立校外图书角，倡议学生办借阅证（免费办证），在书店购书有优惠。或学生持借阅卡到新华书店选书，可带回家阅读，阅读完后归还书店。书店则开辟图书角，配备书架、阅览桌等设备，安装电脑免费供读者阅读数字资源。学校则安排1—3名人员从事书店图书室的相关服务工作。如开展"你开单我买单"服务，学生在书店挑选的图书如符合图书室入藏标准，由工作人员分编加工后，学生凭借阅证即可现场借走。如流动图书车满载着党史、红色绘本、经典文学作品等图书，到边远学校为同学们免费办借阅证，为师生提供优质便捷的服务。

2.联合开展活动，拓展服务空间

学校图书室在区图书馆支持指导下，与新华书店联合推出"六养潼南·书香之旅"读者选书系列活动。读者通过到书店选书，馆员现场分编加工读者所选之图书，为读者办理借阅手续，或者到书店买书（指定书籍）享受优惠，或者与书店一起组织研学旅活动，或讲座或沙龙，读者反响极好，拉近了学校图书室与书店之间的距离，使学生（读者）从中受益。

三、实践中的思考

从学校图书室与书店合作的成功实践中可以看出要将融合合作落到实处，并不是一个简单的形式上的融合，而是要从事物本身运行的规律出发，找到可持续发展的路径。

（一）在书店与学校图书室建设与服务上，要有融合资源、挖掘利用资源的思维

如书店要了解自己地域内的资源构成，图书室要了解能为学生所用的资源。合作中更要找到交集、寻求共性、彼此受益，突出特色特点，践行学生在哪里、服务就在哪里的共识。

在书店与学校图书室合作基础上，应积极探索如何守正创新实现融合发展的多种可能的主动性作为，进一步思考：如"实体书店+社区图书室"相互融合，

相互拓展，形成室店融合运营模式。社区图书室与实体书店基于其地理位置，最主要的辐射区域就是周边，两者可以通过多种形式开展合作，联合发展、相互补充、共同参与公共文化服务体系的建设运营模式。比如依托书店资源，由街道办（社区）与书店联手打造坐落社区的社区图书室，服务居民。书店内可设公共借阅、图书阅览、视听空间等，能为社区学生提供课外实践的阅读教育基地，形成多元参与、全民共享的阅读公共服务空间。

（二）合作要让双方都成为最大受益者

要通过走读结合，来开阔学生读者眼界，增加学生对书店的黏性。由此融合合作要顺应时代发展，要体现公共文化服务以读者为中心的服务理念，与学校合作要践行以学生为中心，是起点，也是落脚点的思维，满足学生读者文献（化）需求是目标，使越来越多的社区学生亲近书、阅读书是目的。

若街道与辖区新华书店合作，共同建设社区百姓阅读共享空间。街道文化服务中心工作人员除了主动策划主题活动外，还根据居民提议定向，与社区一起开展图书文化沙龙、主题讲座、少儿绘本故事会等多种文化体验活动。

（三）书店与公共图书馆的融合合作

从因地制宜建设图书馆总分馆的形式出发，政府借力公共空间、导入社会力量，为社会公众提供公益性的文化服务。一是在读者购书方面加强合作，二是公共图书馆与书店以文化共同体的形式组织活动，一定要考虑学校（因为广大师生是合作潜力源）在物理空间上共存共生，在效益空间上共进共退，形成可借鉴的形式与方法。如探索打造"城市书屋"，公共图书馆提供书籍、朗读亭、电子读报机、数字借阅机等设备，书店提供场地，设立儿童阅读区、老人阅读区，学校提供人力资源，设立学生服务区；书店免费为周边学生和居民提供多媒体视听和图书通借通还服务，联合学校开展读书会、音乐会、政策宣讲会等活动，促使居民、学生走进书店里的"城市书房"。

同时合作要有专业化的引领、清晰的准入条件、硬性的要求。比如公共图书馆与书店合作，占地多少平方米，分为哪些区域（阅读区、亲子互动区、活动区），相关的服务指标是多少？要有个可持续性的考量，有个综合性的、全面的评估，既要肯定其优势，也要看到其局限性，更要促进劣势转化为优势；既看到成绩，又要看缺点，这样双方合作才能持久。

（四）地方政府应该对服务效能出色的合作者——书店、公共图书馆、学校图书室给予奖励或表彰，以激励其可持续性发展

如书店阅读空间就可由街道文化服务中心改造而来，共同构建布局合理、特色浓郁、多业融合的公共文化服务新格局。依托公共图书馆体系的资源优势，结合社区居民特点和社区文化特色，努力打造成为社区居民的文化活动、休闲体验中心，同时利用新媒体平台进行文化宣传，提升品牌影响力，以期成为街道的文化地标。

如街道百姓阅读共享空间与辖区学校共建合作，提供课外阅读教育基地。延伸图书室服务领域，扩大学校延伸服务范围，还可弥补学校图书室开馆时间的短板。既宣传了全民阅读，扩展了阅读空间，又有效提升书香校园的文化内涵。

（五）学校与书店合作，需要书店和学校图书室不断增进共识

有不少书店负责人认为读者都到图书角去借书了，谁还到书店买书呢？其实这也是一个在书店从业者、许多公众，甚至是有些领导、专家头脑中固有的错误观念。

为充分发挥书店图书角的作用，可借鉴特色书店的成功运营模式。改造书店空间设计，注重人和空间的互动性，不妨在布局、光线、家具的布置上更多考虑人文因素，将生活美学、空间美学融入图书角建设，提升读者的空间体验，赋予图书角更多文化内涵，凸显美学价值和文化品牌，从而增加对书店的吸引力。

日本图书馆学会与日本图书出版发行协会曾以此为题共同做过调研。结果表明，恰恰是图书馆购买的畅销书，为书店的生存起到了支撑作用。实际上，图书馆也是在为书店培养真正的消费者。相当多的图书馆读者是自己借书的同时又常常自己买书。学校与书店开展的"你开单我买单"活动就证明了这点。

虽然学校图书室、书店在文化属性、服务对象、发展诉求上高度契合，但合作中，在客观上仍然存在着一些条件性限制，这就需要双方在各自的文本表述与实际操作中，要充分考虑对方的行业特点，特别是要考虑对方与自己的重要不同点。否则，会在宣传与实际的操作中曲解对方的核心价值。

学校图书室与书店合作促使馆员走进书店，在卖场了解出版信息、出版热点，开阔眼界，提升能力。合作使学校采编馆员经常性地走近读者，增进了馆员与读者的交流，从而更直接地了解了读者的需求。

毋庸置疑，图书室采编人员业务能力强，是不争的事实，但采编人员也有自己的局限。与书店合作，使采编馆员工作更全面，对书店的调研与选择、联系与沟通、宣传与推介、活动策划、现场组织，可以说一次书香之旅几乎包括了图书室的所有业务流程，有些甚至是图书室内从来没有遇见过的情况。

公共图书馆、书店与学校图书室彼此合作，要向读者与书店宣传各自的服务内容与形式，宣传各自的使命与精神。但公共图书馆要以积极的创新性的思维，践行杜威的"以最小的成本，为最多的读者，提供最好的服务"的"三最"原则，学校图书室则要宣传：书店是为了读（用）的，每个读者有其书读，每本书有其读者，学校图书室是一个生长着的有机体。

书店的阅读空间，实际上是街道社区文化服务的延伸，能够有效弥补社区图书室相对标准化、统一化服务模式的不足，提供个性化、特色化的服务。

如书店独立运营，实现总分管理，这种合作不仅提供借阅服务，还可以进行图书、文创产品的销售服务，提升资源的经济效益；对于书店来说，可以利用图书角的空间、文献、设备资源，减少经济压力，同时还可以满足读者在公共阅读系统的图书借阅需求，提升读者的黏性和品牌价值；对于读者来说，可以在一个阅读空间满足多种文化需要，节省读者的时间。既可以参加亲子会、文化沙龙等精神活动，又可以休闲娱乐；既可以免费借阅，又可以买回去随时阅读；这种模式作为一种全新文化服务的创意融合，已经得到图书行业越来越多的关注。

随着信息化水平和物联网技术的提高，开放、共享成为社会共识，整合公共资源以提供更加多样化的服务、满足多元化的需求成为未来图书馆、学校图书室发展的新趋势。

第六节 学校图书室开展"1+4"帮扶实践

一、总体思路

贫穷不仅仅因缺乏收入和资源导致饥饿和营养不良、难以维持生计，还表现为精神贫瘠，比如，生存发展能力缺失、文化知识贫乏、思维方式滞后等。作为国家公共文化建设的推动者、宣传者和传播者的中小学校图书室，虽然无法直接创造物质和经济价值，无法为贫困人群提供就业岗位，但从根本和长远考虑，图书室肩负的天然职责是对青少年"志"和"智"等精神开拓。潼南实验学校图书室从镇街、村社层面大量调研基础上，通过现状分析，提出"1+4"帮扶模式，在利用好学校资源创新扶贫思路下，延伸拓展服务领域，提升精准帮扶效能，贡献基层中小学图书室力量。

二、具体做法

一是展开调研。从基层民众的文化素养和知识技能、文化需求等方面展开调研。对乡镇文化站、村文化室、村文化中心户、农家书屋等服务内容和服务方式、各类文化帮扶活动（惠民工程）的开展或实施情况进行调研与分析。二是入户访谈。对社区贫困学生家庭面对面访谈，了解致贫原因（如因病、因学、因灾等），重点了解他们对扶贫措施的满意度、获得感以及迫切希望解决的问题等。三是会议座谈。围绕致贫原因以及文化扶助的新需求新期待，比如村社公共文化设施建设、管理和运营情况、重大文化惠民工程、贫困家庭子女资助政策等，就目前文化扶贫面临的主要形势、存在的关键问题、未来的工作建议等进行了深入研讨。同时从镇乡层面和村、社层面摸清了文化帮扶的优势。

发现基层公共文化基础设施较大改善。边远村社受地形因素影响存在不均衡现象，但因文化建设重心下移、资源下移和服务下移政策，政府加大了公共文化资源向贫困村社的倾斜力度，基本建成了覆盖城乡的六级公共文化服务网络。"阵地服务+流动服务+数字服务"的"三位一体"综合服务体系也已基本形成，以前单一的"文化站（室）"多演进成了"综合文化服务中心"，已基本实现综合、立体多元的文化服务体系，这为学校图书室"1+4"帮扶搭建了平台、奠定了基础。

但也存在不足：如公共文化服务过程中对农村弱势群体（留守儿童、孤寡老人等）需求尊重不够导致帮扶不精准，加之财力投入有限单一，导致边远农村文化服务有效面覆盖不广，群众参与度不高。为进一步扩大公共文化产品的服务供给量，拓展服务空间，实现精准化帮扶，依托学校资源，开启"1+4"帮扶实践。

"1+4"帮扶秉承"文化助农"的使命，集合学校资源力量，围绕公共文化服务这"1"为主线开展"技能培训公益服务""康养公益服务""品牌文化活动服务""传统文化服务"4个帮扶，以解决实际问题为宗旨，达到帮扶效能最大化。加大公共文化资源向贫困村社的倾斜，行政部门安排专项资金用于结对帮扶乡镇综合文化服务中心、村社文化服务中心的建设。如购买设备、文献购置等，目的是为实现基本公共文化服务均等化、标准化。针对村社贫困家庭，孤儿、事实无人抚养儿童、农村留守儿童、困境儿童进行全面摸排，建立台账，逐一核查、准确掌握就学情况。多措并举做好帮扶工作台账和人文关怀。将这些儿童关爱教育纳入教师培训内容，建立教师"一对一"帮扶制度，加强心理健康教育和法治安全教育。

帮助村社教育基础设施建设，优化资源配置和供给，不断创新服务手段和服务内容，集合学校资源力量，打造丰富多彩的文化体验活动，让贫困家庭被动接受帮扶向主动学习农技知识、崇尚科学转变；让贫困学生从被动接受服务向主动宣传以及主动推广阅读服务转变。

三、解决的主要问题

（一）乡村阅读助推落实"双减"政策，统筹推进科学减负

学校图书室通过集结多方资源，送教下乡强化课堂主阵地作用，同时注重解决青少年实际问题。以启发式、互动式、探究式教学，重视情境教学、差异化教学和个别化指导，杜绝"满堂灌"和"填鸭式"教学。对贫困家庭子女，利用课后服务等时间段，为其提供专项辅导答疑，并加强学习方法、习惯、心理等方面

的综合指导，对帮扶村社实行送知识、送技能，做优特殊群体服务，促进贫困家庭少儿艺术素养、阅读素养提升，帮助他们树立知识改变命运的信心。如学校图书室以留守儿童"亲情连线"聊天网吧公益服务为例，帮助家庭亲情沟通；诸如集知识性、趣味性于一体的趣味运动会，儿童假期的"书香润童心、好书伴成长"暑期公益辅导；解决孩子们（弱势群体）学习难的问题；开展少儿体质检测、爱心书屋、流动书吧主题活动以及心理辅导于一体的文化服务，其主旨是统筹推进城乡教育，保证弱势群体中青少年不输在起跑线上。

（二）进村社开展文化服务实践，从空间和时间上解决教育帮扶的深度和广度问题

针对农村、（留守）儿童这一特殊群体需要开展的学科辅导，根据孩子们需求，送去国内外经典名著、优秀儿童读物、社会自然科普读物等。学校图书室充分利用农村各种设施设备（健身器材、农家书屋等）和技术手段开展农村阵地帮扶，让文化服务的深度和广度从空间和时间上得以延伸，从而有利于帮扶效能的提升。不断总结帮扶经验、调整帮扶方案和计划，针对留守儿童文化渴求和隔代教育抚养等现实问题，成立课外小组帮扶、单独辅导、密切家校联系等方法进行帮扶。特意对有艺术天赋的（留守）儿童免费培训指导，并引导贫困孩子培养良好的阅读习惯，阅读优质的图书资源，拓宽知识面，鼓励他们学好知识回报家乡、建设家乡。

四、示范作用

（一）善用农村资源创品牌

随着农村城镇化特别是农村乡村振兴战略实施，满足人民群众对美好生活的需求也是图书人的追求，学校图书室通过从镇街、村社层面对公共文化服务中心、农家书屋、村社图书室在公共文化服务情况等方面的大量调研，摸清了农村青少年文化的精准需求，开展有针对性的文化帮扶，形成志愿帮扶走农村特色品牌。"量体裁衣"式推送讲座、展览、阅读推广活动等优质资源，为农村青少年提供新颖、实用、及时、有效文化帮扶项目。如依托农村深厚的文化底蕴，尊重

当地农民、留守儿童文化需求，利用农村祠堂、戏台等公共文化空间，借助非遗技艺（如狮舞、扯扯灯、打莲箫等）、农村传统节庆开展通文脉、接地气、留乡愁的地方特色活动，让村社文化中心（农家书屋）真正成为浸润孩子心灵、助力孩子健康成长的乐园。

（二）力求活动资源功能的多样性、集中释放性

"1+4"帮扶定位就是激活农村"造血"功能，树立一代又一代文化自信。对农村弱势群体、农村（留守）儿童的帮扶，不同于其他社会组织的捐钱捐物。它不单是"输血式"物质扶贫，更是一种"造血""树人"式可持续教育方式。在农村，特别是留守儿童，他们也渴望多姿多彩的童年，学校图书室则以开展"五送"（知识、文艺、演出、图书、技术）的形式将资源包集中呈现给农村（留守）儿童。有教育形式的阅读辅导、心理健康咨询、读书宣传，有公益服务形式的村级图书室管理、设施维护、运动常识、健康体魄等知识的讲座，义务进行篮球、足球、乒乓球等竞技类体育运动的教学、辅导等。

（三）实践活动注重连贯性和层次性

帮扶始终以农村弱势群体精神文化为关怀对象。农村（留守）儿童的成因包括家庭、学校、社会等因素，图书室作为学校第二课堂，承担起了留守儿童行为习惯养成、学习生活关心、心理健康辅导等社会责任。因此布局的艺术培训公益服务、网吧公益服务主题和方向要靶向性强，活动目标重在解决实际问题，通过活动来深入问题，比如"爱心书屋""流动书吧""爱心扶助"等主题活动，在有限时间内将这些活动叠加、层层推进，实现帮扶效能的最大化。所以项目活动效果明显好于城市少儿活动的单一主题，体现出了层次性和连贯性，叠加效应明显。

五、推广价值

（一）有限的文化资金最大化服务农村青少年

学校承担推进教育公平的重任，除了满足本校学生接受良好教育的需求之外，还要对处境不利的学生进行必要和及时的教育补偿，在准确把握农村青少年

需求的基础上，找准突破口和切入点，搭建有效对接平台，以活动为引擎，让学校图书室、农家书屋等切实发挥"充电站"的功能。比如提供的公益培训、学科辅导、语言学习等相关资源完备，按需选择、广覆盖高参与的定位，是一种良性循环模式。依托"阳光校园"网站，打通投诉通道。利用班级QQ、微信群，将帮扶监督电话等广泛公示，接受家长监督，扶在跟上、帮在点上，让更多农村（留守）儿童不输在起跑线，确保有限的帮扶资金最大化服务贫困家庭（学生）。

（二）根据实际需求，提供帮扶内容

扎实调研、农村青少年需求的精准分析，为图书室文化的供给、实现精准帮扶提供了保障。"1+4"帮扶从需求入手，充分调研后懂得农村青少年以及弱势群体的迫切需要，摸清底数、对症下药。在尊重农村贫困地区的实际、尊重青少年所思所想所盼基础上，坚持需求至上、循序渐进方针，用有限的资源实现帮扶效能的最大化。策略上，设点求精，重视解决弱势群体（留守儿童）的实际问题，不盲目追求帮扶效果和范围；方法上，坚持以青少年需求为主，提供针对性的满足个性化需求服务。比如网吧公益服务项目重点服务于农民工、留守儿童等特殊对象，学校图书室承担文化设施免费开放政策宣传、党政实时新闻浏览、在线阅读、学生"考录"查询、春运车票代买等社会服务职能；同时，服务内容随青少年需求改变而变。学校图书室为农村青少年提供知识服务、心理辅导等。这些文化素养和技能帮扶缩小了城乡差距，增强了文化帮扶效能的辐射范围和社会效益。

第七章 国际借鉴与比较研究

第一节 美、日、英等国中小学图书馆建设研究

国外中小学图书馆建设和发展作为国民素质与经济发展的推动力，得到足够重视，具有明晰的政策法规体系、完善的功能定位和先进的服务意识，使得这些图书馆走在世界的前列。超前的自主学习理念和运营模式，让幼儿从小就在图书馆听着故事长大，图书馆成为他们学习的主要场所；而到中小学阶段他们的学习更是离不开图书馆，图书馆成为青少年接受教育的第一课堂，更是学校教育的重要组成部分。

由于条件有限，作者对国外中小学图书馆的了解更多的是通过外文数据库和研读论文获取的，无法全面完整地了解国外中小学图书馆的发展概况。因此只能介绍作者熟悉的几个国家的图书馆，内容主要涉及以下几方面：学校图书馆经费来源，如何参与学校的教学，如何为学生学科服务，如何与公共图书馆合作，以及最受欢迎的阅读推广活动等。

一、美国

《美国学校图书馆现状与发展》一文指出，作为学校媒体中心的图书馆，其建设标准以及发展建设是非常有规划的，遵循建筑、艺术、人文和自然的相遇相生。在处理图书馆新建和既有历史建筑、城市规划关系时，新建学校图书馆建筑的位置、体量以及前场的景观设计塑造，要求既要充分尊重学校以及周边的其他保护建筑在该区域的历史价值，又要使新建图书馆融入当代城市建设的一部分。

中小学图书馆室内建设包括馆藏建设、人员保障、阅读活动、功能区域布局

等都有一定的服务标准体系，并对图书馆在教学中的功能进行了翔实的介绍。功能区划分也非常科学及人性化，比如咖啡区、各种阅览区、演讲厅、展览厅、多功能影音区等，甚至是阅读桌都非常科学及人性化，并且向公众免费开放。

美国政府清楚：只有解决教育问题，才能使美国在知识经济时代继续引领全球。为切实提升中小学教育质量，2002年美国总统签署的《不让一个孩子落后法案》，2010年3月美国联邦教育部通过的《改革蓝图：中小学教育法再授权》，为贫困学生、孤寡儿童、特殊教育学生提供资助；2015年又签署了《每一个学生都成功法》，为改善教育基础设施、师资条件和教育领域应用高新技术提供支持，保障了美国境内学生的教育公平与质量问题，为提高学生成绩，将有效的中小学图书馆活动与学生的学习成效等内容作为图书馆在教学中的功能作用指标，有力推动了美国中小学图书馆的发展，使得中小学图书馆在学习型社会中发挥独特而关键的作用。并对学校图书馆机构的设置、馆员的素质都有严格的要求。对教学成效低的学校图书馆提供充分支持和有效干预，因此在日常工作中非常注意开展形式多样的合作，并积极参与学校的教学服务，在教育的整体发展过程中，美国中小学图书馆经历了从单纯的藏书借阅场所向学习中心、媒体中心、信息中心转变。

在美国，中小学图书馆（室）与公共图书馆的合作主要有三种方式，即班级访问或参观、作业辅导、联合建馆。其中，班级访问用于图书馆的宣传推广，通常是小学之间开展得较多，目的就是希望在孩子刚入学的时候，向他们普及使用图书馆的理念，进而形成对图书馆的感官认识，图书馆员会借此机会，教给孩子如何使用图书馆、如何查找自己所需的资源，图书馆的服务都有哪些等，并鼓励孩子成为公共图书馆的读者。又因同一班级的学生年龄大致相仿，学习内容相同，馆员通常会与教师合作利用图书馆的场所，开展各种阅读活动，每次会选择一个主题，或是与最近学习的内容相关，或是孩子们比较感兴趣的话题。如讲故事、书话会或是记者见面会等，帮助孩子们在合作中学习，进而自愿成为公共图书馆的读者。

在《美国学校图书馆质量管理》中，作者探讨了图书馆的质量管理问题。美国将学校图书馆的质量管理衡量的指标定义为图书馆对教育的辅助水平的高低。就致力于根据学校教育需要提供与之适应的学科专业化服务,并把服务标准化作为实现教育质量这一目标的手段。所以在日常工作中积极开展各种服务吸引学生走进图书馆,对他们的阅读、学习进行引导,激发孩子们探索的欲望。如作业辅导、工具书的使用、读写能力与信息素养的培养、学习与备考技巧教育等是目前国外学校图书馆最常见的教育服务方式,其目的就是努力帮助提高其学生的学业成绩。

美国学校图书馆在节假日会停止开放,所以美国公共图书馆便成为孩子们学习与休闲阅读的首选。这时公共图书馆密切关注学生在不同阶段的学习,积极参与学校的课程计划,开展各项提升学习能力的活动,如暑期阅读、讲故事、书话会、小组讨论等提升孩子们的语言、阅读、思维能力。假期,美国公共图书馆还会开辟专门的作业角(Homework Center),为孩子准备一些诸如字典、词典、百科全书、名人传记等类型的工具书,以及一些关于本地区历史和文化的图书,或者有用的网络资源链接集中在一起,供学生做作业时查找使用。

依托现代发达的网络技术,国外中小学图书馆还会在自己的网站上设置作业辅导热线(家庭作业热线),孩子可以通过电话、邮件或即时通讯等工具向教师求助,如明尼苏达州的圣保罗公共图书馆就为孩子们提供了家庭作业热线,每周一到周四下午的4点到8点,将有圣保罗公共学校的教师在线即时对孩子们的作业疑难进行解答。

公共图书馆与学校联合建馆(Joint-use/Dual-use Library),服务于公众和学生两类群体。这种方式通常是由学校提供建筑,公共图书馆提供资源与人力。联合建馆能够消除资源重复建设带来的浪费问题,节约经费、延长开放时间、丰富馆藏资源的类型。

除了联合办馆这种深入合作外,美国公共图书馆和中小学图书馆的局部合作主要有四种方式:馆藏文献建设合作,在采购图书的时候进行沟通协调,保证本区域资源的数量和质量;网络和资源共享,中小学图书馆利用公共图书馆的网络和资源提供各种服务;信息服务和指导合作,通过合作共同提升未成年人的信息素养；阅读推广合作，将公共图书馆的资源和服务引进学校，共同推动阅读。如暑假阅读，为让孩子在暑期保持持续的阅读行为，养成良好的阅读习惯，公共图书馆根据学生实际、学校需要，暑期阅读每年都会有一个主题，通过一系列的活动进行兴趣培养、习惯养成。包括阅读行为的激励、阅读趋向的分析、阅读过程的指导等延伸服务。如美国公共图书馆协会一般会从对学生学业的影响策划主题活动，今年的暑期阅读主题是"每个英雄都有自己的故事"。然后围绕选定主题设计相应活动，堪萨斯公共图书馆则围绕"每个英雄都有自己的担当"这一主题，设计有阅读英雄故事、听英雄故事有声读物、创作自己的英雄故事、英雄训练夏令营等诸多活动。孩子们在活动中学到了解决问题的能力，因此这些活动在美国学生中非常受欢迎。

正是图书馆在学生分析问题、解决问题及思维能力培养中发挥重要的作用，以及在学校的教学中发挥重要的作用，使得图书馆在学校中具有极高的地位。

二、日本

日本的《学校图书馆法》为日本中小学图书馆的各项活动及其整体发展，提供了完备的政策措施支撑。正是有明确的法律基础，包括对盲人学校、聋人学校和特殊教育学校，都制定了提升未成年人阅读素养标准。良好的社会氛围，在推动日本图书馆事业发展等方面起到了积极作用，因此日本图书馆行业的发展水平在同类中较高。

中小学图书馆与公共图书馆等机构的合作是其法定职责。这为日本中小学图书馆与其他类型图书馆特别是公共图书馆的合作，提供了体制的要求，法规、政策的保障。在日本，中小学图书馆自建立以来，就与其他图书馆建立相互协作关系。

日本中小学图书馆、公共图书馆等不同类型的图书馆都归文部科学省管辖（地方上归教委管辖），这为两个类型图书馆开展合作提供了合作基础、有利条件。如《关于推进儿童读书活动的基本计划》也对不同类型图书馆之间的合作提出了具体要求。比如中小学图书馆与公民图书馆、公立图书馆、大学图书馆图书资料馆际互借、资源共享，这些做法大大地推动了中小学图书馆建设向前发展。

从实践来看，日本不少地方很早就开展了这方面的尝试。各校图书馆在进行校际互借的同时，发展起各具特色的馆藏资源。对于参考咨询等服务，除资源共享之外，公共图书馆员和中小学图书馆员也经常通过论坛、活动进行充分交流，共同促进未成年人服务水平的提升；进而形成了合作学习会，专门研究讨论关于儿童和学生服务的相关问题。如大阪府的箕面市共有20所中小学校，从1998年起，市政府就在各学校配置学校司书（非正式职员），充实学校图书馆和公共图书馆之间的信息和物流网络。总的来说，主要是通过设立"协力员"这个专门负责中小学图书馆运营与合作的职位，强化中小学图书馆基本职能的发挥。

例如日本"学校图书馆支援中心"项目，就是日本文部科学省为了推动中小学图书馆和公共图书馆合作举办的活动。该活动主要为中小学图书馆的运营和向社会开放提供帮助，举办两年时间，共有59个地区参加，该项目为强化中小学图书馆读书中心和学习信息中心的职能，指定专门的"协力员"在开展活动的各个地区，具体负责中小学图书馆与公共图书馆等机构合作的具体事宜。"学校图书馆支援中心"采取的主要举措包括在各个地区培训学校图书馆工作人员、清查整顿学校图书馆馆藏、阅读促进品牌活动、建立学校图书馆和公共图书馆物流系统；取得的主要成效包括学校图书馆文献流通率增加、利用学校图书馆人数增多、外借册次增加、活动促进学校教育明显、学生综合能力得到提升。总体情况是，日本三万六千四百多所中小学校，与公共图书馆开展合作的共有两万三千两百多家。合作的主要形式有公共图书馆员定期到中小学图书馆开展学期主题活动、文献馆校互借以及开展定期联络会、读书会等阅读活动。其中馆校互借的实施率最高，达到88%。但因学业负担原因，特殊教育学校、初（高）中学校的图书馆，开展合作活动的比例较低，均低于小学图书馆。

三、英国

为了更好地发挥图书馆和图书馆员的作用，帮助更多的适龄儿童做好学前准备，2023年5月，英国图书馆行业组织"连接图书馆"（Libraries Connected，LC）

发布了一份研究报告《学前准备：公共图书馆如何助力儿童和家庭做好入学准备》(Ready to Learn: How Public Libraries Help Children And Families Prepare for School)。该报告调研了小学教师对公共图书馆在儿童学前准备中作用的看法，以及他们对进一步加强图书馆此方面功能的建议，展示了公共图书馆在帮助儿童做好学前准备方面所做的工作，并且以案例研究的方式呈现了公共图书馆一些最具创新性的行动。目前，英国图书馆界每年夏天开展的"夏季阅读挑战"，是英国规模最大的阅读推广活动。

（一）"夏季阅读挑战"活动概况

英国97%的公共图书馆和英国广播公司（BBC）等多家主流媒体参与其中，整个暑假，图书馆设计许多奖励活动和事件来为儿童阅读造势。该活动始于1998年，由英国阅读机构或阅读社（The Reading Agency）主办，旨在鼓励3至6岁的儿童每年夏季阅读6本或更多的书，鼓励儿童去图书馆阅读和享受阅读所带来的乐趣。2011年通过该活动有78万儿童从图书馆阅读了300万本书。因其深远的影响，2012年伦敦奥运会期间该项目被列为一项文化奥运活动。

（二）"夏季阅读挑战"活动组织实施

"夏季阅读挑战"由英国阅读社（The Reading Agency）和各公共图书馆主办，活动属于个人挑战活动，而非竞赛活动。其中英国阅读社主要负责活动整体框架的设计，具体活动的组织以及夏季阅读活动的推广则由各个公共图书馆负责。各个公共图书馆在活动开始前，会在学校、图书馆网站、各网络媒体等宣传此项活动。

其中英国阅读社的主要职责包括构建每年暑假阅读推广活动的模式和主题。夏季阅读挑战的主要模式：围绕每年活动主题，采取一系列措施鼓励孩子们完成自己的阅读挑战，儿童参加活动的主要场所就是当地的公共图书馆，暑假期间报名参加活动的儿童可以根据自己的兴趣选择自己喜欢的"六本书"，完成6本或4本或2本的孩子，分别可以得到金银铜牌，图书馆会为他们举办领奖活动。但每年都有不一样的活动主题。2012年"夏季阅读挑战"活动的主题为"故事实验室"（Story Lab）。所谓的"故事实验室"是存在于"夏季阅读挑战"网络环境中的虚拟空间，它是处在城市中心的一个五角形的高科技立方体。它能够吸引来自世界各地的故事，并把这些故事传播到伦敦和伦敦之外世界的各个角落。在"故事实验室"，你可以阅读、收集、分享、创造、传播和讲故事。在书籍和故事的包围下，孩子们可以学习如何利用书籍，理解故事是如何架构的，精彩的故事讲述课程不仅能让孩子们爱上阅读，也可以帮助孩子们体验如何与他人一起在安静的环境中学习、交流、发表看法。

同时阅读社还为教师、家长提供各种指南，告诉家长如何鼓励孩子参加暑期阅读挑战，并且指导教师暑期结束回到学校，应该如何鼓励孩子继续阅读，包括关于暑期阅读教师板报的制作，提供让孩子写书评的模板等。儿童在阅读挑战过程中接触到听、说、读、写等各类形式的文献，其实也是一种提高阅读兴趣、增加阅读趣味的方式。

（三）多方合作

组织方英国阅读社和学校密切合作，寻求更多的资金支持。

设计了大量针对教师的指南，指导教师如何在暑期结束回到学校开展相应的活动。2011年，英国阅读社与乐购银行（Tesco Bank）第一次合作。乐购银行主要赞助苏格兰地区的"夏季阅读挑战"活动，旨在鼓励所有年龄段的儿童在暑假期间读书以及使人们能够方便地访问苏格兰各地区的图书馆。

在皇家全国盲人协会（RNIB）的支持下，印制了专门用于视障儿童或视障儿童家长/监护人的材料。皇家全国盲人协会还为5岁以上的儿童和青少年购买盲文书籍，打印盲文材料和收集音频资料，广泛招募志愿者，帮助视障儿童了解图书信息，以此来帮助盲人和弱视儿童完成挑战。

（四）活动启示

1.重点培养了青少年的阅读兴趣

阅读与写作不是让孩子们成为作家、艺术家，但它是现代社会人非常重要、不可缺少的一种能力。阅读是通过想象完成的，想象力是一个人形成知识、人格培养的重要方面，写作是从再造想象到创造想象；阅读是通过情感完成的，情不自禁地把自己情绪融进去，全身心沉浸。"夏季阅读挑战"活动侧重于以阅读为乐趣（It focuses on reading for pleasure），旨在让儿童去图书馆阅读和享受阅读所带来的乐趣。对儿童来说，阅读不仅让他们拥有读写的能力，同时也作为孩子们梦想和志向的起源。阅读和写作为好奇心强的儿童打开了五彩缤纷的世界，让面向未来的少儿阅读事业充满无限可能。

2.密切结合青少年的特点

在进行面向青少年的阅读推广时，需要仔细审视选择的推广方式是否符合青少年，从夏季阅读挑战项目来看，密切结合青少年的特点：青少年对卡通感兴趣，那就设计可能会吸引他们的卡通形象，并且让他们进行角色扮演，可以选择某一个卡通形象；青少年对游戏感兴趣，那就将游戏的元素融入阅读推广中，以游戏激励青少年进行阅读，阅读完两本书，就可以升到更高的级别，解锁更高的游戏，获得更好的游戏装备。除了这两点，青少年还有很多其他的特点，如追星，可以让一些青少年喜欢的正能量的明星来做阅读宣传，青少年喜欢自己做主，可以让青少年自己选择相应的读物，等等。这里要强调的还是一定要结合青少年的特点，顺势而为，融入时尚、科技等元素，对青少年进行正方向的阅读引导，为青少年可持续阅读发展提供技术支撑和服务保障。

3.品牌建设

"夏季阅读挑战"活动与BBC等多家网络媒体都有密切的合作。例如英国广播公司（BBC）第四、第七电台会定时对"夏季阅读挑战"活动中图书以及图书的相关事宜进行宣传。而图书馆组织的成人和儿童的阅读群体会充分利用这些节目的丰富资源。英国阅读社采用了这种合作的关系，使电台和图书馆联合推广"夏季阅读挑战"活动。在2012年更是与脸书（Facebook）、推特（Twitter）、谷歌（Google）等多家网络媒体或社交网站合作宣传此项活动。除了加强宣传之外，夏季阅读挑战设计了丰富的产品，形成其品牌标识。反观我国的阅读推广活动，在品牌化建设方面还比较薄弱，因此可借鉴"夏季阅读挑战"的经验，利用少儿智慧阅读空间、读物供给智能化、少儿素养教育智能化、人机互动辅助阅读等优势，设计丰富的、具有明显标识的阅读推广宣传品，提升阅读推广的品牌。

4.加快志愿者队伍的规范化管理

目前在国内也有不少儿图书馆书馆进行阅读推广时借助志愿者的力量，如志愿的故事妈妈、故事姐姐等，也出现了一些专门由志愿者开展的阅读推广项目，如公益小书房。但是目前对于志愿者的管理没有跟上，比较随意，通过英国的"夏季阅读挑战"可以看出，阅读推广项目主办方非常注重对志愿者管理进行培训。希望国内相关组织加强志愿者队伍管理规范化方面的培训，促进志愿者更好地发挥作用。

四、国外开放图书馆

作者介绍的开放图书馆（openlibrary.org）是北美最大的在线数字图书馆网站，每天有成千上万用户对其进行访问，在线免费查阅海量的文献资料，其运行方式与设计理念对于我国的数字图书馆建设具有一定的参考价值与借鉴意义。

（一）开放图书馆的起源与宗旨

开放图书馆始建于2006年，其电子书网站网址是https：//openlibrary.org，创始人为年少成名的计算机天才亚伦·斯沃茨（Aaron Swartz）。项目初始是作为美国著名的非营利组织互联网档案馆（Internet Archive）的一个子项目，开放图书馆的项目资金主要来源于加利福尼亚州立图书馆和一些基金会的资助，并以社会捐赠赞助作为资金的补充。

开放图书馆的建设宗旨是"为世界上的每一本书都创建一个网络页面，让世界上的所有人读到世界上的每一本书"。开放图书馆希望经过他们的努力，让住在世界每一角落有才华的学科专家可以在线探索各自学科的前沿科学，让每一位老者可以印刷任何一本书的大字版，让富有创新精神的年轻学者可以跳过漫长而艰巨的出版过程，直接将他的数字图书出版到这个伟大的图书馆，是一个具有远大抱负的公益项目。

（二）开放图书馆的技术架构

开放图书馆拥有一个由开发人员、数据科学家和图书馆员组成的团队，他们共同努力，不断改进开放图书馆，在经历多次系统改良和重新设计发布之后，目前图书馆数据库端使用的技术是基于 PostgreSQL（数据库服务器）的数据库框架开发的 Infobase（信息库）软件，而图书馆后台使用的是由 Python（一种蟒蛇计算机编程语言）语言编写的 Wiki（维基）引擎 Infogami（信息游戏）。

Infogami 框架是一个基于 web.py（开源项目）的干净、简单的 Wiki（维基）应用程序框架。与其他 Wiki（维基）不同，Infogami（信息游戏）框架可以灵活处理不同类型的数据，包括结构化数据，使其成为 Open Library（开放图书馆）的理想平台。在 Infogami（信息）软件内部，数据都被存储为一组一组被称为"事物"的对象的集合。例如，在开放图书馆每个页面书籍，作者和用户都是数据库中的"事物"，而每个"事物"都有一系列任意的键值对作为属性。比如，作为对象的图书就具有名为"title（标题）"的属性键和相应的属性值，与名为"genre（类别）"的属性键与属性值。每个键值对的集合都与其保存时间与提交人存储在一起作为一个版本。在我们需要获得数据时，只需要查找相应的对象就可以获得与其有关的所有数据。基于对信息时代图书馆模式的理解提出的开放图书馆，目前已经将其项目的源代码上传到 GitHub（托管平台），全世界的人都可以免费下载源代码进行研究或使用。传统图书馆"藏、借、阅"之间的界限正随着阅览媒介的变化及大众对文化需求的普及逐渐消融，取而代之的是各功能之间的流动、交融。

目前开放图书馆具有国际一流的数字媒体阅检和实体书籍借阅功能。月均访问量已达到 300 万人次，每月新增注册人数 8 万人次左右，月均在线借阅 30 多万册图书，已经具有非常大的社会效应和公益价值。

五、中国

2003 年教育部颁布的《中小学图书馆（室）规程（修订）》规定："各地要采取有效措施，积极开展各种读书活动，鼓励各地中小学图书馆（室）对社区、学生业余时间开放。"此后，我国中小学图书馆（室）已将服务延伸至社区。很多中小学图书馆（室）开始尝试与社区图书室合作。一些地区实行校长直接领导下的馆长负责制，与社区合作，开展儿童学习中心课后作业辅导班与读书会等服务，逐步实现互通互联、资源共享、优势互补、协同服务的图书馆联合体。2000年之后，伴随我国覆盖城乡的公共文化服务体系建设的提出，以及总分馆建设与探索的不断深入，中小学图书馆（室）与公共图书馆合作更为广泛。

区、县级公共图书馆承担着为本地区基层图书馆进行业务辅导的重任。尤其是在信息化和现代化的建设过程中，基层中小学图书室面广量多，是区、县级公共图书馆进行业务辅导的重点，学校图书室也亟须区、县图书馆的业务指导。在一些经济相对落后的农村，由于缺乏资金和专职管理人员，当地学校因经费和专业人员问题，基本就是把学校教室改为图书室，往往临近考试，处于半关闭状态，在这种情况下，区、县公共图书馆就将区、县公共图书馆分馆设在学校内，馆藏等资产归属不变，管理和使用权交给学校，既解决了学校资金困难，又提高了书刊资源的利用率，做到农村学生有书读，分馆的书刊资源有人管、有人用。如果家长需要，孩子还可从学校将书刊借回去阅读，同样可以发挥为当地村民服务的职能。这种以中小学图书室作为公共图书馆分馆的形式建立的合作方式，属于共享协作的局部合作。

随着公共图书馆服务体系的构建，基层中小学图书馆（室）与公共图书馆之间随着合作程度的加深，在总分馆的建设和探索中逐渐转为深度合作，如资源的共建共享、不定期的业务指导以及阅读活动的合作协助等，通常是采取联合办馆的方式，将资源和活动送进学校、社区。

针对边远的山区或经济欠发达的地区，主要面对的是资源较为匮乏的偏远农村学校或社区，在其难以独立建立一个功能齐全的图书室的情况下，以政府投资为主，统筹优化学校、村社的各种资源将图书室搭建起来，发挥辐射作用，不但惠及学校师生，还要惠及周边农民，往往还要承担其公共图书馆的某种责任和义务，最大限度地满足农村中小学生的阅读需求。

第二节 优势与缺陷

基层中小学图书室（公共图书馆）与国外中小学图书馆（公共图书馆）之间各有优势和不足，正是两者存在着不足，需要互相补充和完善，才为两者的借鉴提供可能。

一、国外中小学图书馆的优势

随着信息化的进一步发展，各行各业都不断运用信息化技术提高自身生产力，给使用者带来更流畅的体验与更高的工作效率，对于图书行业来说也是如此。各种图书机构都运用数字化与互联网技术，将图书等资料数字化，并将信息搬上互联网，供用户在网上检索查询及阅读。在充分发挥利用图书资料价值的同时，也创造了巨大的社会效应与公益价值，大大加快了知识的流动性，促进了社会整体生产力的发展。

（一）完善的中小学图书馆法律、政策与服务标准体系

英、美、日等国都非常重视中小学图书馆法律法规的制定，以此来规范和指导中小学图书馆的建设与发展。如美国政府以立法的形式持续投入资金，促进教育机会均等、推进教育公平。各级教育体系都建立起了严密而公正的问责机制，教育行政部门也对中小学图书馆服务学科功能、服务学生学习质量制定了一系列标准，因此图书馆所做的活动和服务都是围绕努力提高其学生的学业成绩。日本除了《学校图书馆法》及其配套法规《学校图书馆标准》《学校图书馆充实补助制度》等，分别从图书配置、馆藏、人员、设施设备等方面进行了规定，以此来保障中小学图书馆各项阅读推广活动的顺利开展，并制定中小学图书馆服务标准，进行资助和管理标准，最终使中小学图书馆通过多种途径为学校、社区数百万人提供服务。

（二）藏书与特色服务优势明显

国外图书馆大都是开放型图书馆，可作为互联网档案馆（internet archive）的一个子项目，而互联网档案馆有着世界上最大的公共版权图书数字化项目——

古登堡工程（Project Gutenberg）。古登堡工程目前已经完成170万册的公共版权图书的数字化工作，其中包括很多的绝版图书，然后将数字化后的电子图书提供给全世界的读者阅读下载。

因与互联网档案馆良好的关系，国外图书馆目前就包含了这170万册公共版权图书的电子版供全世界读者阅读，并且为读者提供这些电子图书的多种格式文件，包括pdf、epub、mobi等格式。包括美国国会图书馆、亚马逊（amazon.com）网站，以及用户贡献的资料等，到目前为止已经收纳了超过2000万条的图书记录，这些图书记录提供了每一种图书的详细信息，包括书名、著者、封面、出版者、内容简介等，并且尽可能给出图书的借阅或购买方式，例如图书的亚马逊商城购买链接，或者收藏有纸质图书副本的图书馆借阅链接等，方便读者获取相应的图书。

由英国阅读社（The Reading Agency）举办的夏季阅读挑战（Summer Reading Challenge）和冬季迷你挑战（Winter Mini Challenge）活动旨在帮助孩子们更快乐地阅读。孩子们可以在当地图书馆参加挑战，获取收藏夹、贴纸和其他特别奖励。挑战面向所有年龄段儿童，2021年的活动吸引了超38000名0至6岁的儿童参加。

其中"夏季阅读挑战"特色服务优势明显。它由英国阅读社（The Reading Agency）和各公共图书馆主办。其中英国阅读社主要负责活动整体框架的设计，包括构建阅读推广活动的模式和主题，并为参加这项活动的图书馆提供精心设计的活动指南和各种宣传品，为教师、家长提供各种指南，除了给每个参加的图书馆提供开展夏季阅读挑战所需的各种物品，如海报、奖牌、证书等（这些需要图书馆购买），还向图书馆提供手册或一些必要培训。

具体活动的组织由各个公共图书馆负责。各公共图书馆以儿童是城市未来的主人为出发点，在暑假来临之前，从孩子的实际需求出发，主要通过选择一些孩子担任阅读大使，让他们在学校进行宣传；使用视频短片或者在油管You Tube上进行宣传；或使用网站促进孩子对年度主题卡通人物的了解；甚至在学校开放日等向家长介绍夏季阅读挑战，通过学校发放学生参加夏季阅读挑战的注册表；

同时项目组织者英国阅读社每年要对该年度的阅读推广效果进行评估，以推动越来越多普惠可及的夏季挑战赛融入孩子假期生活，以保障儿童假期享有优质公共文化服务权益，融入儿童阅读服务让城市散发温暖的力量。

如圣海伦斯的学校图书馆与当地议会的儿童语言治疗服务中心合作推出了"以书籍和语言团结的圣海伦斯（Book and Language Unite St Helens，BLUSH）"项目。沟通问题在圣海伦斯学生中存在，因为对这一现象的担忧，BLUSH项目将图书馆员丰富的儿童文学知识与言语和语言治疗师的专业知识结合起来。在该项目中，小学和早教机构收到了装有精心挑选的书籍和典型问题模板的礼盒，可以用于评估和帮助儿童的阅读发展。

（三）图书检索与借阅方式技术领先优势

国外图书馆给读者提供了多种图书在线检索方式，包括书名、著者、ISBN号码、图书主题、出版地、出版商和全文检索等，用户可以根据自己的使用习惯或偏好，用特定的条件对图书进行检索，特别是全文搜索功能，国外图书馆提供超过400万册图书资料的文本内容检索，使读者能够查找参考任何文本片段的图书，大大增加了用户查找有效信息的能力。

对于公共版权的电子图书，用户可以直接在开放图书馆网站免费在线阅读或下载阅读。对于版权仍然生效的非公共版权图书，开放图书馆采用可控数字借阅（controlled digital lending）的方式供读者借阅图书。

对于国外图书馆存储的不提供电子版的纸质图书，网站提供了站外的相关信息链接，比如亚马逊网站或美国国会图书馆的相应图书链接，可帮助读者找到拥有该纸质图书的图书馆进行图书借阅，或者到网上商城购买该图书。

（四）提供阅读日志与分享功能，丰富读者体验感

国外图书馆给每个用户提供了一个"阅读日志"功能，该功能可以显示用户当前正在阅读、已完成阅读或想要阅读的图书，在默认情况下阅读日志的内容是公开的。虽然这个功能看起来微不足道，但这种读书清单的公开展示，让每一位读者的信息有了个性，不再那么千篇一律。给了每位读者与他人分享阅读经历、享受阅读喜悦的途径，第三方可以通过观察读书列表了解到哪些书籍是热门的等

有用的信息。

前面介绍英国阅读社策划活动，公共图书馆负责组织实施，阅读社还为孩子们提供了个性化的在线阅读日志推荐活动，主要通过两个方面来进行，一是开发了一个图书选择的小程序（The Book Sorter），孩子们输入自己的性别、年龄、感兴趣的主题，就会出现相应的书目。书单中的这些书都是由其他孩子推荐的。除了图书选择小程序，阅读社还提供在线的实验室助手（The Lab Assistants），即图书馆馆员，帮助孩子们解决在阅读中遇到的问题。

如利兹的图书馆和儿童中心、早教机构联合为5岁以下儿童及其家长提供的"故事巴士（Story Bus）"，主要面向图书馆使用率较低、儿童服务较少的社区服务点。"故事巴士"营造了一个有创意、友好的阅读环境，儿童根据自己的喜好自由探索，访问"故事巴士"里的各类音视频，或从"故事巴士"上借阅图书，可在当地图书馆或早教机构归还。

（五）丰富图书馆职能等相关法律规定，提升了图书馆的社会地位

政策的支持为国外中小学图书馆事业的发展提供了扎实的法律法规基础。如美国对各类中小学图书馆从业人员规定必须是媒体专家，能有效地向学生和教职员工提供情报资源。这些法律法规保证了中小学图书馆的地位和经费，以及中小学图书馆的质量。在美国，中小学图书馆员通常需要具备图书馆员和教师双重资格认证。图书馆员的专业知识使得他们在学校教育中发挥了重要作用，对学生学业影响明显，体现了中小学图书馆的社会价值，从而树立了图书馆良好的形象，受到人们的普遍尊重，而这反过来又吸引了大量优秀人才投身图书馆事业，从而带来了中小学图书馆的良性发展。无论从馆藏、设施、设备、空间，还是从婴幼儿阅读启蒙，还是独立自主阅读引导、小学生的阅读量、儿童读物种类、人均图书拥有量以及阅读推广活动等方面都有详细的纲领性的量化指标，值得我国借鉴与学习。本章第三节比较与思考将详细阐释中国基层中小学图书室与国外中小学图书馆的差距。

二、基层中小学图书室的优势与缺陷

阅读是传承文明、提升校园人文气息的重要途径。基层中小学图书室应借助优势，不断深化"书香校园"品牌阅读活动，创新优化阅读推广发展路径，加快构建高质量基层中小学阅读推广服务体系。

（一）中小学图书室的优势

乡镇中小学图书室大多都在围绕做好空间建设、文献资源建设、努力为学生的学和教师的教，以及科研工作提供各种支持与服务，并利用一切可以利用的技术手段，提高服务的质量和效率。

在基层农村以及边远地区因财力不足，为避免重复投资，使资源充分利用，而且能够在短期内见效，达到扩容提质效果，中小学图书室往往愿意作为公共图书馆的分馆。一是让乡镇中小学图书室分布均匀、数量充足，又解决中小学图书室资金有限问题。二是弥补基层公共图书馆分布不均、辐射不足的有效途径。基层中小学图书室服务对象基本都是学校师生或乡镇居民，单一且集中，方便组织和开展活动。策划活动主要是围绕师生阅读需求，尤其是围绕青少年阅读兴趣，组织、开展以学校为单位的各项阅读活动，针对性强，而且效果明显。三是可以借助公共图书馆助力"书香校园"建设，中小学图书室就加快建设"书香班级"，打造"一校一品""一班一格"的书香育人氛围，开展名家领读、师生共读、亲子阅读等一系列阅读活动，将阅读融入课堂，开展"全科阅读"教学行动，鼓励教师更新教育理念，成为学生读书的"点灯人"。再如暑假到来之前，中小学图书室从社区特有的地缘群居属性出发，可在社区进行"暑期阅读总动员"活动，做好有关暑期儿童阅读的宣传单，提醒家长及早准备，积极参与社区的暑期活动。

（二）中小学图书室的不足

受经费的限制，基层中小学图书室大多存在文献资源种类单一、文献的补充与剔旧标准不统一、藏书量不足、纸质图书多于数字图书、文献分类笼统等问题，主要是受应试教育影响，基层中小学图书室藏书侧重于教育部推荐学生必读书目以及中小学考试学科的教辅、教参，很难满足中小学生课外延伸拓展阅读、智力发展需求。究其原因，基层中小学图书室不是独立机构，自主性不强。它仅作为学校的教辅部门，其开展服务和活动受学校整体工作的制约，自主能力难以体现。若临近期末，常常让位于正常教学活动的开展。周末和寒暑假随着学校放假而停止服务，图书室的利用率和功能大打折扣，对于师生的影响力较低，在学校的地位作用无法彰显。

在人员方面，基层中小学图书室"专干不专用、在编不在岗"现象普遍。基本由教师兼职或转岗任学校图书室管理人员而来；有的学校把即将退休的在编的"老、弱、病、残"人员放在学校图书室工作；大多没经过图书专业培训，缺乏图书流通管理的知识和经验，造成学校图书室专业水平质量整体下降。在数字化、网络化建设方面，相比公共图书馆，偏远农村以及经济落后地区的中小学图书室还相对落后。不管学校规模、图书室服务人口与服务半径大小，平均分配数字资源，边远落后财力不足，中小学反映强烈。

第三节　比较与思考

一、我国基层中小学图书室与美、英、日三国中小学图书馆的比较

（一）相同点

本章第一节对我国以及美日英中小学图书馆做了一些概述，第二节则对国外中小学图书馆的优势以及我国基层中小学图书室和基层公共图书馆优势与劣势进行了比较，发现它们存在着很多相同之处。

第一，性质与任务是相同的。不管是国外的中小学图书馆还是我国基层中小学图书室，与其母体的关系而言，都是学校教育的重要组成部分，是学校的基础设施之一，是学校开展信息素养教育的重要场所，是学校信息管理中心，都是为教育教学服务。

第二，基本构成要素是相同的。无论是国外中小学图书馆，还是我国基层中

小学图书室和公共图书馆，运行所必备的基本构成要素（硬件资源和软件资源）是相同的，如馆藏、馆舍、设施设备、馆员、服务等元素基本是相同的。既要有设施设备、资源、空间等硬件资源，也需要有人员、服务等软件资源，两者相互配合，缺一不可，只是资源、服务、活动方法、方式不尽相同。

第三，职责与使命是相同的，即在服务目标上具有一致性。文化无分国界，每个人都有阅读的权利，只是阅读的文字不同而已。因此，在培养学生的阅读能力和开展阅读推广活动都是国内外中小学图书室的重要服务内容之一，不管用哪种文字、哪种方式、什么资源，都是一个目标，为提升学生阅读能力、学业水平，并且资源、服务、活动都是围绕阅读、围绕学生成绩开展。

第四，它们的发展经历也相似。均经历了从单纯的藏书借阅场所向学习中心、媒体中心、信息基地的转变，服务上基本都经历文献服务、信息服务、知识服务三个阶段。信息技术不断融入图书室自身的管理与建设中，甚至图书事业的各方面。图书馆（室）角色的转变从以前的文献服务到信息服务，再到今天的知识服务，即阅读推广服务。既是社会进步、技术发展的必然要求，也是图书行业自身发展的必然结果。

第五，在图书事业发展过程中，国内外图书馆（室）都在寻求合作，尝试多种合作方式，积极地寻求外界的支援与帮助，以便自身获取更好的发展。寻求与公共图书馆、高校图书馆、社区的合作，在合作中以满足服务对象需求为导向，充分发挥各自的优势，优势互补取长补短。

第六，都在实践中不断完善图书室的各个构成要素。成立中小学图书协会（学会或联盟），开展学术研讨或理论研究或学术交流，为巩固提升基层图书事业发展提供支持和帮助。培养图书馆员，坚定维护基层中小学图书室的基本利益，促进各个要素均衡发展，只有这样才能让基层图书事业整体水平不断进步。

（二）不同点

结合文化强国战略背景下公共文化服务城乡一体建设，基层中小学图书室高质量发展和阅读推广服务体系建设，尽管与日、美等国的中小学图书馆存在很多共同之处，但不可否认，受经济发展水平和服务理念的影响，我国的基层中小学图书室发展水平与国外中小学图书馆发展水平还存在一定的差距。

差距之一表现为馆舍的建筑功能与为教育教学服务的职能，表现在完成图书室的各项任务上。例如美国中小学图书馆藏书用房、阅览用房与行政业务用房功能区明显、布局人性化，且藏书和阅览用房非常接近，甚至相连，与学校教学楼非常近，便于学生学习与阅读。读者路线、图书路线与工作路线便于完成图书馆的各项任务。如"图书路线"即图书从进馆、验收到加工、入库、阅览等的流水线，做到了与读者路线分开，不交叉干扰，且行走路线平坦和简捷。而我国基层中小学图书室因经济原因，基本是集藏书、阅览与行政业务于一体，更别提各业务用房的工艺技术要求，是否有利于学校管理，学科、学术服务。

差距之二表现为图书馆在其母体中的地位和发挥的作用。虽然图书馆是学校必不可少的基础设施，但作为学校教育的重要组成部分，发挥的作用却不尽相同。美、日、英等国的中小学图书馆扮演着学校学习中心、信息资源中心、媒介中心的重要角色。在教育、服务、学术中发挥着举足轻重的作用，能有效地向学生和教职员工提供情报资源，成为教师教学、学生学习过程中可靠的重要资源。以及国家为图书馆发展制定的法律法规保证了中小学图书馆的地位和经费，保证了中小学图书馆的质量。相比而言，我国基层中小学图书室则更多是作为学校教学的辅助机构而存在，自主性和独立性不够，有时又像是作为一种必备的硬件设施和应付上级检查而存在，在教学的各项工作中很少发挥自己独有作用。对于学校应试教育带来的各种压力，以及学校行政领导的重视程度，图书室常让位于教学工作，寒暑假随学生离开校园，常处于一种关闭的状态，教育性、服务性、学术性在寒暑假体现不足。

差距之三表现为图书管理员发挥的作用相差较大。美、英、日的图书馆员不仅参与课程教学计划的讨论，而且承担起阅读、信息素养等课程的教授工作，扮演着信息专家、教师和教学顾问三种角色，甚至美国对各类中小学图书馆员规定必须是图情专业、媒体专家和教师。我国基层中小学图书管理员由于专业教育缺失，中小学图书馆员的资格认证不规范，大多数基层中小学图书室没有专职馆员，多数由教师兼任，因此常常处于管理欠佳状态。由于缺乏系统、专业的训练，馆员很少具备图书馆学的专业知识，即便是图书馆学专业毕业的馆员，由于没有经受过中小学图书馆学教育的专门训练，缺少对自身服务对象和内容的准确、科学的认识，仅凭日常工作中积累的经验维护图书馆的日常运转，不够科学、规范，更不用说去积极、主动挖掘自身的潜能。因此馆员的素质直接影响到馆藏质量与服务质量，导致发挥的作用以及图书室在社会中的印象相距甚远。

在美、英、日的中小学图书馆中，馆藏资源、文献补充都是按照教学与课外阅读的需求严格筛选，且根据学生数量科学预定图书数量。服务内容紧贴教学与素质教育需求，除了基本的借阅功能外，图书馆的延伸服务、各项阅读推广活动以及为教学服务的功能得到充分发挥。

相比而言，我国乡镇中小学图书室管理员缺乏图情专业教育，不能充分发挥主观能动性。在校内对图书室的职责与功能宣传力度不够，加上一些学校图书室馆藏书籍内容陈旧、阅读推广实践活动单一，以致大部分学生认为图书室就是自习室或者认为就是应对上级检查或者是学生看书学习的地方，对图书室的其他功能（如信息检索、数字素养、信息素养、阅读辅导、阅读推广等服务）认知很少。再者学校财力不足或学校行政对图书室重视程度不一，使得学校图书室不能充分发挥自己的实际效用。

差距之四表现在制度的约束与规范方面。美国、日本等国中小学图书馆法律法规及服务标准的完备法律推动了其国家中小学图书馆的发展。如美国的《国防教育法》对馆员、馆藏、服务、设施设备等方面都进行了规范和指导。随着外界环境的变化，制度与规范不断修订与完善，使得图书馆紧跟时代发展，紧扣教育事业发展的脉搏，成为学校的重要机构之一。如美国《初等与中等教育法》中规定专项经费专门针对中小学图书馆，使图书馆用此经费丰富馆藏资源、改善馆内环境与设备，提高馆员素质，极大地推动了美国中小学图书馆的发展，解决了美国基础教育中的不公平问题，保障生活贫穷儿童得到受教育权利。

我国对于中小学图书馆的规范制度出现得较晚，处于发展的初期阶段，更别提基层中小学图书室的规范制度。为规范我国中小学图书馆的发展，先后颁布了《中小学图书馆（室）规程（修订）》《关于加强新时期中小学图书馆建设与应用工作的意见》等政策文件，体系与时俱进性、连续性需不断完善。虽然文件中对馆藏、设施设备、馆员、服务等方面也有所涉及，但部分条款缺少量化指标或定性表述，使得其可操作性不强，影响到法规文本的效用水平。如馆舍的设置、馆员的设置、资金的来源、馆藏资源、开放的时间、目标计划的设置等问题也需探索。

由此可见，我国基层中小学图书室法律规范的制定应被提上议事日程，需要借鉴英、日、美等国家的好的经验，不断修订将其完善。

二、比较中的差距带给我们的思考

（一）制定完善的中小学图书馆法律、政策与服务标准体系

美国、日本等国都非常重视中小学图书馆法律法规的制定，以此来规范和指导中小学图书馆的发展。日本除了《学校图书馆法》及其配套法规《司书教谕讲习规程》《学校图书馆标准》《学校图书馆充实补助制度》外，还颁布了《关于推进儿童读书活动的基本计划》和《文字及活字文化振兴法》两部相关法律，分别从图书配置、馆藏、人员、设施设备等方面进行了规定，以此来保障中小学图书馆各项阅读活动的顺利开展。

纵观美国历史，美国各级政府都非常重视中小学图书馆建设，在国家层面有联邦的图书馆法、中小学教育法案，地方政府有各州的中小学图书馆服务标准，资助和管理量化指标，保证了中小学图书馆的质量，最终使中小学图书馆通过多种途径为学校、社区数百万人提供服务。可以发现，政策法规与标准规范起到了重要的推动作用。

一方面，将中小学图书馆打造为舒适的场所，用于彰显校园多元文化价值体系的共同特征。如美国利用实体书店、社区书屋等各类阅读空间，延伸校园阅读服务。另一方面，中小学图书馆又将当作调解社区不同文化价值体系之间冲突的场所。中小学图书馆管理者自然而然地参与到多元文化建设中，不同文化的遗产也通过中小学图书馆馆藏和服务得到保护和体现。

此外，在美国，中小学图书馆员通常需要具备图书馆员和教师双重资格认

证；图书馆员的专业知识使得他们在学校教育中发挥了重要作用，从而树立了良好的形象，受到人们的普遍尊重，而这反过来又吸引了大量优秀人才投身图书馆事业，从而带来了中小学图书馆的良性发展。

而我国针对基层中小学图书室，缺少相配套的法律法规，很少出台相关的细化量化标准，从开展服务的各项基本因素（如设施、设备、馆员、馆藏、空间与服务等）方方面面进行规范。与之密切相关的政策文件就是《中小学图书馆（室）规程》与《关于加强新时期中小学图书馆建设与应用工作的意见》。或者公共图书馆把学校图书室作为分馆模式，运用"图书馆+"阅读推广策略，构建"公共图书馆+中小学图书室+村（社区）服务网点"三级服务体系，一定程度上还助推和完善基层中小学阅读推广服务体系建设。

（二）馆舍建设坚持"以人为中心、面向未来、泛化融合"理念

"以人为中心"体现为以人为本的建筑与空间布局、融入适性学习的理念、支持最大程度的开放。基层中小学图书室应尊重不同学段孩子需求的多样性，为多元学习目标提供差异化服务，为多样学习内容推荐不同资源，为不同学习活动提供不同空间。

"面向未来"则体现为建设智慧化、创新型的图书馆。未来学校图书室在建造之时就要重视馆藏智慧化、管理智慧化、服务智慧化、空间智慧化建设，以智慧化建设提升图书室的层次与水平。同时，不断探索嵌入式课程模式、资源服务方式，让图书室成为知识学习与更深层次的个性化学习之间的联系枢纽。

"泛化融合"体现为打造泛在空间体系、强调兼容复合的功能设计、倡导开放共享理念。未来学校将图书室融入学校的学习生态，打造包括图书室、班级图书角在内的泛在化、无边界的学习与阅读空间。在功能设计上，未来学校图书室强调多元、动态、弹性的空间，根据师生需要调整空间功能，更应重视共享、共融、多元、交互。

（三）做好基层中小学图书室的价值评估

基层中小学图书室通过为师生提供信息、场所和阅读材料，帮助他们吸入知识并获得归属感的过程，也让图书室自身不断发展。

美国的中小学图书馆影响研究大致始于20世纪60年代并延续至今，主要考察中小学图书馆对学生学业表现（考试成绩与综合能力）的影响，通过实际的数字和效果来证明中小学图书馆在中小学教育中的重要地位，从而作为获取联邦和地方政府资金投入的依据。这种通过实施效果来评估自身价值的方法科学、真实，而且具有很强的说服力。

评估考核内容一般包括馆舍条件、设备、设施、藏书建设、队伍建设、组织领导、常规管理、文献管理、读者服务、现代化技术与使用等几项，但在具体指标和要求上，则结合中小学实际，在评定内容、标准及比分权重的设置上也各有侧重。如针对基础较好的学校则更侧重于科学管理、自动化水平、读者工作以及自身的业务学习和理论研究。

相比而言，我国缺少对基层中小学图书室实际产生的效果进行评价和研究，更多采用检查和考核的方式来考察基层中小学图书室价值。

对于中小学图书室价值的评定，我们也需要科学、可靠的数据支持。目前，考核我国基层中小学图书室存在价值的方式，主要是以是否达到图书馆评估指南的要求为准，这就使得很多基层中小学图书室为了完成检查而疲于应对，为了达标而采取各种应对办法。如配备了电子阅览室但服务却没有到位，突击式购买大量复本或教科书，成为摆满了电脑的计算机房。虽应对了检查，但没有实实在在地在教与学的过程中发挥应有的作用，没有切切实实从师生的角度去开展图书室服务工作。对此，多数中小学图书室不能获得师生的认同，成为学生自习室的场所，甚至沦为形同虚设的机构。

为了改变目前基层中小学图书室的状况，以图书室评估标准细化为突破点，可把评估细化分为管理体制与人员建设、条件保障、科学管理、读者工作等部分。管理体制与人员建设方面包括图书室是否纳入学校整体工作计划、人员数量、人员素质、职务结构、人员稳定；条件保障包括馆舍、设备、藏书建设、经费；科学管理包括常规管理（规章制度、规章制度执行情况、计划总结、三账登录）、文献管理（计算机管理、文献分类、图书著录、图书加工、文献检索、期刊管理、书刊剔除）；读者工作应包括基本服务（借阅时间、借阅情况、借阅册数、到馆率)、教育职能(读书活动、配合课改、图情教育、阅读辅导、书目宣传)、资料服务(文献整理、二次文献工作、检索咨询服务、信息交流等)。

同时还可引进自我价值评估或第三方的评估机制,以学生成绩和综合能力的提升为标准来衡量基层中小学图书室的贡献,证明其在学校教育中发挥的重要作用,从而作为获取发展所需资金的依据,以期受到上级、学校及广大师生的重视。

(四)倡导中小学图书馆与其他机构的多元合作

美国、日本中小学图书馆都远不止提供借阅服务、信息服务,他们较早地开展了各种形式的馆际合作。美国作家多克托罗(E. L. Doctorow)在1994年曾说"自由社会给予公民最重要的三份文件分别是出生证明、护照和图书馆读者卡",可见美国非常重视图书馆。1995年,历史学家戴维·麦卡洛(David McCullough)在塔尔萨学校图书馆对台下听众说道:"免费的图书馆是这个社会最好的公共机构;我们现在所处的位置就是这一机构的绝对中心。"由此可见美国人热爱图书馆与生俱来,非常重视以图书馆为中心与外界交流。

其次,从研究公共信誉度结果来看,除了图书馆、军队和急救机构外,其他主要机构(政府、教堂、银行、公司)的公共信誉度均有所下降。这就为图书馆与其他机构合作奠定基础。

2012年,据日本文部科学省对家长的调查发现,日本中小学半数以上学校与公共图书馆开展合作;94%的家长认为图书馆对他们的孩子来说很重要,84%的家长表示图书馆合作开展活动培养了孩子对于阅读和书籍的热爱。

在美国,公共图书馆和中小学图书馆作为未成年人服务的两大支柱,为未成年人提供了有用的信息、舒适的公共空间,有着良好的合作关系。

美国中小学图书馆的雏形——学区图书馆就是学校图书馆与公共图书馆联合办馆的产物,至今美国仍存在很多联合办馆的类似情况。为了促进中小学图书馆和公共图书馆的合作,给未成年人提供阅读的材料,帮助未成年对周围世界更深刻地了解,帮助未成年人拥有学习成长的机会,2015年美国推出了数字图书馆建设项目,通过"信息""空间""阅读"实际行动,从国家层面推动馆校合作。

美国中小学图书馆与公共图书馆之所以能够顺利地开展合作，是因为他们有合作基础，并且在实践中形成了多层级多角度的合作促进机制来进行保障，如在组织机构层面有行业协会的组织协调与促进推动；在基层有其他组织机构与个人力量的介入；在政府层面有国家、州、郡等配套成体系的相关政策、规定或指南。

我国的公共图书馆与基层中小学图书室也有一定程度的合作，伴随公共图书馆服务体系的构建，尤其是总分馆建设的不断发展，涌现出学校图书室作为公共图书馆的分馆，进行资源共建共享、业务指导以及阅读活动的合作协助等。

在公共图书馆总分馆建设的推动下，基层中小学图书室尝试与公共图书馆深入合作、联合开展阅读活动，但与高校图书馆、社区图书馆等其他机构的合作却不容乐观。

前面一节提到的英国最受儿童欢迎的"夏季阅读挑战赛"实践证明，中小学图书馆要想获得充分发展，必须走多元化的合作道路，唯有如此，才能取人之长，补己之短。我国基层中小学图书室可吸取日、美、英国的经验，在保障自身安全情况下，不断敞开学校大门，积极与公共图书馆、高校图书馆、社区图书馆等机构合作，走多元合作的发展之路。

第八章　社会合作路径探索研究

第一节　合作的意义与策略

一、开展社会合作的意义

基层中小学图书室建设日益完善，但随着互联网、信息化日新月异的发展，也面临危机与挑战。很多边远农村学校图书资源缺乏，仍然处于无更多课外知识丰富精神生活的阶段，满足儿童智力发展的精神需求任重道远；即使有条件、有资源的乡镇中小学，通过电视、视频进行数字阅读，但其阅读兴趣、阅读率低，阅读行为参差不齐；再就是互联网背景下，如电子游戏、网络聊天、网络游戏、手机快餐式阅读也冲击着学校图书室传统阅读。

因此，基层中小学图书室只有改变观念，积极寻求合作资源，与公共图书馆馆舍资源合作，与高校图书馆馆藏资源合作，与社区文化服务中心及商业机构进行环境资源合作。通过充分发挥合作机构或单位的现代技术优势，实现资源共享、优势互补，丰富图书室职能，提升文献利用率与服务质量。

社会合作不仅给双方带来新的机遇，让双方在阅读推广服务下开展各类读书活动；而且让双方在交流中得到启发，获得更充分的发展。中小学图书室与其他类型机构的合作，目标是提升合作双方的社会形象，提升读者满意度，让广大青少年享受到最优质的服务，所以合作最大的受益者是两者共同服务的群体对象——广大师生，尤其是未成年人，最终实现双赢。

（一）合作帮助中小学图书室走出困境

在国际上，中小学图书馆常被称为信息资源中心，其地位常被看成是学校的心脏，在学校教育中发挥着举足轻重的作用。然而在我国，基层中小学图书室虽作为学校的教辅助机构,处境却十分尴尬,学校又以应试教育为核心,每当临近期中、期末考试,学校图书室常常让位于课堂教学,无法发挥第二课堂的作用,更别说资源中心的位置。

目前教育基本实现公平化、均衡化发展,基层中小学实行划片区招生,升学的压力明显缓解,师生作息时间规律性强,但学生每年寒暑假近三个月,学校图书室基本随学生放假而关闭,只在学生在校期间开放。因此学校图书室闲置期长,图书资料浪费极大,文献流通率和利用率低。

另一方面,为了完成上级的检查评估,很多中小学图书室一次突击性采购大量复本的教材、教辅图书,馆藏数量充足,但质量却良莠不齐,致使一些图书内容不能很好地满足学生的实际课外需求。一些学校图书室很少从学生自身的需求出发,且没有提供专业化、特色化服务,甚至未能开展一定数量的读书活动,无法发挥应有的作用,导致师生不能切身体会图书室对自己生活和学习的帮助,进而对图书室角色的重要性无法形成良好认同。长时间的消极应对,使师生认为图书室可有可无,逐渐沦为在学校里常设但却并不重要的机构。

此外,从乡镇中小学图书室建设调研来看,存在着严重的不平衡问题,城乡、区域差别明显,边远地区中小学图书室发展迟缓,开展阅读活动效果不佳。一半学校的图书室达到国家中小学图书馆的标准,但一些边远学校只能用一间或几间教室改做图书室。因学校经费或其他原因,要图书室走出困境,实现自身发展,必须与其他机构合作。一方面能够在学校财力有限的情况下短时间内让学生在学校内享受到图书室的服务,满足学生的基本学习和课余阅读需求,从而帮助提升图书室的服务效率;另一方面可以借助其他机构在人力、馆藏、活动组织等方面的优势,弥补中小学图书室运行中开展阅读服务等方面存在的不足,让其短时间内走出发展的困境。

(二)合作促进其他机构自身发展

尽管基层中小学图书室的服务与发展不尽人意,但它却有着其他机构不具备的两项优势:一是稳定而整齐的读者群体,二是均匀而普通的地理优势。中小学是青少年集中学习的场所,学校按年级划分,同一年级学生接受能力和读写能力差距不大，便于分级阅读活动的开展，这些优势是公共图书馆所不具备的。因此与中小学图书室合作，通常在学校开展阅读推广，学校学生集中，便于召集，并且各类阅读活动更具针对性，阅读推广的效果会更好，而且这种均等的分布正是公共文化服务体系建设所希望实现的。因此，公共图书馆愿意将中小学图书室作为分馆来建设，这种在农村、边远地区尤其普遍，借助中小学图书室的地缘优势，将其他类型的图书馆服务嵌入，从而有利于更好地开展阅读推广服务。这种方式通过延伸服务促进公共图书馆自身发展，同时也促进了中小学图书室建设与发展，实现了在合作中双赢。

（三）合作向服务对象提供更多优质的服务

基层中小学图书室与公共图书馆、高校图书馆的合作，无非就是为了利用他们现代化的设施设备、丰富的馆藏资源、形式多样的阅读活动、优质的人力资源，增强自身的力量，弥补自身的不足，发挥图书室在学生学习与课余活动中的作用。

与社区图书馆的合作，也是便于学生能够在放学后、周末、假期等空闲时间到社区服务中心，就近享受图书室的不受时空限制的服务，满足青少年对图书室在时间和空间上的要求。

与出版社的合作，就是从市场角度为广大师生提供最优质的馆藏资源，借助优质资源打牢学校图书室赖以生存的物质基础的根基，再通过阅读（推广）服务形成良性互动，最终实现双赢。与商业机构的合作，是希望借助商业力量发展学校图书室的现代化和自动化，为师生提供更优质的数字化服务。

综上可以看出，基层中小学图书室与其他机构的合作落脚点都是为了给服务对象——广大师生提供内涵丰富、深度融合的优质服务。所以说合作的借力发展最终受益者是广大读者（师生），尤其是能够为青少年学生获得更加优质的服务。

二、开展社会合作的策略

前面第七章第三节详细阐述了公共图书馆、中小学图书室以及美、英、日中小学图书馆各自的优势与不足,那么基层中小学图书室如何开展社会合作,如何结合自身实际,在借鉴中取长补短,发挥自身优势,补齐自身短板。

（一）出台相关政策

基层中小学图书室与其他机构开展合作需要有相关政策提供法律上的支持与保障。2015年6月,教育部、文化部和国家新闻出版广电总局联合下发《关于加强新时期中小学图书馆建设与应用工作的意见》,其中明确规定:"中小学图书室与本地公共图书馆特别是少年儿童图书馆、高等学校图书馆要积极开展合作,推进资源共享,探索实现通借通还;中小学图书室要主动探索向社区、社会开放,提高馆藏资源利用率。农村中小学图书室要发挥辐射作用,采取有效措施服务农民精神文化需求"。2018年5月底,教育部印发《有关〈中小学图书馆（室）规程〉的通知》（教基〔2018〕5号）,第二十九条明确指出"图书馆应当积极与本地公共图书馆,特别是少年儿童图书馆、高等学校图书馆开展馆际合作,实现资源共享;各地教育行政部门要重视和加强乡镇中心学校图书室建设,辐射周边小规模学校。在确保校园安全的前提下,有条件的学校可以探索向家长、社区有序开放"。这两个文件的出台,从行政层面对中小学图书室与其他机构的合作提供了政策依据和保障。

（二）成立专门的协会或组织机构

基层中小学图书室与其他类型的图书馆隶属于不同的上级机构,公共图书馆隶属于文化旅游部门,区县级公共图书馆一般接受市级图书馆业务指导,自上而下自成体系;而中小学图书室隶属于教育部门,属于学校的一个部门,接受本校管理。因隶属于不同的体系,各自的资源、活动都存在较大的差异,因此需要一个中间媒介作为专门的指导机构。

另一个重要问题就是合作双方的性质不同,公共图书馆属于公益性文化机构,强调广泛地为广大民众提供普遍均等的服务。覆盖所有年龄段群体,服务时间都尽可能设置在周末、节假日等方便读者来馆的时间段。随着读者权利意识的崛起,公共图书馆365天免费开放服务。而基层中小学图书室出于安全因素考虑,一般不面向社会开放,尽管近些年出台的政策鼓励中小学图书馆向社会开放，作为学校的一个机构，开放时间与学校保持一致，放学后、周末与假期一般不开放。一方面公共图书馆尽可能最大限度地开放，一方面中小学图书室出于自身保护的封闭，性质不同，让两者的服务理念和服务行为有所区别。

因此需要建立专门的指导机构作为中间媒介对基层中小学图书室和公共图书馆、高校图书馆、社区图书馆等其他类型图书馆合作进行培训、指导，提供交流机会。本着客观、共赢的原则，处于第三方的学会或联盟机构要充分发挥"滋养民族心灵、培育文化自信"的阵地作用，如成立文献资源中心、文化传播中心或教学服务中心。通过创建网站，展示成功合作案例，向合作双方推荐重点服务、优秀资源，来鼓励和推动双方合作的开展，或搭建在线学习社区、优化升级无线网络、创办电子期刊和博客等举措，切实为双方交流提供平台。一般选取与双方都有交集的组织作为中间机构，或可在基层中小学校成立的校际图书室联盟下设未成年图书室服务专业委员会或学术研究委员会，或者农村青少年阅读推广专业委员会等与未成年服务有关的阅读委员会，致力于基层中小学阅读推广工作和对外合作，并发挥行业带动作用，促进双方在阅读推广工作中有步骤、有计划，系统地进行合作与交流，切实将最贴心的服务送给广大师生读者。

（三）签订合作协议

合作涉及双方，因此合作前要签订协议。比如高校图书馆阅读推广方面的研究成果、公共图书馆阅读活动优秀案例具有可复制性，在基层中小学推广时，涉及高校图书馆、地区公共图书馆开展青少年阅读推广活动的先进经验和一些知识产权。双方在合作前签订协议，就以书面形式确认了双方的责任、权利与义务，如基层中小学校网站利用网络，开辟阅读推广案例赏析，恰好是某高校图书馆在这一领域的研究成果。因双方协议协商好了的，开展起工作来就顺利，合作就愉快。否则，就难以促进双方的交流与合作。

再如为确保沟通顺畅、合作顺利，双方在合作过程中，遇到新问题双方需对新问题进行讨论，有义务搭建彼此沟通的平台，对新增问题进行调研，双方有义务提交调研分析报告，提出解决方案，双方探讨达成共识，也为发展规划发挥双方优势提供科学依据，实现合作共赢。

公共图书馆对基层中小学图书室有业务指导的义务和责任，也有过很多合作，针对合作中存在的问题，可以采取如下两个策略：第一，建立两者都有密切关联的中间机构作为中介（如馆校图书室联盟、教育服务中心等），对两者进行协调，搭建彼此沟通的平台，让双方信息沟通顺畅，从而发挥双方优势，实现合作共赢；第二，将中小学图书室作为公共图书馆的分馆，面向社区开放，但为了保障学校的安全，可以开辟面向学校和公众的两个入口。入口彼此之间不互通，公众能够享受学校图书室的服务，却不能通过图书室进入学校教学区。或者实行错时开放，学生上课期间不对外开放，其余时间可对社区居民开放。这样一方面满足了社区公众就近享受图书馆服务的需求，让公共图书馆的服务半径得以延伸；另一方面也确保了学校的安全，提高了中小学图书室的利用效率。

第二节　与公共图书馆的合作

公共图书馆、社区图书室和基层中小学图书室都在着力提升基层公共文化服务水平；都在努力让基层群众享有更加充实、更为丰富、更高质量的精神文化生活；都有着社会公益教育服务的责任与义务；都可被称作为专门为青少年提供公益教育服务的机构。共同的社会职责让它们之间存在着某种天然的密切联系。因为它们具有共同的服务对象和相同的服务目标，都在充分发挥各自品牌、资源、渠道等优势，建立长效合作、协同发展机制，实现"1+1"大于"2"的合力效应，将是教育事业和图书事业发展的必然趋势。

一些公共图书馆顺应社会需求，馆内设有少儿图书分馆，以馆中馆的形式开展少儿阅读服务。这种形式为基层中小学拓展阅读服务提供了有益探索和模式借鉴，尤其是在省级图书馆、区县级图书馆较为常见，基本都开辟有少儿服务空间，都组织有丰富多彩的阅读活动，都已成为回应家长对少儿教育的需求和图书馆的亮点和增长点。或许是因为城市小孩父母文化程度、经济水平略高于农村小孩父母，或是他们有更多时间和精力重视小孩教育。

再看国外图书馆，他们独立建制的少儿图书馆不多，但他们重视孩子阅读更早。中国儿童2—3岁开始阅读活动，就认为太早，而西方发达国家曾提出"生而为读"，图书馆一般要为新生幼儿发放"出生即阅读阅芽包"，幼儿出生6—9个月就开始阅读，上幼儿园就知道图书馆有儿童喜欢看的绘本和玩的游戏，上小学学校探索作业，孩子们就知道只有在学校图书馆老师辅导下才能完成，学习上对图书馆的依赖很大。

近年来，我国每年政府报告都将全民阅读纳入文化民生重点支持，为基层群众文化生活品质，增进民生福祉提供了有力保障。区县级公共图书馆，都会开辟出专门的儿童服务空间，有的还会将学龄前儿童与中小学生按年级分类，在色彩、室内装饰、功能布局、图书选类等方面与成人阅览室相区别。

区县图书馆"总分馆"工程建设也应运而生。建立以区图书馆为中心馆、乡镇街道综合文化服务中心为分馆的总分馆服务体系，同时也把乡镇中小学图书室作为分馆来打造，打造共建共享平台，以实现公共文化服务协同合作、共建共享的建设格局。乡镇中小学借助共建共享平台，针对学校未成年人，由馆员、家长、老师、孩子共同组成读书委员会，与镇乡文化服务中心合作，凝聚更多公共文化资源，加强文献交流合作，基本实现了通借通还、资源共享。在资源共享过程中，乡镇中小学图书室借助区县图书馆的专业能力，通过学生数据分级分类研究后，立足镇乡文化服务中心藏书资源和空间资源，按儿童成长过程中可能遇到的普遍性问题，编排出适合各年龄阶段的分级书目以及分主题书目，吸引更多青少年读者参与到阅读中来，促进城乡青少年精神生活共同富裕。

乡镇文化服务中心借助学校共享资源联合推出更多阅读推广活动，又能辐射村社文化服务中心，让乡镇文化服务中心的阅读推广活动去带动引领村社农家书屋阅读活动的开展，并在活动中促进村社农家书屋、文化中心户的建设，以此持续增强基层群众文化获得感、满足感、幸福感。区县级公共图书馆与中小学联手打造"校园学习"智慧教室学习平台，为乡镇中小学读者提供学科前沿课程资源及沉浸式直播互动学习体验，以此提升区县级公共图书馆资源的利用率，和持续增强基层青少年获得感、幸福感。

在合作中要本着一个理念：坚持。学校图书室阅读服务最关键的是要从一点一滴做起，哪怕图书室老师一生只影响一个学生、一个家庭，当越来越多的专业人员参与到基层中小学阅读推广中，就会影响一个班级、一个学校、一个社区，直至整个地区。如此基层中小学阅读推广事业也就发展起来了。

一、坚持合作的基础

基层中小学图书室与公共图书馆两者合作之所以能够实现，是因为两者之间既有很多共性，又各有侧重，优势互补。正因为它们的共性和个性，才让它们的合作成为可能。

（一）服务人群相同，但各有侧重

基层中小学图书室与公共图书馆均服务于未成年人这个群体，两者的服务对象存在交叉，但各有侧重。前者以中小学生为主，公共图书馆不仅注重对低幼儿童、适龄儿童，更注重对社会各类人群的服务。

学校图书室的服务人群比较集中，主要服务在校学生及与之关系密切的教师，往往侧重于学科辅导，并随着学校师生的需求增加定时增补藏书，并将学科辅导书籍内容结合阅读指导直接开设到课堂上。公共图书馆的服务人群比较分散，主要服务密切相关的人群更广（如父母、其他看护人、教师、儿童作家、儿童图书馆学家以及一切对儿童教育感兴趣的人群都包含在内）。如今公共图书馆也重视社会教育职能，注重满足未成年人的阅读需求，也为未成年人提供丰富多样的服务。一是为未成年人提供阅读场地，为学生实践、研学等提供场所；二是针对未成年人积极开展阅读活动。

尽管服务人群各有侧重，但又在求同存异中，目标是一致的：往大的方面说，都在着力提升基层公共文化服务水平，让基层青少年享有更加充实、更为丰富、更高质量的精神文化生活。往自身方面说，都在为培养更多的终身学习者和自主学习者而努力。

（二）服务目标一致，又各有不同

基层中小学图书室与区县级公共图书馆的总目标是一致的，均是为儿童和青少年提供丰富的阅读资源，满足他们不同成长阶段的阅读需求，提高他们识字和读写能力，培养他们终身阅读的习惯，促进他们精神生活共同富裕。由于各自的使命不尽相同，所以在具体目标设定上又有所区别。基层中小学图书室更多是作为教学的辅助手段，用于丰富学生课堂外的学习与阅读，因此资源主要以教辅资料、工具图书、学科辅导为主，阅读活动与课堂教学紧密结合。公共图书馆的服务则更强调对孩子阅读兴趣和信息素养的培养，注重阅读的愉悦性，因此更多的是休闲读物，相比于中小学图书室，资源类型更加多样，阅读活动更加丰富。

（三）服务时间错峰，资源充分利用

区县级公共图书馆和基层中小学图书室在服务人群上的相同且重叠，致使两者有时存在"争抢"读者的现象。这种情况在独立建制的少儿馆中表现更加明显，周一到周五，公共图书馆（少儿阅览室或独立的少年儿童图书馆）读者稀少，参与活动人数不多，造成资源浪费。这也导致很多人错认为不应该独立建制少儿图书馆，少儿图书馆的存在是国家资源的浪费。

但纵观公共图书馆或少儿图书馆接待中小学生读者数量，寒暑假恰是一年高峰期。放学后、周末与寒暑假，孩子可以拥有放松、自由的阅读时间，中小学校图书室伴随教学的阶段性休整与完结，和学校师生一道处于休假状态，大门紧闭。与此同时，公共图书馆通过开展各类适宜青少年参加的文化活动，吸引各个年龄段学生到图书馆来，享受高质量的公共文化服务，由此出现寒暑假却是公共图书馆人流最多、最繁忙的时间。两者合作，依托公共图书馆少儿馆藏资源，服务时间错峰开放，能更好满足学生假期的阅读需求，使资源实现充分利用。

（四）政策与法律作保障，鼓励两者合作

前面在比较与思考一节中提到，国外在学校图书馆的各项活动及其整体发展，有明确的法律基础，有完备的政策措施支撑，行业发展水平较高。如图书馆实践中国际图书馆协会联合会（以下简称"国际图联"）与英美等国早就意识到两者之间合作的重要意义，在出台的图书馆的相关政策文件中就鼓励公共图书馆与中小学校合作。《国际图联向儿童的服务指南》（*Guidelines for Children's Library Services*）中指出："学校是图书馆的重要合作伙伴，学校图书馆为儿童提供教育支持，而儿童图书馆为儿童提供自我学习和休闲阅读的服务。"《国际图联面向青少年的图书馆服务指南》中认为："高质量的青少年服务需要一个与社区其他专业或志愿者机构组成的良好的网络体系，在为青少年读者开展的文化、教育和社会生活方面的活动进行协调，以使地方机构之间能从有益于青少年的角度进行。"该指南从文化网络、教育网络和社会网络三个方面进行论述，以保证合作计划的贯彻执行。合作已成为国际和英美等国制定图书馆未成年人服务标准（规范）中的共性因素。

但过去一段时间图书馆学研究者很少关注基层中小学图书室未成年人服务标准，中小学图书室建设服务理论滞后，规范中共性因素和影响因素分析不够，无法更好地对全民阅读时代乡镇中小学阅读服务给予有力的理论指导与实践支持。

目前，我国图书馆界也意识到公共图书馆与基层中小学图书室合作的必要性，以及未成年人服务标准，在先后出台的政策中均有体现。2017年11月出台的《中华人民共和国公共图书馆法》中第四十八条规定："国家支持公共图书馆加强与学校图书馆（室）、科研机构图书馆以及其他类型图书馆的交流与合作，开展联合服务。"相关政策与法律的出台为两者的合作提供了政策依据和法律保障，使两者的合作成为可能。公共图书馆馆员应当追求成为乡镇中小学服务的研究者，成为基层中小学生阅读推广和服务理论创新的推动者。

二、两者合作的前提与原则

前面优势与缺陷一节阐述了基层中小学图书室与公共图书馆都有各自的优势与缺陷。相同之处在于服务人群的重叠、服务目标一致，加上服务时间上的错峰补充与政策上的保障和推进，使得两者之间具备合作的基础，在求同存异中能够达成共识。即各自的性质不变，行政隶属关系不变，人事与财政关系也可以保留，只是在资源、流通借阅、阅读活动等方面共建共享。从阅读推广基本理论与要素出发，双方合作必须遵循如下原则：

（一）遵守互利互惠的规则，坚持合作共赢原则

中小学图书室与县级或区域公共图书馆在互利互惠基础上，合作中努力争取

共赢局面。合作带来的各方效益必定多于单方面独自产生的效益，两者通过合作，可以达到优势互补的效果，产生1+1>2的效益。若不在互利互惠基础上，为满足一方的利益，损害另一方面的合法利益来维持合作关系，最终双方都得不到想要的结果。

（二）坚持基层中小学图书室的独立平等性

在县级或区域公共图书馆与基层中小学图书室合作中，中小学图书室由于在经费、资源、人员等方面的劣势，常处于被照顾、被帮扶状态。因此，在合作中，双方都秉承平等自愿原则，中小学图书室要明白自身处于弱势，但必须保持自身的独立平等，以平等自愿参加图书馆的联合建设，不能作为公共图书馆的附庸而存在。唯有保持平等独立，才能实现互惠共赢，两者的合作方能长久。

（三）坚持社会公益性

合作中，公共图书馆数字资源和线上服务功能，坚持公益教育服务，凸显公益、均等、便利的形象，不收取费用、不搞任何营利性活动。坚持线上线下服务范围延伸，进一步推动基层中小学图书室阅读服务增质提效，实现城乡公共文化服务均等化。基层中小学图书室可免费访问公共图书馆数字资源、免费在线阅读电子图书资源。

三、两者合作的方式

在我国，区县级公共图书馆与基层中小学图书室合作的方式主要有两种：一种是以基层中小学图书室作为公共图书馆分馆的形式建立合作，另一种是以合作活动为主的形式建立合作。

前一种是因为学校规模不大，学校经费靠上级拨款，资金与人员不足，学校图书室通过与公共图书馆合作，在资源、资金、人员方面得到扶持。这种学校图书室往往都不太大，可支配的资金少，文献数量、种类有限，管理人员一般由学校老师担任，或者公共图书馆定期派人参与管理，所以馆藏资源更新慢，不能起到很好的学科辅导作用，对学生阅读素养的提升作用显现慢。而当地的公共图书馆财政拨款、资金充足，一般设有专门的少儿阅览室、少儿活动室，且馆藏资源丰富、资源建设充足、人员配备专业，这种把中小学图书室作为分馆来打造，通过对中小学的延伸服务，进一步推动城乡公共文化服务普惠化、均等化发展。

中小学图书室以公共馆分馆的形式建立，日常业务管理比如图书采购、编排分类、人员配置、上架剔旧、新书更换、活动策划等都由公共馆负责指导，馆藏资源方面流通量高的文献，定期与公共馆进行互换。这种模式既能加深对基层中小学图书室理论基础知识的学习，学习业内先进经验，提升乡镇中小学图书室服务能力，又能弥补基层中小学图书室之不足，帮助基层中小学图书室发展，促进基层中小学图书室更好地推广阅读；也能让公共图书馆更好地践行"传承文明、服务社会"的职责与使命。

后一种模式适用于新建的、条件比较好的中小学图书室，主要是因学校布局调整、资源整合、推进教育优质均衡发展应运而生。这种中小学图书室往往资源建设到位，设备比较智能化，有的还会根据自己学校文化底蕴、办学特色、教学特点形成具有特色的馆藏资源，师生利用学校图书室资源意识较强、效果明显。学校图书室各类读书活动都具有一定规模，常态化开展一系列活动，逐渐形成一定的品牌，对学生思想认识影响很大。如果以分馆的形式合作，有点大材小用，发挥不出它应有的社会作用。而且师生对馆藏的要求，只有学校最为了解学生需求，一般公共图书馆馆员很难掌握。

在这种情况下，公共图书馆可用学校图书室天然场所，借助"4·2中国儿童阅读日""4·23世界读书日""全民读书月"等开展阵地服务，共同举办各类型活动，公共图书馆秉承"兼收并蓄"的方针，可向学生介绍其功能、地理位置等，并得到学校图书室支持，为学生提供优惠办证，开办集体外借点。既发挥了公共图书馆优势进行校园阅读推广，又利用了各学科教学辅导专业知识，融入举办的读书活动中，使活动内容更具针对性和专业性，学生参与度和满意度都将得到提升。

这种以合作活动为主的合作，包括联合举办有广度和深度的阅读推广活动，营造一种齐阅读、勤阅读、好学习、乐分享的氛围，如办理集体外借、信息素质拓展、特长培训课、开设信息素养课、组织大型读书系列活动、合作举办研学旅科普活动、开展社会实践活动等。用各种传统故事、名人逸事等引导学生多读书、读好书、善读书。

第三节　与其他机构合作

一、接受高校图书馆的指导与合作

我国高校图书馆以"传播知识、启发民智"为己任。改革开放后就开始面向社会开放，作为重要的知识信息枢纽和精神文明建设基地，最佳合作对象之一就是周边的中小学图书馆。2002年2月，教育部修订的《普通高等学校图书馆规程》出台，第21条规定"有条件的高等学校图书馆应尽可能地向社会读者和社区读者开放"，加速了高校图书馆对外开放的步伐。

为落实国家对现代公共文化服务体系的决策部署，高校图书馆依托已构建的标准统一、覆盖城乡、互联互通、便捷高效的公共数字文化服务网络，同时又发挥高校阵地优势、资源优势、人才优势，助力基层中小学图书事业发展，可把基层中小学图书室作为阅读服务点建设，启动图书"一卡通"借阅服务功能，努力实现联合检索、馆际互借、资源共享，用活展览、讲座等资源打造阅读服务"最美一公里"。带动基层中小学阅读从"学校主导"向"全校参与"转化，从"活动"层面向"事业"专业层面转化，从"浅层设置"向"科学规划"转化。

基层中小学图书室是我国图书馆事业发展中较为薄弱的部分，基层中小学图书室要想自身发展成长，得主动走出去，寻求合作发展道路。高校图书馆凭借在人员、资源、经费等方面的优势，往往成为基层中小学图书室最佳合作对象。由于两者均隶属于教育系统，在不断缩小读者阅读服务半径的基础上，与高校图书馆合作更具优势，能更好地发挥高校图书馆的辐射带动作用。于是可寻求高校图书馆帮助开展合作交流，签署合作协议，以高校图书馆大力倡导资源共享、提高资源利用率为契机，进行精品阅读项目进基层中小学巡回展，对乡镇中小学图书室进行专业指导培训；或是征得高校图书馆同意，复制高校的阅读推广活动，如开展名师讲座、家庭阅读指导、中小学素养教育等。

高校图书馆也可尝试为基层中小学图书室免费调拨图书，并定期调换，免费为基层中小学图书室提供数字资源；也在教师文献信息服务、内部管理辅导服务、服务功能拓展等领域采取多种模式合作的尝试。

不过现实中高校图书馆没有积极对中小学免费开放，加之我国基层中小学图书室长期处于封闭发展状态，因此两者合作的实例并不多。如一些基层中小学图书室尝试以"在活动中学习，在参与中提高"为理念，与高校图书馆合作。如重庆师范大学图书馆志愿者假期到边远村社会实践，就是充分利用高校图书馆社会资源，针对不同年龄段、不同兴趣爱好的少年儿童开展"读书读报奖章活动"，用志愿者的专业特长，在有限时间内举办"读书小状元评选""我的藏书票"设计比赛、青少年科普剧比赛、"小小书签制作"和青少年经典导读等活动，短时间内促进了农村留守儿童的校外阅读需求的满足。一方面深化了高校图书馆服务内涵、服务模式，增强高校图书馆服务效能的辐射范围和影响力；另一方面，充分利用高校图书馆资源优势，通过合作开展知识服务，提升了农村青少年文化素养。

服务地方基础教育，提升基层中小学生的素质教育，引导基础教育群体更好地使用和利用资源，也是高校图书馆向社会开放迈出的良好开端和重要一步。

实践证明高校图书馆与基层中小学图书室合作是互惠共赢的，既是高校图书馆职能的延伸、对外开放的必然要求，同时也是中小学图书室走出困境，发展学生素质教育必须迈出的重要一步。四种合作模式可供参考。

（一）总馆分馆模式

比如把基层中小学作为高校分馆，在创新管理、深化基层中小学图书室"一卡通"服务体系方面，进行紧密的、全方位的合作模式，高校图书馆把资源及服务下沉基层，推动和促进基层中小学图书室作为高校一个分馆来建设管理。采用统一的图书文献管理软件，实行部分文献统一调配、统一编目，实现图书借阅的通借通还，以提高基层中小学服务量及资源利用率。

以高校服务品牌和阅读推广平台为依托，加大对基层中小学交流融合力度，建立基层中小学图书室阅读推广联动机制，推动高校图书馆优质资源向基层中小学的辐射扩散，实现高校资源的流动服务。

还有在人才交流领域的深度合作方面，高校图书馆定期对基层中小学图书室管理人员进行专业培训，或者高校图书馆派出业务骨干到基层中小学图书室进行管理指导。

（二）图书流动借阅点模式

这是一种相对比较松散的合作模式尝试，高校图书馆旨在搭建阅读平台，定期推出受青少年欢迎的图书，帮助解决基层中小学图书室文献数量有限、质量不高的问题；高校图书馆可帮助建立合作关系的中小学图书室组建"阅读推广"队伍，定期提供流动图书，联合打造阅读推广活动品牌。还可推广建立基层中小学图书室的示范经验。

（三）数字图书馆服务点模式

高校图书馆把基层中小学图书室特设为服务点，利用高校的数字阅读、有声阅读领域的自建数据库资源，免费提供给定点扶持的乡镇中小学校；或者推出"扫码听书"等便民服务，满足不同年龄段、不同阅读需求读者的数字阅读，以利于基层中小学提高利用数字文献信息的水平。

（四）协会模式

高校图书馆可牵头组建基层中小学校图书室工作者协会，指导基层中小学图书室建设与阅读推广，也是高校图书馆不断向社会开放迈出的重要一步和良好开端。旨在服务基层基础教育，提升乡镇中小学生的素质教育，引导基础教育群体更好地使用和利用资源，满足农村青少年的课外阅读需求。

高校图书馆可以发挥自己在资源、人员、技术、管理方面的优势，在馆舍内部规划、自动化系统规划建设、训练志愿者、分编工作、流通业务、图书馆利用教育、阅读推广活动等多个方面对基层中小学图书室实施帮扶。

二、与社区图书室合作

图书馆事业的发展，更多的还是需要图书馆人自己去努力。这是图书馆人的责任，这种责任的体现之一就是图书馆专业化的引领，也是图书馆存在的意义、价值和使命。

社区图书室对推动地方经济、文化发展，提高市民的综合素质，促进地方生态文明、精神文明建设以及在构建和谐社会中起着重要作用。

社区图书室是指根据社区居民的需要而建立在社区内，服务于社区居民的图书室，通过对文献资源建设与利用、阅读活动的开展等，来丰富社区居民精神文化生活。

近年来，社区图书室呈现出快速度、全方位、大规模的发展态势，无论是数量、规模和设施，还是从业人员、资源建设、读者服务、图书借阅情况，都有很大的改善和提高。

前面创新案例实践证明，社区图书室及书店与学校图书室在社会功能、营销对象、阅读推广等很多方面具有共通性，它们之间能实现良性互动，可实现多方共赢。

社区图书室因其灵活易接近，素有"居民家门口的图书馆"的美誉。在社区居民阅读需求愿望的基础上，针对居民的闲暇时间来合理安排各种服务，进而争取获得居民的支持。诸如财力（捐献运营经费）、物力（捐书、桌椅、电脑等）、人力（义务图书馆员）等方面的支持。

与社区图书室合作，关键要抓住社区重点人群，推行重点服务工作。如老人、儿童闲暇时间较多，成为社区重点人群。在理想状态下，每个镇街社区或村社都应该设置社区图书室来满足社区居民的基本文化需求。可现实受经费影响，并不能保障每个社区都设图书室，但总体来看，镇街社区图书室一般以分馆型、联办型、私人投资型、社区自办型形式存在，且明显存在着地区差异和城乡差异。目前，我国的社区图书室还是以城市社区图书室为主，乡镇和农村村社图书室存在场地不足、藏书量少、图书更新慢、资金短缺、图书室数量不足等问题，且一般以县级图书馆分馆或镇街综合服务中心、农家书屋充当社区图书室的角色。

而我国基层中小学图书室作为学校的辅助设施，伴随我国基础教育的普及，在地理分布上具有很大的优势，从城市到乡镇再到农村，凡是有适龄儿童的地方就有学校，作为配套设施，学校一般都会设置图书室。中小学图书室在地缘上的均匀分布，是其他任何类型图书馆（室）都无法比拟的。所以中小学图书室与社区图书室的合作，既能解决社区图书室的场地问题，又能够在短时间内让每个社区拥有自己的图书室。两者的合作，让周末和寒假闲置的中小学图书室得以发挥作用，资源得以充分利用，并且社区图书室也能在短时间内得以普及，可谓是双赢。

三、与出版社的合作

基层中小学图书室与出版社的合作是必须、必要的。出版社是内容的提供者，而中小学图书室则是图书采购资料最终获取者；两者之间既存在着简单的经济利益关系，又是彼此促进、相互依存的合作关系。合作带来双赢，让双方朝着健康的方向发展。

前面图书室建设章节讲到采购高质量的图书是馆藏建设顺利开展的基础工作，早在2003年教育部下发的《中小学图书馆（室）规程》中就明确了图书馆（室）要根据学校教育教学和教研工作的需要广泛采集国内外相关图书资料，并给出了《中小学图书馆（室）藏书分类比》和《图书馆（室）藏书量》的具体标准。2015年，教育部、文化部、国家新闻出版广电总局出台的《关于加强新时期中小学图书馆建设与应用工作的意见》中指出"各地中小学要重视对校本资源、特色资源的收集、整理、加工保存和应用"，并编制《全国中小学图书馆（室）推荐书目》作为中小学图书馆馆藏采购的主要参考依据。可见馆藏资源建设历来就是中小学图书馆建设的重要内容。

基层中小学图书室与出版社，尤其是优秀的老牌出版社之间，出版社通常把学校图书室作为长期稳定的客源，会影响出版社的经济效益。作为中小学图书室配货商的出版社，不仅会结合学校文化底蕴、学科特色以及学校特点和教学计划有针对性地推荐书单，而且还会主动推送市场畅销童书内容。除了线下联系外，甚至还借助于现代化科技与网络带来的便利，出版社与学校还可建立线上采购平台，从不同层面设置各类榜单，定时更新图书品种，有效减少学校选书的盲目性，为学校提供专业有效的网上选书服务，让所有图书的采买变得更加透明、公开、及时。学校成立专门的采购决策委员会，为了给师生采购到高质量的图书，听取师生意见，师生可推荐采购书目，采购委员会经过几轮讨论，确定最后购买方案，而出版社方面通过联合运营形成合力，持续为中小学图书室提供更加优质、精确和贴心的服务。根据热销图书推荐情况，定期组织知名作家到基层中小学校举办读者见面会和新书分享会，就社会焦点和时事政治等有利青少年身心健康发展的话题展开讨论与交流，丰富师生精神生活。每年邀请名家名师进校园为师生提供多样化的阅读活动，如举办阅读讲座、分享读书体会、为学生答疑解惑，提升学生人文底蕴。

第九章 数字化智能融合发展研究

第一节 数字图书室与数字阅读

数字图书馆的"数字"二字,是由英文"Digital"翻译而来。近年来,随着互联网的迅速发展,各种数字资源相继出现并日渐完善,数字图书馆也就应运而生了。

由于互联网资源是全球性的共享资源,因此,作为互联网资源之一的数字图书馆,面临着技术化、知识化和人文化的三大社会环境,其系统的数据库和知识库具有分布式、系统化、大规模的特点。即本地和远程用户可以在网络化的环境中,对系统内的数据库和知识库进行一致性的访问,获得自己所需的最终信息。可以理解为数字图书馆是没有时空限制、便于使用、超大规模的信息中心。

而基层中小学数字图书室面临着人们对其职能职责、社会定位以及价值作用的重新认知。

当前新技术不断推陈出新,知识服务创新快速发展的背景下,基层中小学读者获取信息时更倾向于便捷、实时、有效。传统的纸质文献和服务模式已不能满足基层中小学读者知识化、多样化的需求,读者更希望能够提供一站式信息搜索、知识发现,以及根据个人兴趣爱好、工作需求和研究方向来"定制"专门的文献信息资源等数字阅读服务。

一、数字图书室建设背景

数字化资源以及数字图书室因读者需求应运而生,数字阅读以读者为导向,通过广泛开展资源的共建共享建设,把许多地方的资源连接在一起,让广大用户最大限度地获取信息，得到信息服务，实现知识增值服务，它是图书室自动化发展的高级阶段。

因此，为进一步推进基层中小学图书室阅读工作的开展，加强中小学书香校园建设，助力中小学图书室更好地发挥服务教育教学及育人功能。图书室核心职能不再是简单的文献管理和提供文献查阅服务，而是作为知识管理与资源信息服务的平台；平台通过打造网络课堂、智课教育在线学习、移动阅读建设等构建一个不受时空限制的灵活多元化的服务系统。该平台不仅可为中小学师生提供便捷的文化资源服务、在线学习服务，还可服务基层群众的兴趣爱好，达到终身学习的目的。

然而基层中小学因资源配置、整体布局、组织形式以及管理模式上面的差异，导致学校图书室数字阅读发展参差不齐。从基础设施、资源到应用的数字化转型升级，师生信息素养与应用能力都不尽人意。出现宏观规划较少，建设资金规划、项目后续建设与服务的经费不足，特色数据库建设发展不平衡等问题。

在阅读服务探索实践过程中，基层中小学图书室结合自身实际，为弱势群体（特殊困难家庭子女、农村留守儿童）等提供基本阅读保障服务。在为广大师生提供阅读资源与服务过程中，借助高速发展的数字信息技术，在创新应用服务实践中数字阅读贴合师生需求的阅读互动体验，实现数字资源校园覆盖，有效支撑基层中小学教育数字化转型。

二、数字图书室建设经验借鉴与分析

（一）图书馆管理变革探索实践借鉴

1.上海交通大学创新服务探索实践

上海交通大学图书馆的信息共享空间智能化服务环境，通过高效的资源服务能力与整合能力，注重客户所处的情景及独特的个性，建立一个集声音、文字、图像等于一体的数据资源库，以"一键借阅"为基础的公共阅读场所数字服务网络建设，为用户提供协作式工作间、交流讨论区、开放式学习区等类型丰富、内容全面的数字阅读资源。

2008年，上海交大图书馆基于信息共享空间创新服务模式基础，又开创性地提出了"创新社区"服务模式，该模式充分将创新、交流思想引入图书室服务体系中，以"促进交流、启迪创新"为目标，以用户为中心，提供更多优质的出版物、更多更好的阅读交流场所；结合用户的数字图书需求进行个性化服务，通过构建"社区型"学术交流环境和"主题型"交流空间，为用户提供更具趣味性的图书资源服务，从而提升图书馆整体服务模式。

2.协同模式下"思源荐书"服务实践

在高校图书馆读者荐书积极性总体不高的形势下，上海交大图书馆又提出"思源荐书"荐购系统建设。一来可以改善荐书积极性不高的局面，又为师生荐书提供了便捷的新途径；二来因荐购系统功能丰富、荐书反馈及时，又促进了馆藏资源与用户需求的紧密匹配。

上海交大图书馆借助移动和互联网技术，针对各移动终端不同的操作系统，设计和开发荐书系统的移动应用端。通过多角色馆员协作模式，构建特色化、智能化的图书推荐系统，并将其嵌入现有的学科服务模式中；让读者享受到个性化的图书荐购体验，并最大程度地满足学科用户的资源需求，提高了用户荐书的积极性与主动性。让用户体验了人性化、功能强大的"一站式服务"。

(二)数字文献保障系统探索实践思考

前面章节讲到，社会合作实现了教育信息资源的共建、共享和共知。聚焦上海高校图书馆建设及阅读资源服务，如今上海交通大学图书馆又在《数字图书馆技术标准与规范》指导下，充分利用合作图书馆（高校图书馆、职业学院图书馆、社区图书室）电子资源、纸质资源的基础上，构建各学科教学信息资源电子库，并向全国高校师生开放，读者可以通过馆际互借或文献接力的借阅模式，通过合作图书馆进行馆藏资源的借阅与分享。促进了科学文化教育的发展和进步，为读者提供的人性化、个性化和智能化的服务，提高了图书馆的服务质量与效益。

《数字图书馆技术标准与规范》制定的详细标准对区县级图书馆和基层中小学图书室的馆藏建设、资源采购、分配、整合、信息数字化等具有深远的借鉴价值。其次《高校馆际互通业务规范》的出台，在保障合作权益中对基层中小学图书室馆际互借和文献传递业务、数字图书室建设等起到很好的借鉴与指导作用。

三、基层中小学图书室数字阅读建设

对于读者的个性化服务方面，基层中小学图书室如何通过政策导向，利用有限的资源、条件，满足广大师生日益增长的精神文化需求，实现基层群众精神生活"共同富裕"，这是基层中小学图书室要实现的社会效益。

作者对基层中小学数字图书室的数字资源建设与推广情况进行调研，收集基层中小学数字资源基础信息（包括数量、类型、容量、册数、时长、访问方式、推广方式等），再对当前各校数字资源配备、平台架构建设、数据管理、资源融合、组织活动以及青少年喜欢使用的阅读方法进行调研，得出以下结论：大部分有一定经济能力的城镇中小学，对数字图书室的认识还处在"跟着感觉走"的状态。于是，盲目购买各种不同格式、不同浏览平台的电子图书和数字图书资源库，简单地认为，购买了一些传统图书的数字化资源库或给师生读者提供上网，就是数字图书室。其实，这充其量只能算是"数字化图书室"，还不是"数字图书室"。

虽阅读资源质量参差不齐，但以儿童听读的阅读方式受到普遍欢迎，屏幕阅读的使用率较高，文字阅读的时长和比重降低，阅读内容呈现多元化、碎片化、娱乐化、游戏化趋势。

数字内容是学校图书室资源建设的重要模块，数字化阅读正越来越多地融入课堂教学之中，同时也发现基层中小学生数字阅读形成新的知识鸿沟、对知识体系建构存在无力倾向，似乎数字技术压缩了基层儿童童年期的快乐。

作者粗浅认为基层中小学数字图书室就是用数字图书馆的检索平台，通过"校校通"的网络，以资源共享、联机检索服务来辐射周边，为老师和学生（尤其是儿童）提供数字化服务。通过数字赋能书香校园、全民阅读，鼓励城市中小学进行数字化阅读新技术的开发和应用，打造多元化阅读场景，扩大数字资源的共享和辐射范围，助推带动乡镇中小学图书室数字资源建设，以提高全民阅读区

域覆盖率,让数字阅读在全民阅读促进工作中产生"倍增效应"。

其目标是培养"善读者"。让不喜欢阅读的少儿喜欢上阅读,从数字阅读开始;让喜欢阅读的少儿读更多的书,包括不受时空限制的数字方式;让不会阅读的少儿学会阅读,提高数字阅读素养;让有阅读困难的少儿跨越阅读障碍,包括数字干预;让孩子们喜欢上学校图书室和图书室老师,推动每个学生结识善读伙伴!

(一)政府投资,统一规划

前面基层中小学图书室现状一节中提到基层中小学图书室建设主要依靠上级拨款。基层数字阅读又是大型公益性知识服务平台,因引进和扩大普惠的文献资源和教育资源,平台对学校网络宽带、硬件设施和软件系统进行必要的扩容和更新,都需要不断有后续资金来保障,因此数字图书室平台建设,政府支持显得尤为重要。

1.发挥校际图书联盟作用

前面专用一节讲校际图书联盟建设,在数字阅读中可发挥作用,校际图书联盟可打破各校图书系统壁垒而成立一种新型协同服务,呼吁政府财政经济支持方式向项目投资和购买服务等方面转型。比如让校际图书联盟作为中心馆,主要负责各乡镇学校数字图书室平台建设,整合各学校文献资源工作,从读者用户的角度出发,以用户需求为驱动,合作开展纸质文献传递、通借通还、阅读推广等服务外,整合各校学科优质慕课资源,提高各学科的开放性和共享性。另一方面可根据各自学校自身特点和优势,制定数字资源工作规划,建设特色数字文献资源库,重视数字资源使用评价,全要素全员进行数字资源推广,提升数字资源使用友好度,促进纸电资源融合一体化发展。通过建设数字图书室平台,方便、快捷的文献传递服务,接通数字资源利用的"最后一公里"。

校际图书联盟不妨从每月各联盟学校图书室使用量、文献传递的用户请求量、各类数字资源的使用量等数据入手,定期从人、资、地三类实体进行分析。人,是访问数字图书室的用户,他们检索数据库、获取新知。人因出生背景、学习经历、生活环境以及性别、年龄、爱好不同,进而形成阅读差异。资,即资源，是基层中小学图书室数字服务的根本，比如将本地区或本校珍贵古籍，经过专业人员的采集、整理、分类等予以展现。地，则是学校数字图书室的平台，为区域公共图书馆、出版社和资源供应商搭建交流平台，从而进一步充实基层中小学图书室资源，进行特色主题展览，让更多读者走近珍贵古籍，感知传统文化。

不同的数据服务侧重于对不同实体的若干属性集合进行不同角度的开发和利用，进一步为数字图书室特色库建设提供重要数据支撑。特色库建设推行差别化扶持，注重数据质量，扬长避短，推动学校的学科教学和科研工作开展，互相促进，为特色库的可持续发展提供保障，进一步提升校际图书联盟成员学校的辐射能力和服务能力。

2.加强数字评估体系建设

基层中小学数字图书室的建设不是一朝一夕就能完成的，为保障数字资源合理配置，以及财政经费使用效益的最大化，建设过程中面临着许多阻碍。例如文献"海量化"的困扰，如何选择更加优质的数字资源，数字出版与数字阅读的衔接困扰以及如何提供高效便捷的数字阅读手段和数字资源服务管理方式。

其中，质量评估指的是通过数字资源建设过程中对于资源内容的完整性、精确性以及有用性和时效性等指标的衡量检测，以确定移动数字资源建设的总质量水平。需具备受读者欢迎、种类齐全、访问量大、收藏价值等优点。绩效评价指的是在基层中小学图书室移动数字资源建设过程中，针对数字资源服务方式、服务效能进行一定的科学分析，以保证数字资源、绿色效能性的社会效益。基层中小学图书室在整合现有资源的基础上，充分满足读者用户对于普通文献的资源需求，面向乡镇中小学以及社区服务，方便广大师生、社区民众使用。

（二）创新服务形式、丰富服务内容

基层中小学数字图书室的建设重视质量评估、绩效评价，只有创新优质数字资源服务的管理方式，不断丰富服务内容，才能吸引读者眼球。只有想办法使新的设想、新的技术手段能够转换为新的服务方式，发挥各校特色、传统文化特点，结合智慧场景开展数字资源推广，才能持续数字阅读的影响力。

1.数字资源品牌化

数字阅读建设要想获得长足发展,必须树立品牌化的发展战略。首先,数字图书室资源建设要以数字资源为核心,考虑到基层社区、镇街用户需求的差异性,移动终端设备能够为用户提供资源丰富、范围宽广的信息需求。其次,社区、镇街中小学图书室在明确服务对象的基础上,不断挖掘、探索出自身发展特色的数字资源,或者对碎片化资源进行整合,逐步构建自身特色数字资源体系。如构建自身学校"云上课堂",就要围绕国家中小学图书馆及阅读书目,以学生为主,教师为辅,与主流出版社合作,大力推进纸电同步阅读。邀请出名的出版机构、名家作者通过"线上+线下"相结合的数字化传播方式,学校图书室线下组织丰富的陪伴式阅读活动,高质量助力"书香校园"品牌建设。

2.服务方式移动化

借鉴上海交通大学图书馆数字服务体现"以人为本"的理念。首先,根据基层中小学读者的知识结构、研究需求和习惯,拓宽服务渠道,供其所需,发展个性化的信息服务。其次,为了更加有针对性,学科老师充分重视数字出版与数字阅读的有效衔接,了解科技对青少年服务需求,如电子书要保护青少年眼睛的需求,对信息资源进行更深程度的开发,使数字图书室学科服务更具有效性,能够为读者提供深度的研学和阅览体验服务。再次,积极参与区域性信息资源共建共享,推行由校际图书联盟统一领导和全面规划,避免资源重复建设,发挥学校数字图书室最大的社会效益和经济效益。

在数字时代浪潮中,如何让"大流量"转化为"推广力"效益?校际联盟不妨从乡村网络直播等领域招募人员作为乡村阅读推广大使,推广介绍优质图书,进一步激发基层群众阅读热情。或者鼓励、引导文化底蕴好的学校成立乡村阅读促进会、阅读社团、读书俱乐部等阅读组织,进一步夯实乡村阅读推广的群众基础。

3.服务内容多元化

社会浮躁,人们追求快节奏生活,随时随地想获取到更多的信息和服务。基层中小学数字图书室的建设应考虑数字化环境下的多方面因素,同时满足当下快节奏、高效率的师生用户在选择信息时的需求,注重阅读与学习,以及资源检索与利用,推出移动阅读服务中心。如掌上知识中心,具有以下主要功能:①文献阅读:图书、报纸、期刊等海量文献资源,可在手机上实现自我适应阅读体验。②课程学习:涵盖基础教育各阶段、各学科的课程章节和学科教师教学分享,基于学科内容的教学交流是数字图书室的鲜明特色。③特色库检索:集聚了各学校数据资源、智课教育在线学习平台,在这里,有许多顶级的学科教学专家。④学术社区交流:在"小组广场"选择感兴趣的小组加入,和小组成员传播知识交流观点;或者创建小组,在"小组"里进行小组话题,还可发布新话题、小组查看评论点赞、跟帖,实现小组互动。⑤专题订阅:像"学习强国"上面的热门的、流行的学科前沿专题一样,进行大量关注、实时推送,方便基层中小学师生读者自由、快捷地订阅、查看。

总之,进入数字时代,数字化阅读率已超过纸质图书阅读率,数字阅读促使进一步优化校园图书室资源配置。一些条件好的学校利用5G技术,为师生带来读书、听书与看书的全新体验,将阅读与场景元素融合,在沉浸式阅读中增强获得感。甚至利用大数据技术,精准捕捉师生阅读兴趣,实现优质内容实时推送,满足个性化的阅读需求,营造人人有书读、处处有书香的阅读氛围。

未来,数字阅读必将在技术实现、阅读服务、业务效能上为全民阅读带来更多可能性。基层中小学图书室将是数字阅读的受益者,数字应用的体验者,数字内容的审读者,科学阅读的推动者,阅读素养的促进者。

第二节 智慧图书室与智慧阅读

计算机技术和网络技术的急速发展,特别是智能手机和移动互联网的普及,促进了整个社会的快速发展。云计算、大数据、虚拟化、物联网、人工智能、元宇宙等技术和服务的兴起,将地球变成了地球村。智慧地球、智慧城市等概念应运而生。图书馆在利用电脑信息技术管理资源以来,也进入快速发展阶段。

数字图书馆方兴未艾，智慧图书馆建设扑面而来。最近几年，国内的智慧图书馆和智慧阅读理论研究一直是个热点话题，2019年智慧阅读入围中国图情学界十大学术热点。每次图情界的学术会议，话题都绕不开智慧图书馆的理论与实践方面的探讨，在各级各类科研项目和论文中，智慧图书馆及智慧阅读都成为研究重点。

作者作为图书馆从业者，一直在关注、学习数字（智慧）图书馆理论研究并运用到青少年数字阅读和智慧服务实践中。

就智慧阅读而言，作者根据智慧图书馆、人工智能、物联网等话题的文章，主要聚焦结合国内外智慧图书馆建设研究概况，以及通过基层中小学图书室智慧化建设现状，从智慧图书馆支撑技术、智慧图书馆组成要素、智慧图书馆实践、智慧图书馆建设几大板块来进行相关梳理与思考。

一、国外智慧图书馆建设研究概况

随着"智慧城市""智慧校园""智慧社区"等纷纷活跃起来，图书馆界结合图书馆发展形势，与时俱进地开始关注智慧图书馆。

欧美发达国家非常重视智慧图书馆建设的理论与实践结合，不断进行基础理论层面研究，更多关注智慧图书馆建设内容、图书管理系统、馆内自助系统、智能安防、移动服务建设等。不过大部分研究者，多集中从技术领域探讨其功能服务的革新，以及讨论智慧图书馆构建的问题。但是对基层中小学图书室智能化建设智慧化服务的研究文献屈指可数，致力于图书馆智慧化研究的学者们，开始涉及智慧图书馆的核心要素的研究。

作者以学术信息资源整合（ISI Web of Knowledge）平台的多库检索为例，以智能图书馆（smart library）和智慧图书馆（wisdom library）等为主题词进行检索，共获得2104条检索结果，对这些文献进行去重、筛选，共获得408篇相关文献。对文献内容进行分析可知，欧美发达国家非常重视智能图书馆智慧化建设的相关应用和研究。早在1999年，美国麻省理工学院自动识别中心提出网络无线射频识别（Radio Frequency Identification）系统，澳大利亚昆士兰州立图书馆

（State Library of Queensland Library）是最早就如何使民众更加方便地借阅进行研究的图书馆，澳大利亚学者以昆士兰州立图书馆为研究对象，通过研究图书馆用户对数字资源利用与学习行为方式，从图书馆用户的角度，明确了智慧图书馆的信息服务模式、合作化的服务方式；早在2001年美国图书馆协会就明确指出图书馆未来建设中，将离不开互联网信息技术的支撑。新加坡国家图书馆，是世界范围内首次采用射频识别（RFID）技术图书管理系统的图书馆，后来又将射频识别技术（RFID）应用于图书馆（电子）标签，自助还书点24小时开放，提高了图书借阅率及图书馆的工作效率。

2018年底，马来西亚国家图书馆与马来西亚三星电子私人有限公司合作，创建了人与物的互通互联智慧图书馆，通过智能化的物理设施，使馆内信息资源价值利用最大化；以及购买数字资源如电子报纸、电子杂志供用户读者阅读使用，为读者提供优质服务，广泛的互联、智慧化的管理与服务；以及招收具备高文化素养和专业技能的馆员，缩小了乡村和城市较为贫困地方的数字鸿沟，实现了图书馆的智慧化阅读。

由此可见国外关于智能图书馆的研究，不仅有基础理论层面的研究，也有较多地关注智慧图书馆构建模型、服务模式、建设意义等的研究，理论与实践融合发展，值得借鉴。

二、国内智慧图书馆研究概况

为了解国内有关智慧图书馆建设理论研究情况，笔者以知网期刊全文数据库、中国学术文献网络出版总库为搜索库，以"智慧图书馆"为主题词，以相近"篇名""主题"为条件进行检索，共检索到378篇相关文献，作者仔细阅读后，发现我国从2010年才真正开始智慧图书馆建设的理论研究。随着我国图书馆智慧化建设的关注度增加，研究论文数量也快速增长。

通过对检索到的文献进行分析总结，发现对智慧图书馆建设这几方面的研究较多。一是对智慧图书馆功能特点研究较多；二是对智慧图书馆构成要素、技术应用以及构建问题等研究较多；三是对智慧图书馆服务模式研究以及对图书馆发展阶段研究较多。无论从哪方面研究，智慧图书馆将是未来图书馆发展的必要阶段。

目前，高校图书馆、科研机构、各层级公共图书馆都在积极投入智能化改造、智慧化服务探索。主要围绕智能馆舍的建设、数字资源的购买、自动化设备的使用等；智慧化服务方面主要是在满足用户需求的基础上，创新服务方式、进一步激发用户体验式获取更加智慧的服务。

繁荣发展图书事业，提高国家文化软实力始终是图书馆的使命担当。数字化时代，伴着素质教育，基层中小学图书室不得不面对信息量的增加以及信息传递精细化的压力，只有积极融合技术革新，实现自身信息服务模式的优化与创新，才能改变传统服务的窘境。

三、基层中小学图书室智能化现状与分析

前面采用文献分析法，对所调研的相关文献进行分析，并就国内外图书馆智能化建设、智慧化服务相关文献进行提炼总结。在此基础上，作者又采用理论与实证相结合的实证调查法，于2019年1月至12月秘密走访了重庆边远地区中小学图书室，并针对其智能设施、平台系统、数字资源、人性化服务等内容进行实地查看、访谈了解。

首先，架构最底层基础设施层方面，包括各种设备设施和网络。中小学图书室基本都可实行本馆自助借还图书，借阅、打印和扫描馆藏资源，以及图书逾期款支付。图书室基本都是人工进行"采编——分拣——盘点——借阅"的业务流程，城区学校实现了"智能一卡通"，还可实现图书在城区内的图书馆或分馆（学校图书室）通借通还，并且学生持有这一卡通还可乘坐公交车，课外真正给城区的群众生活带来便利。从规模看，城区学校基本符合智能化建设标准，边远乡镇中小学在智能配套设施方面因缺乏资金，阅览空间有限，设备相对陈旧简陋，图书类型、数字资源种类少，馆藏不尽合理，缺乏特色。

其次，信息架构层。乡镇每个图书馆分馆都有馆内自助系统，其中城区分馆还可24小时连续服务，安全系统可实行智能管理，一些条件好的街道（如潼南

桂林街道文化服务中心、桂林人民小学图书室）都安装有智能门禁系统、图书安全防盗系统、声控灯、残疾人通道、安保摄像头，以便提供高效的智慧管理和服务，但经济较差点的乡镇学校，经济欠发达，基本只有学校内自助借还系统，人性化的服务欠缺，各类文献资源建设参差不齐。

发现普遍存在的问题是物联网技术应用不够，无法打破乡镇学校之间的"信息壁垒"；无法把某一领域信息的单种文献，与读者、馆员等信息个体互联互通，无法汇聚和转换各种数据，无法通过平台间数据进行挖掘，分析有相同偏好的用户群，进而向该群体主动推送书目信息，变"一馆独占"为"群体共享"信息服务。

最后是信息交互层。基层中小学图书室的发展进程与信息技术的不断进步有关，通过智慧化的信息传递，使图书室的资源最终到达服务师生与社会，切实发挥资源效用，实现智慧阅读终极目标，任重道远。

从上面总结可以看出，乡镇中小学图书室均进行不同程度智能化建设，并且进行了一定程度的人性化服务，但同时也存在一些不足。

（一）配套政策与规范的缺失

乡镇中小学赋能教育教学过程中，需要涉及大量信息交换。如作者调研的潼南双江镇、古溪镇综合文化服务中心，双江中（小）学、古溪中（小）学文献信息管理就采用各自的标准和规范，导致彼此成为一个个的信息孤岛，无法有效实现信息的交换。因此在信息交换中采取何种标准和规范，以及如何保障信息的安全，是必须考虑的两个问题。特别是师生读者的敏感信息，需要特别管理和处理，却没有具体而统一的标准规范出台。

（二）支撑平台与技术问题

智慧化的平台和技术是智慧阅读服务的基础。边远乡镇学校基本没运用物联网技术、数据挖掘技术等，无法实现现有的学校图书室数字平台系统与智慧化设施的整合。其次是所有边远乡镇学校图书室物理设备等硬件设施，以及信息服务系统、信息管理系统等软件系统，都达不到智慧图书馆构建的要求，需现代化技术的改进。

（三）建设成本问题

乡镇学校智慧化建设中，无论馆舍的建设、各种阅读设备的提供等硬件设施，还是智慧阅读平台建设、数字化资源的购买、软件系统的改进，甚至每本纸质图书电子标签的使用，都涉及资金成本问题。目前，乡镇中小学普遍面临资金压力。如数字资源的经费高过纸质图书资源，智慧馆舍的重建及改造，资源设备的日常维护，智慧馆员的培训等。

（四）学校图书室智慧馆员队伍建设滞后问题

智慧阅读离不开智慧馆员。调研发现对乡镇学校图书室馆员队伍建设重视不够，力度不够，编制数量严重不足。有的乡镇学校图书室专业人员在编人数较少，甚至没有，图书室主要工作只能依靠兼职教师来完成。

学校智慧阅读致力于为师生提供个性化的知识服务，以智能化的物理设备、泛在无线网络、数据资源、"物联网+云计算"等为支撑的同时，智慧的馆员也是必不可少的。

21世纪的图书室管理员，不再单纯是图书室的"看门人"，而是具有图书情报专业知识的高素质人才，能够对学校内资源进行分析、整合，提供特色化的学科服务。能够通过对读者需求的深层次挖掘，对读者行为的实时追踪，及时推送所需信息。

四、基层中小学智慧图书室建设

乡镇中小学从数字图书室、数字阅读到智慧图书室、智慧阅读实践的不断深入，不久的将来，5G、物联网、大数据、人工智能、云计算等新技术将会逐渐覆盖到乡镇中小学图书室的空间、资源、服务、管理、馆藏等各个层面，智慧阅读从数字化逐渐走向泛在化、共享化，并初步呈现人文化、生态化。"智慧、包容、互联"的特性将体现在中小学阅读服务的方方面面。

（一）加强政策保障

制定相关法律法规及政策。一方面，根据《中小学图书馆（室）规程（修订）》尽快完善基层中小学智慧图书室建设相关法规制度体系。加强网络安全、信息安全以及知识产权等的保障，这些都需要成文的法律法规来指导，以保护师生读者隐私安全，为基层中小学生智慧阅读营造良好的政策环境。另外，有了完善的法律保障，基层中小学图书室便可与公益组织、基金会等合作，可缓解仅仅依靠上级拨款的局面。

另一方面，经济条件较好的基层中小学校，可借鉴上海交通大学数字图书馆实践中的数字图书馆建设标准与规范，以及馆际互通业务规范，稳步推进乡镇中小学图书室标准化建设，打造读者一站式服务终端。

（二）加强资源建设

1.移动服务建设

加大乡村5G基站建设，以智能技术推动服务创新。优化移动服务方式和服务载体，使师生接受或访问学校图书室的数字化资源不受时空限制。借助移动阅读和交流平台、移动短信咨询平台以及网络信息浏览平台，利用5G手机高速浏览网页的功能，师生可以利用手机进行书目查询、续借、到期查询、读者荐购、参考咨询、图书移动阅读等服务。

2.资源共建共享

资源海量化，存储无界化是智慧阅读的基础。智慧化服务过程实际上是把迅速增加的数据库资源、网络信息资源、馆藏印刷资源等实体资源植入智能芯片的过程，芯片上写入其所属资源的属性及本质特征，使该资源成为可识别的独立个体，并通过图书馆泛在的网络环境，实时反馈资源的状态信息。海量资源的环境下，智慧图书室将会依托云服务构架，从安全可靠的"云"中获得业务支持系统、资源服务系统，使资源存储无界化成为现实。基层中小学间建立共建共享合作机制，推出多种不同领域、内容丰富、数据标准规范、检索功能强大的数据库资源，不但可扩大资源储备，满足师生需求，也为图书室发展电子藏书、开展电子信息服务提供重要资源并打下坚实基础。

同时利用本地资源，打造学校特色馆藏。注重基层中小学自身馆藏资源建设，处理好重点藏书与一般藏书之间的关系，根据自身学校的实际，发展特色资源、特色阅读服务；同时了解其他学校的情况，收集读者数据，分析读者阅读行为，推出个性化服务策略，用优质的服务达到较高的资源使用效率。

3.创新技术开发及应用

基于互联网技术的开发，作为资源共建共享的新载体形式，打破基层中小学图书室原有的独立、分制、封闭的局面，将区域内图书室作为一个整体进行管理，集成统一到数字信息平台，从而达到资源共建共享、馆际互借、合理配置和学校图书室之间互相合作的目的。

基层中小学图书室作为知识服务机构，对技术应用的创新态度，决定着智慧图书室建设速度和质量。图书室作为新技术的应用机构，奉行"拿来主义"，即技术的利用者，突破了服务的时空限制，结合学校学科特点，如学科服务、空间服务、多媒体服务等，实现自动化管理系统向自助服务转变；如利用虚拟现实、增强现实技术，为读者营造虚实结合、动态交互、沉浸体验的知识获取与交流的环境。利用传感器技术、无线射频技术的出现，不断探索图书室智能机器人关键技术研究。如图书馆图书采分编智能作业系统，结合物联网、人工智能和工业机器人技术，重组采分编工作流程，实现传统人工作业向自动化智能化操作的转型升级。一些迎宾岗位、保安保洁岗位，以及报刊信件签收分发、图书分拣、上架、信息咨询等功能的机器人研究取得了一定的进展。不断丰富智慧服务书香校园内涵，彰显图书室的社会价值，为铸就素质教育高质量发展作出新的更大贡献。

（三）社会合作策略

1.转变价值观念

随着互联网、人工智能、大数据等应用技术变革空前活跃，图书室必须迎接管理理念、组织结构、服务模式、软硬件等方面的整体性创新。物联网无线射频技术的应用，实现了文献纸质资源从入库到上架的智慧化流程和自动化系统，实现全媒体资源管理、业务流程和资源发现一体化管理，节省了劳动力，成本和存储空间的优势凸显，同时一系列软硬件服务平台（如图书室数据中心平台）、大屏幕可视化系统、数据分析挖掘中心系统、瀑布流电子图书下载机、各种自助借还、文印设备等，有效提升图书室自动化管理的智能化、集成化、资源管理一体化水平。努力构建起立体型宣传服务和线上师生阅读平台，为广大师生和社会公众提供了线上荐书、阅读、听书、预约、查询、检索、续借、展览、直播、讲座以及活动预告、服务宣传等便捷高效、丰富多彩、个性化的服务。

另一方面，智慧图书室建设重用技术同时注重人文建设，坚决杜绝绝对化的"技术论"。前面创新服务案例中，图书馆与书店融合发展模式的思考，这些都是为服务"书香校园"的实用化、智能化的基础建设，帮助基层中小学图书室更好地顺应形势，构建集阅读学习、运营宣传、读者活动、资源管理、用户管理、大数据于一体的智慧服务体系。智慧化技术应用下的基层中小学素质教育与阅读服务应重视立德树人与技能掌握深度融合，形成省、州市、县（市、区）、乡镇（街道）、村（社区）五级数字化智慧化服务网络体系。

2.智慧型馆员职业素养提升

基层中小学图书室的智能化建设，实现智慧化阅读，离不开智慧馆员。英国知名学者伊安·约翰逊指出："除了智慧的图书馆员，没人能创造出智慧图书馆。"提升图书室老师的职业素养，培养能够满足智慧服务需求的职业能力，是实现基层中小学智慧图书室可持续发展的重要保证。

学校的重要战略资产是拥有一批丰富经验和技能的馆员或老师。一方面，随着智慧图书室建设，服务内容发生改变，从信息服务向知识服务转变，完成这一切工作主要依靠馆员，服务能力要求提高，需要智慧型馆员，因为馆员素质能力的高低，决定了服务水平的优良。缺失了高水平高素质的馆员，也就缺失了学校图书室应有的社会地位，更不用说图书室的发展空间。例如个性化服务，参考咨询服务，与国内外学术交流，新技术对未来中小学教育、未来少儿数字素养培养的影响等，都需要经验丰富且专业很强的馆员。

另一方面，智慧服务需要的是更多技术的应用，只有专业的、更高水平的专业馆员才能驾驭。因此应当建立健全馆员准入机制，因事设岗、因岗设人，根据智慧图书室建设需要，人员引进时综合考察学科背景、专业能力、学习能力、创新能力等，从源头上确保人员质量。

同时图书室老师必须不断提升自己的专业水平、知识结构，与时俱进，才不至于在技术面前落伍。解决基层中小学校智慧馆员队伍建设问题，可从变革现有的招聘方式、分类使用具备智慧素养的馆员以及注重馆员终身学习型等方面培养智慧馆员。强化"活到老学到老"的谦卑学习态度，如学习图书馆智能化建设的关键技术，包括文献调研数据汇聚层数据汇聚技术、协同信息处理和服务支持传感器的中间件技术等。除了终身爱学习外，还可以采取"请进来+走出去"的方式，通过邀请专家到校讲座、参加图书馆界培训、交流、自学等方式，不断加强专业知识储备；针对一线服务、专职信息技术、其他岗位的不同需要进行不同岗位的在职培训，做好内部挖掘，多渠道优化队伍结构，加强人才队伍建设，切实提高服务能力，满足智慧图书室建设的多元化需求。

学校图书室是"滋养青少年心灵、培育青少年文化自信"的重要场所。基层中小学图书室老师要有结合实际，解决问题的本领。如针对不同群体的阅读需求，利用辖区内景区景点、影院剧院、休闲场所等不同场景，策划开展阅读与影视、艺术和旅游等不同主题和形式的"书香乡村"共建活动。结合基层公共数字文化需求，打造书香乡村"万村数字农家书屋建设"品牌。引导基层群众使用丰富的公共数字文化资源，让农村青少年能够不受时空限制随时随地享受公共数字文化建设成果，推动构建普惠均等、便捷高效的智慧图书室体系建设工作；以书香润泽心灵，构筑乡村共有精神家园为己任，创新开展有情怀、有温度、有影响的阅读活动，助推书香校园建设。

第三节 无障碍阅读

一、基层中小学无障碍阅读建设的意义

创建"学习型社会"，在倡导"人类要向学习化社会前进"的大背景下，基层中小学丰富的馆藏文献、设施场地、资源建设、智能化建设为广大师生终身学习提供了积极的保障。

基层中小学图书室通过举办展览、画廊建设、张贴墙报、知识园地等活动，让师生公平地、轻松地、自由地查阅历史资料、补充文化知识、巩固学习成果，

因此常被誉为"学生的第二课堂"。可以说，基层中小学图书室的建设是基层素质教育、和谐社会建设的重要阵地。

然而，部分乡镇中小学因地缘劣势等不利因素，经济发展相对落后，基础无障碍建设发展水平不容乐观，特别是对残障人士和老年人等弱势群体的非正规化教育重视不够。弱势群体掌握社会资源比较匮乏，收入、地位和社会尊严处于比较弱势，需要通过文化教育提高他们的认知能力，以及谋生的技能。

基层中小学校在做好弱势群体阅读服务的实际中，在人工智能赋能阅读背景下，应积极正视残障儿童无障碍阅读的问题与困难，发挥好学校图书室第二课堂作用，把夹在正规教育和非正规教育二者间的人为的、非人为障碍排除掉，倡导校园构建"零障碍"阅读，探索出一条适合基层中小学无障碍阅读建设的切实方案。

为防止弱势群体停留在发展的边缘，让弱势群体的下一代能够接受到公共的教育，能够方便自由地学习、读书、看报、休闲等，需要在制度层面对残障人群"边缘关怀""草根关怀"。例如早在1969年"盲人读书权保障协会"主张要求图书馆特别注意为残疾人等弱势群体服务的工作，并招募志愿者，为老人读者、残疾读者提供面对面朗读服务等优质的阅读服务帮助。并且运用法治的手段强制性保障残疾人能够方便自由地享用图书馆的信息资源。这种"边缘关怀""草根关怀"说明从过去以物质帮助进入了现在的以"人文关怀"为核心。

美国早在1993年，就对残疾人以及智障读者等弱势群体提供优越的阅读条件。再来看看加拿大国家盲人协会图书馆在为残疾人服务方面，打造的"视障人无障碍"的阅读空间，注重视障人的"志"和"智"等精神空间的开拓与发展，被图书馆界公认为模范的代表。它不但拥有较为完备的无障碍电子设备以及大量的盲人读物（包括盲人有声读物），还设有详尽的无障碍设施，如将视障人图书室移至图书馆最靠近公交站、地铁站的地方，并及时增设各类无障碍设施和设备，与市政无障碍设施实现无缝对接，每一条轮椅专用走道铺装的路都可通往图书馆，且都可方便地直达电梯，真正实现"无障碍"。再如学术报告厅都配有专业的手语翻译工作人员热情地为残障读者服务。可见，国外为残疾人等弱势群体营造无障碍环境（设施建设），成为无障碍阅读建设的重中之重。

二、残疾人对无障碍环境的基本要求

残疾人指的是心理上以及人体结构上或组织器官等生理上不健全，全部或者部分丧失健全人能够完成的某些行为能力的人。习惯上把残疾人划分为：肢体残疾、听力语言残疾、智力残疾、视力残疾、精神残疾、多重复合残疾以及其他种类残疾。

在被调查的肢体残障者当中，知道无障碍设计这一理念的占到91%，但只有4%的人去过或偶尔去公共图书馆，绝大多数残疾人（约87%）都很少去，约9%的残疾人从未去过。从这结果上可以很明显地看出，绝大多数残疾人都是知道并且渴望在日常生活中，通过无障碍环境的完善来提高自己生活质量的。大多数的残疾人都希望能够到达离家较近些的图书馆或者学校图书室看书、读报，并享受和大伙在一起阅览的乐趣。

作者在同残疾儿童交谈的过程中，他们都特别希望在建筑入口、楼梯踏步、坡道、地面铺装、空间大小、卫生间、扶手等地方能够为残障者考虑，诸如从门的开启把手该设计成拉杆式而非旋钮式、卫生间应设计扶手等细节入手，只有处处站在肢残者的角度，切实从他们的生理乃至心理特点出发，才能真正做到保护弱势群体的利益。

在被调查的视力残疾儿童当中，绝大多数残疾儿童去学校的主要原因是躲避孤独感。所以针对视力残疾者，残障学校图书室建设从尽可能多的细节出发，包括建筑的整体规划，楼层的设置，校园盲道的铺装，建筑内部的布局，盲文的引入，材料的运用，图案的刻画，鲜明颜色提示符的安放，甚至广播系统、音响提示系统等，都要综合运用，紧密配合。针对听力残疾、智力残疾、精神残疾者的关爱，不仅从学校建筑设施上，更要从医学和心理上进行关爱和治疗。

三、基层对残疾人无障碍服务现状分析

对残疾人（儿童）等弱势群体的关爱程度，直接体现出一座城市的发展水平

和文明程度。事实上，我们每一个人都有可能从无障碍环境中得到益处，因此基层中小学加大力度树立以人为本的思想，校园建设规划无障碍设施，残障儿童等弱势群体的利益才有可能得到基本的保障。

（一）基层无障碍环境建设情况

学校无障碍环境基本是"各自为政"，不成体系。空间环境缺乏人性化设计，没有精准分析残疾青少年读者阅读行为和充分考虑特殊群体的心理特点，为残疾人营造一个平等、包容的阅读环境，用残疾人能够接受的方式来提高他们的阅读率。

为此，作者通过电话采访、网络搜集资料、现场实地走访一些公共图书馆和乡镇学校，进行发现与比较。如潼南区图书馆，由于建馆较早，那时并未考虑无障碍设施建设，仅在2010年开辟了拥有四台电脑可供使用的盲人阅览室，阅览室内拥有包括科普知识、推拿技巧、医学知识等盲人图书近300册。但发现区图书馆沿路没有盲道，可想而知，盲人融入社会还任重道远。当问及盲人阅览室的作用，工作人员说主要是由残联安排或特殊学校老师带领些残疾人来到这里。或是电话预约的服务方式，感觉像为盲人朋友提供"有组织的体验活动"一样，盲人阅览室效果不大。作者又到其他空间进行体验，发现卫生间、小便池处设有扶手，但蹲位处有台阶，显然不适合残疾人使用。笔者后又去到区残疾人学校，图书室藏有各类盲文及视听资料1000多册，并配置有多功能视频助听器、电脑点读系统、盲文点显器、触觉语音地图、盲障等等设备。恰巧遇到几位盲障学生在阅览室内读书，通过调查发现，特殊学校无障碍环境的确要优于公共图书馆或学校。

但乡镇中小学图书室就不容乐观。究其原因，是由于全社会的无障碍意识低下，对弱势群体帮扶意识不够强，基层财力不足导致基层中小学馆舍无障碍空间缺乏人性化，学校图书室无障碍设施与市政无障碍设施缺乏有效对接。实际上无障碍环境，看似只为残疾人服务，实则是残疾人、老年人等弱势群体乃至社会共同受益，可以说是我们社会走向和谐的重要保障。

（二）基层中小学无障碍服务情况

基层中小学无障碍设施建设"各自为政"现象普遍存在。如潼南城区学校基本都修了供残疾人轮椅使用的无障碍坡道，直通学校图书室；但阅览室没有供残疾人使用的无障碍洗手间、栏杆扶手等。基本大部分学校，都缺乏无障碍标识，无障碍阅览室的桌椅不符合无障碍人体尺度设计，残疾青少年借还书都是通过工作人员的人性化服务来满足残疾读者借阅需求。基本上不具备为残疾学生服务的无障碍读书的硬件设施条件。

学校尽管在喊"零费用、无障碍"为学生服务，尽管购置了无障碍设施及器材，但为残疾学生服务始终专注不够。如学校图书室的高低书架、楼梯、阅览桌、卫生间很多没有无障碍设计，无法满足残疾读者无障碍阅读需求，似乎残酷剥夺了残疾读者本应平等享有的社会资源。为此，学校图书室无障碍建设系统化、规范化应更多借助智能设备，从硬件设施和软性无障碍入手改善。利用学校良好的资源优势，有效运营已经建设好的无障碍设施，注重配套的无障碍产品和设备的监管力度。其实有条件的学校可实行图书流动式服务，方便那些出行不便的读者。比如配备可装载图书几千册的专门服务车，车上配有电脑、打印机等设备，走出图书室，到残疾读者需要的地方去。

四、基层无障碍服务建议

用环境影响残障读者，将传统文化的高雅、质朴等都融于无障碍环境建设中，做好无障碍设施改扩建、无障碍氛围营造。

（一）微观层面争取出台细则规章保护

在国家智能化建设进程中，政府加大基层政策、资金倾斜力度，资助并支持基层学校图书室无障碍服务智能化改造。特别是西部贫困县经济发展水平滞后，乡镇中小学图书室的建设起步较晚，水平相对落后，又加上在信息无障碍服务方面缺乏相应的细则规章保护，学校图书室相应职能未得到较好发挥，无障碍服务效果也受到影响。在当下的数字化、智能化建设过程中，教育部门在政府主管部门协同下，进一步明确基层中小学图书室的职责定位，制定并不断完善相关法律，切实保障残疾学生、老年人等弱势群体的合法权益，真正让无障碍服务落到实处，进一步增强弱势群体的幸福感、获得感、安全感。

（二）更新服务理念，营造信息无障碍阅读服务环境

基层无障碍服务是一个长期的过程。因此，基层数字化、智慧化阅读环境需要花费一定的时间去不断完善。不仅需要大量人工智能技术的支持与保障，还需要基层中小学图书室主动更新服务理念，利用微博、微信等媒体或残疾人经常浏览的相关网站加大宣传力度。邀请各类学校一起搭建残疾人专业化参考咨询信息服务平台，营造信息无障碍阅读服务环境。创新开展残疾人阅读推广活动，为残疾人读者需求提供线上服务。

（三）图书室布局力求经济、适用、美观

室温控制、照明、声学舒适以及室外雨水处理等力求经济、适用、美观。藏书和阅览用房应尽量接近，最好相连，残障读者入馆借阅的活动路线，要尽量做到"进馆见书"，能够迅速到达借书处和阅览室，且残障读者运行路线要平坦和简捷；读者阅览、借阅要尽量与残障读者分开，不交叉干扰。除主要交通空间外，还将在台阶地方旁设置无障碍通道（设施），或所有的阅读与藏书空间与读者路线联系在一起。

（四）创新服务平台，开展智能化特色活动

随着人工智能时代的到来，完善和制定信息无障碍服务智能化保障措施，驱动基层中小学在为残疾人和老年人服务方面改变以往单一枯燥的服务方式，勇于创新，采取新颖、多样、智能化的多元服务手段。

数字化、智能化建设与阅读服务的融合，文献资源、服务空间、辅助设备、服务方式等软硬件技术运用都将朝着智慧化方向发展；在这过程中，更需要针对残障读者的实际需求，比如在深入研究视障读者的行走路线以及现有服务环节后，充分考虑相关设施的实用性和通用性，制造真正平等、包容、便利、无障碍的信息获取与利用环境，构建人工智能环境下的基层中小学图书室信息无障碍智能化服务体系。

基层聋哑学校或者残障青少年特殊学校，为了满足那些有感觉处理障碍、自

闭症、痴呆症或学习障碍人群的需求，可创建绿色感官空间。空间里设有一系列以刺激感官为目的的互动设施，利用光纤、色彩和互动声音、触觉体验等为残障人提供全方位的感官体验。

人工智能的发展给基层学校图书室的信息无障碍服务带来了生机与活力。在残障空间室举办故事会、感官游戏、亲子瑜伽等活动，向家庭和团体开放预约。比如设置感官空间里的互动游戏地板，就是一个带有运动传感系统和投影仪的地面设备，会对残障者的行动作出反应。在这里残障者可以与虚拟模块互动，将一些教育活动与游戏面板相结合，可以"弹钢琴"，可以"踢足球"。种种形式让身体不便的残障者，比如坐在轮椅上，也能够参与游戏互动体验活动。在体验中进一步简化互动游戏地板的使用方式，不断更新游戏库，提供更多的互动游戏项目，并校准传感器，提供更好的游戏体验。

特殊学校联合社会、残联、卫生组织等多方力量开展阅读推广特色活动，增加到校图书室人数规模。调查显示，大多数残障学生到校图书室阅读的目的是想获取知识，并在交朋结友中得到尊重并感受快乐。因此，前面建议成立的校际图书联盟可发挥作用，指导学校运用智能化手段，依靠大数据、云存储等技术，建立特殊群体档案，定期开展读书会、电影观看场景体验等相关学习休闲娱乐交流活动；根据残障读者的阅读习惯定期进行无障碍信息的个性化推送。

校际联盟倡导成立"共享图书"联盟，共同推动残障青少年阅读。如由一个地区公共图书馆发起，地区内的校际联盟联合各中小学图书室，打破行政归属限制，致力于构建残障少儿文献保障服务体系，方便广大残障少儿读者多途径阅读文献、就近借还图书，为其提供优质文献服务。既盘活资源提高藏书的流通率，又提高童书阅读质量。

五、无障碍阅读——纸电一体化畅想

关于图书的纸电一体化，在专家学者的呼吁、期盼、讨论中，出版社、图书馆（室）、馆配商、读者形成共识，那就是纸电一体化是未来阅读的必然趋势。

国家在加强数字中国、数字社会、数字政府建设，发展数字经济，推进数字产业化和产业数字化，建立数据资源产权、交易流通、跨境传输和安全保护等基础制度和标准规范，推动数据资源的开发利用。这为图书行业及纸电一体化阅读迎来了快速发展期。对基层中小学校而言，推进数字化管理、教学，加快数字校园建设，特别是加强图书室纸电资源建设与利用，给无障碍阅读和纸电一体化发展带来了前所未有的机遇。

对基层中小学图书室而言，纸质资源通常指那些摸得着又看得见的传统资源，如纸质图书、报纸、纸质期刊、书画作品、古籍等。通过触手可及的阅读，不但可以指引师生读者探索未知的领域，汲取知识的营养，更可以让青少年和先贤对话，学习古人的思想和成果，开启今人的智慧，赋能中小学生更好地成长。

即使在现今信息时代，纸质资源始终是图书馆（室）资源建设的主要部分。基层中小学校各类评估评价体系中，生均年新进图书册数、馆藏纸质图书册数、生均纸质图书保有量、生均纸质图书借阅量仍然是考核的重要指标。

电子资源是指那些摸不着，但看得见、听得到的数字资源。如电子图书、有声图书、电子期刊、学科专业数据库、视频资源等。

随着数字时代的到来，学校承载着对知识的存储、延续、传播推广，围绕和服务学校教育教学、学科研究、知识传承进行图书室建设。各类数字资源已成为学校图书室资源建设与利用的重头戏。比如各学科的教材教参资源、视频影音课件资源、各科考试系统、电子图书、有声图书等已成为学校师生教学科研学习不可缺少的内容。

电子资源对知识的发布和传播不受时空限制，检索快速，获取、保存、提取实时高效等诸多优点，也必将成为基层中小学图书室资源建设的重要组成部分。

基层中小学顺应信息多元化的时代发展，尊重不同读者的阅读方式和阅读习惯，既要建设适合大众群体的普通阅览室，也要多点无障碍设计，打造个性化阅读空间；既要建设无障碍阅读空间和适合中老年教师传统阅读的静谧空间，也要开拓建设新颖舒适更适合青少年学生（残疾学生）的数字阅读空间。在各类阅读空间中提供适合不同阅读方式的智慧服务，如在传统阅读空间中配备文学经典、专业书籍、畅销书推荐、期刊报纸、茶间休息、舒适座椅；在数字阅读空间注重网络环境、电源供应、终端便捷、常用资源便利检索、个性化主动知识推送服务等。

时代在变化，技术在发展，但基层中小学图书室对知识的储存和文化的传播职能没有变，变的只是对知识的不同存储和呈现形式。不同的读者类型和多样的需求决定了不同的资源形式，比如名家名著、专业典籍、行业科技、文史艺术、文化美学等纸质资源形式更适合于传统的经典阅读、深层阅读。新闻资讯、大众娱乐、网络文学等内容更适合于电子资源形式的数字阅读，浅层阅读。

传统阅读和数字阅读相互促进、融合发展，且相辅相成、相得益彰。对学校而言，希望纸质图书和电子图书的价格一体化、电子图书馆藏化、电子图书的使用更加符合学生读者的多样化需求。学校也要积极推广无障碍信息资源，开发适合让残疾人士根据自己的阅读习惯、阅读便宜程度进行选择的模式。

对图书室来说，纸电一体化的需求越来越强烈，主要是为了满足不同读者的需求，再就是增加电子图书可同时减少纸质图书副本以及馆藏空间，把更多的空间、时间还给学生。图书室开展数字图书和电子阅读服务，通过电子设备获取资料。针对视障读者，开展定制有声服务，方便他们通过听觉来获取阅读内容；针对听障读者，可通过传统阅读获取阅读内容。

对师生而言，每个人的阅读习惯与偏好不一样，基本上是基于偏好来选择纸质图书或电子图书，但残障读者多愿意选择电子图书，可听可看，主要是图方便。

构建服务闭环畅想，就是为不同的读者类型和多样的需求提供不同的资源形式。纸质资源形式适合于健全青少年的传统经典阅读、深层阅读。对于残障读者，电子资源形式更适合。基层中小学或者残疾人特殊学校也可依托青少年预约图书服务，节约残障读者时间成本，通过人脸识别、无证借阅、多网点延伸服务等，实现精准投放，方便残障青少年借阅，保障残障青少年阅读权益。

第四节　展望

　　基层中小学图书室是滋养青少年心灵、培育青少年文化自信的重要场所。"十四五"规划指出,在信息、网络技术的进一步冲击下,推动图书馆向"以人为中心"转型,这为基层图书事业未来发展确定了新的方向。基层中小学图书室的构成要素、本质属性、职能作用、基本矛盾、发展规律都随时代继续演进和变化。特别是随着教学改革的深入和素质教育的全面推动,基层中小学图书室在工作实践中如何贯彻"以人为中心"的发展目标,作者认为可从"学习""服务""活力"三个角度打造具有创新活力的基层中小学图书室。

　　随着现代科学技术的发展,阅读的载体、内容和方式都在发生颠覆性变化。基层中小学图书室在图书、期刊等传统印刷型文献之外,各种音像视听资料、缩微资料、机读资料所占比例将迅速上升,因此图书室应积极探索"体验式、沉浸式"活动模式,用青少年喜闻乐见的图文、音视频等内容,开展丰富多元的阅读体验。在一些新建的现代化程度较高的学校图书室,新载体甚至会成为信息来源的主体,而这些文献信息资源结构的调整,让基层中小学图书室作为信息集散地、文献储存地、文化传播地的价值削弱,进而进一步影响和改变图书室的管理和服务模式、服务效能。

　　面对挑战,借鉴发达国家和地区的先进经验,基层中小学图书室一方面积极作为,各类文献服务、阅读活动、学科辅导不仅适宜新时代青少年需求和兴趣,激发青少年阅读的主动性,积极引导青少年从被动接受到主动探究;另一方面创新开展"图书室+"服务,开展各类阅读推广活动以及少儿服务的实践案例,打造的校园图书室服务品牌,形成一个"处处可读、时时可读、人人可读"的校园阅读环境;通过图书室基础服务,润物细无声般传播文化,让优秀文化融入文献服务、阅读活动、社会教育,更好地推动中国基层中小学图书室事业繁荣发展。

　　基层中小学图书室在引领阅读风尚中传播优秀传统文化、乡土文化,为青少年推荐优质图书、提供优秀阅读内容、开展专业阅读服务与比较总结。从传统借还服务向按学科需求服务转变，从粗放型服务向精细化服务转变，从"我"服务向全校师生参与服务转变。从日常服务中回顾反思学校图书室每一项活动，结束后形成专题会议研究总结，找出成功经验和不足之处，为今后活动开展提供借鉴；本校图书室老师多角度了解其他学校图书室在服务规范、活动设计、品牌塑造等方面的经验，对标数字（智慧）阅读，提出改进方案，促进青少年爱与美的认知。

另一方面为丰富书香校园内涵，必须解放思想，鼓励师生创新，培育校园活力气质。即以学习固本，以服务强基，以创新活力赋能基层中小学图书室发展。必须要突破学校图书室已有场域，走出去又引进来，拓展社会合作。重点围绕形式创新与相关机构建立常态化深度合作机制，将资源和活动引进学校、社区，甚至是移至云端掌上。

在知识创新时代，基层中小学图书室要实现跨越发展，就必须把握时代脉搏，以专业理论学习为引领，以学科服务为驱动，构建起新型学习型团队，满足中小学生学习文化知识和促进智力发育的需求。在全民阅读中真正承担起枢纽作用，助力学校教育在潜移默化中涵育德行。

基层中小学图书室作为师生第二课堂主阵地，随着学科精细化的发展和学生需求的多样化，必须与时俱进地将中华优秀传统文化融入学校图书室文献建设、阅读活动的业务全流程。通过基础服务融合智能元素，打造出更有影响力的校园服务品牌，助力青少年正心明德、启迪心智、行稳致远。

融合智能元素，让师生创意"活"起来。将纸质阅读和数字阅读融合，通过文字、声音、图像和视频复合共存，形成可视化和可感知的阅读；通过微服务方式来重塑图书馆的阅读服务，或沉浸式阅读、体验性阅读。基层中小学图书室微信公众号可由青年师生团队运营，日常推文紧跟社会热点话题，充分展现师生的活力、理想与担当，让快乐阅读、亲子共读、阶梯阅读、多元阅读、集体阅读"各美其美，美美与共"。

融合技术元素，丰富活动，让师生精神"活"起来。创造条件，举办各种读书活动，打造"读文、读艺、读科技"的新阅读场景，让师生身体"动"起来。

以校园阅读开展文化普及、艺术普及和科学普及，用文化艺术、科学技术激发师生创新活力，促进师生在学习中挖潜增智，从书香校园文化建设中培根铸魂。

总之，未来基层中小学图书室在阅读空间建设，数字化、智能化阅读资源建设等方面都将发生很大变化甚至需要重新定义；其管理、服务、方式也将进一步现代化，未来可实现阅读资源的校际互借、资源共享，满足更多元化的阅读需求。甚至可实现借还书、座位、活动、空间等智能化预约，机器人"馆员"提供导引、借还、咨询等服务，甚至搬运机器人、盘点机器人可实现无人环境下的图书智能管理与服务；信息发布系统、自动化信息系统等，将学校物理空间、虚拟空间与资源服务、信息服务紧密融合，阅读与场景元素融合，为师生读者提供一个智能方便、环境优美的阅读空间和快捷便利的沉浸式阅读体验。

主要参考文献

[1]刘革:《对高校本科教学工作水平评估中有关图书馆评估指标的几点看法》,载《图书馆学刊》2005年第1期。

[2]雷淑霞、贺继康、童广运等:《农村中小学图书馆实施素质教育的有效途径》,载《陕西教育学院学报》2012年6月15日。

[3]张树欣:《浅议中小学图书馆在信息素质教育中的重要性》,载《教育信息化》2003年第4期。

[4]王丽艳:《充分利用中学图书馆资源促进语文教学》,南京师范大学硕士论文,2011年。

[5]吉士云:《三十年的改革 三十年的辉煌——中小学图书馆事业改革开放三十年来建设成就记略》,载《中小学图书情报世界》2008年第5期。

[6]吉士云、芮国金:《我国中小学图书馆事业历史发展现状》,载《中小学图书情报世界》2004年第3期。

[7]黄天助:《小学图书馆教程》,鹭江出版社2008年版。

[8]邢素丽:《全民教育中的中小学图书馆——国际图联/联合国教科文组织中小学图书馆宣言》,载《中小学图书情报世界》2001年第1期。

[9]张青:《在中专图书馆工作中如何满足读者的信息需要》,载《图书馆论坛》1992年12月26日。

[10]刘强、陈晓晨、杜艳:《中小学图书馆(室)建设与使用现状及改善策略——基于全国169所中小学校的调研》,载《中国教育学刊》2018年第3期。

[11]李一男:《现代公共图书馆资源建设与服务的多维透视》,吉林大学出版社2022年版。

［12］鸟越香:《箕面市学校图书馆公共图书馆与学校图书馆支援》,载《图书馆界》2006年第1期。

［13］杨弃:《美国开放图书馆建设研究》,载《大学图书情报学刊》2022年第1期。

［14］曹磊:《日本中小学图书馆发展因素探析》,载《国家图书馆学刊》2015年第3期。

［15］周婉萍:《从中美学校图书馆看两国教育发展差异》,载《中小学图书情报世界》2002年第2期。

［16］傅曦:《试论公共图书馆与中小学图书馆之合作》,载《图书馆论坛》2009年第1期。

［17］卓硫荣:《中小学图书馆与高校图书馆合作问题探索——基于广州市调研数据的实证分析》,载《图书馆建设》2011年第6期。

［18］林佩林:《宁波大学园区图书馆与中小学图书馆合作的实践与思考》,载《宁波教育学院学报》2009年第6期。

［19］邹露霞:《新加坡信息通信技术发展研究》,载《厦门大学》2008年第6期。

［20］张树华、董疑、蔡金钟:《中小学图书馆工作导论》,北京图书馆出版社1998年版。

［21］王若兰等:《中小学图书馆工作入门》,海洋出版社1997年版。

［22］张树华:《中小学图书馆工作概论》,海洋出版社1991年版。

［23］宫昌俊主编:《中小学图书馆阅读推广》,朝华出版社2019年版。

［24］姜晶:《跨界合作在图书馆与出版社、书商合作中的应用研究》,载《创新科技》2015年第4期。

后 记

《基层中小学图书室建设与阅读推广理论实践》一书是我从事少儿图书馆工作以来，在研究和探索我国基层中小学图书室优质、高效、便捷的知识信息服务理论与实践基础上编撰而成的。

在本书即将出版之际，我感慨万千，既欣慰又惶恐。欣慰的是我从事图书馆行业以来终于在学术研究上有点滴体会，能将平时调查研究的所思所想汇集呈现；惶恐的是理论积淀不深，工作经历不够，达不到为基层中小学图书室创新创造和青少年阅读服务提供帮助借鉴的初衷，起不到更好地推动基层学校图书事业社会化转型和高质量发展的作用。

本书在写作过程中，参考与借鉴了有关著作、论文等资料，已在《主要参考文献》一一列出，在此对作者表示感谢！

感谢重庆市乡镇中小学校曾参与我调研工作的领导、教职工以及镇街、村社文化服务中心领导。每一次与他们的交流探讨，都获得了一份快乐、一份收获、一份启发。是他们的真诚热情与无私分享，让我获得了许多珍贵的实践案例和一手资料，充实了本书的大部分写作。

最后，特别感谢重庆市少年儿童图书馆的领导与专家在本书编写过程中给予的支持和指导，让本书的内容更加清晰严谨，也让我有了继续深入研究下去的信念和动力。希望在他们的见证和支持下，在未来有关基层青少年阅读服务实践探索与青少年理想信念培育理论研究中，我会有新的收获。

余程淑

2024年3月